S. Sivananda Sarasvati

ERFOLG IM LEBEN UND SELBSTVERWIRKLICHUNG

Praktische Anweisungen und Übungen

Aus dem Englischen übertragen
von Ursula von Mangoldt

GOLDMANN VERLAG

Originaltitel: Sure Ways for Success in Life and God-Realisation
Originalverlag: The Yoga Vedanta Forest Academy
(The Divine Life Society), Sivanandagar/Indien

Umwelthinweis:
Alle bedruckten Materialien dieses Taschenbuches
sind chlorfrei und umweltschonend.
Das Papier enthält Recycling-Anteile.

Der Goldmann Verlag
ist ein Unternehmen der Verlagsgruppe Bertelsmann

Vollständige Taschenbuchausgabe Januar 1995
Lizenzausgabe mit Genehmigung des Scherz Verlags, Bern und München

Umschlaggestaltung: Design Team München
Satz: IBV Satz- und Datentechnik GmbH, Berlin
Druck: Presse-Druck Augsburg
Verlagsnummer: 12552
Ba · Herstellung: Stefan Hansen
Made in Germany
ISBN 3-442-12552-9

1 3 5 7 9 10 8 6 4 2

INHALTSVERZEICHNIS

I. Kapitel

SCHULUNG DES WILLENS UND DES GEDÄCHTNISSES

II. Kapitel

RAJA-YOGA – DER KÖNIGLICHE YOGA

III. Kapitel

ENTWICKLUNG GUTER EIGENSCHAFTEN

IV. Kapitel

AUSROTTEN UNGUTER EIGENSCHAFTEN

V. Kapitel

GIRLANDE DES YOGA

VI. Kapitel

DAS GEISTIGE TAGEBUCH

VII. Kapitel

ZWEI ANEKDOTEN

Anhang

OM

Gewidmet denen,

die nach Erfolg im Leben verlangen, die ihren Besitz, ihre Arbeitskraft, ihre Verdienstmöglichkeit vergrößern wollen, die sich nach einem glücklicheren, breiteren Leben sehnen, die danach streben, Gedächtnis, Willen und Konzentration zu entwickeln, Tugend zu pflegen, negative Eigenschaften auszurotten, und die letzten Endes nach Selbstverwirklichung und Gotteserfahrung sich sehnen.

OM

VORWORT DES VERLAGS

Dieses Buch von Swami Sivananda, das in der Originalsprache eine sehr hohe Auflage erreichte und das für sein bestes und wichtigstes gehalten wird, kann auch dem Menschen des Abendlandes in der heutigen Zeit sehr Wesentliches geben.

Swami Sivananda legt in ihm keine Lehren oder Theorien nieder, sondern gibt konkrete Anweisungen, um das tägliche Leben zu bestehen, um Willenskraft, gutes Gedächtnis, Konzentration, Mut und alle die Eigenschaften zu entwickeln, die der praktischen Bewältigung der Lebensfragen und der Lösung von Berufsproblemen dienen und die zum persönlichen Erfolg in der Welt führen. Gleichzeitig weist der kürzlich verstorbene indische Weise mit Nachdrücklichkeit darauf hin, daß über allen irdischen Erfolg hinaus der geistige Weg durch Veränderung des Charakters und durch den Aufbau einer freien starken Persönlichkeit zur Selbstverwirklichung führt. Diese ist für den Inder gleichbedeutend mit Gotterfahrung.

Die Unterweisungen und Hilfen, die der Swami gibt, sind von einer modernen Menschenkenntnis und einem großen Wissen um die menschlichen Schwächen und Bemühungen gekennzeichnet.

Ein Unterschied zwischen seinen Gedanken und der abendländischen Weltanschauung sei dennoch erwähnt. Es ist die Bewertung von Körper und Welt, die dem Hindu Illusion, Trug, Maya bedeuten. Im Gegensatz hierzu nimmt der westliche Mensch, vor allem der Christ, die Welt und den Körper ernst. Dieser ist das Instrument des Göttlichen, während die Welt der Schauplatz ist, auf dem der Kampf zwischen den guten und bösen Mächten ausgetragen wird. Swami Sivananda legt diesen Kampf allein in das Innere des Menschen.

Diesen Unterschied vorausbedenkend, sind die ausführlichen Unterweisungen und Übungen, die Swami Sivananda in diesem Buch gibt, auch für den Abendländer anwendbar und können eine große Hilfe für sein Leben im Zeitalter der Überforderung auf rationalem Gebiet sein. Sie können ihn zur Bewältigung des praktischen Lebens führen und ihm zugleich den geistigen Pfad zum ewigen Frieden und wahrer Seligkeit öffnen.

EINLEITUNG

Was ist Leben, liebe Brüder? Ist es nichts anderes als Atmung, Verdauung, Ausscheidung, Verwandlung, nichts anderes als die aufbauenden oder zerstörenden Veränderungen, die im physischen Organismus, im menschlichen Körper oder im Haushalt der Natur vor sich gehen? Ist es nur Denken, Planen oder Überlegen, um Geld, Namen, Ruhm zu erwerben? Ist es der Zeugungsvorgang, um die Generationen fortzuführen, oder ist es die Zusammenfassung aller dieser Vorgänge? Vielleicht auch die Bewegung des Protoplasmas im einzelligen Organismus, in der Amöbe mit ihrem einzigen Zellkern? Wissenschaftler und Biologen haben eine sehr verschiedene Vorstellung vom Leben. Philosophen wie Sankara wieder eine andere.

Es gibt zweierlei Leben: einmal das Leben in der Materie, zum anderen das Leben in Atma, dem Geist oder reinen Bewußtsein. Nach Ansicht der Biologen und Physiologen besteht das Leben aus Denken, Fühlen, Wissen, Wollen, aus Verdauung, Ausscheidung, aus Kreislauf und Atmung. Dieses Leben aber ist nicht von ewigem Bestand. Es ist verbunden mit Gefahren, mit Schmerz, Angst, Kummer, Unruhe, Sorgen und Erschöpfung, mit Sünde, Geburt und Tod und mit dem sie begleitenden Gefolge an Übel wie Alter, Krankheit und so fort. Darum haben Weise und Seher, Rishis, Propheten und Heilige, die durch die

Zucht des Denkens und Schulung der Organe, durch ein Leben der Selbstverleugnung, des Opfers, der Selbstüberwindung ihr inneres Selbst verwirklicht haben, mit Nachdruck und ohne den geringsten Zweifel erklärt, daß allein ein Leben in Atma oder dem reinen Geist immerwährenden Frieden, unendliche Seligkeit, höchste Freude, nie endende Befriedigung und Unsterblichkeit bringen kann. Sie haben Vorschriften für verschiedene Wege gegeben, die – entsprechend den Temperamenten, Fähigkeiten und Neigungen der Einzelnen – zur Selbstverwirklichung führen. Wer unbedingtes Vertrauen in diese Lehren, in die Veden und in die Worte des Gurus, des geistigen Führers, legt, geht furchtlos auf dem Weg zur Geistigkeit oder Wahrheit voran und erlangt Freiheit, Vollendung, Heil. Sie kommen nach ihrem Tode nicht wieder auf die Welt zurück, sondern bleiben in der Seins-Bewußtseins-Glückseligkeit, im Sat-Chit-Ananda. Dies ist das Ziel des menschlichen Seins, die größte Aufgabe, der Zweck des Lebens. Es ist das endgültige Auslöschen, das verschiedene Namen hat wie: Nirvana, Parama Gati, Param Dhama, Brahmi-Sthiti. Selbstverwirklichung ist die höchste Pflicht des Menschen.

Dies aber bedeutet nicht, daß wir das Leben auf der physischen Ebene der Materie leugnen sollten. Materie ist Ausdruck Gottes (Brahman), sein eigenes Spiel – Leela. Materie und Geist sind unzertrennlich wie Hitze und Feuer, Kälte und Eis; Blume und Duft, Shakti und Shakta sind eins, Brahman und Maya sind eins und nicht voneinander zu trennen. Ein Leben auf der physischen Ebene ist die vorbestimmte Vorbereitung für das ewige Leben in Brahman. Die Welt ist der beste Lehrmeister des Menschen, die fünf Elemente sind seine Gurus. Natur ist die mütterlich Führende. Prakriti ist der schweigende Meister. Die Welt ist die beste Übungsstätte für die Entwicklung verschiedenartiger göttlicher Tugenden wie Barmherzigkeit, Vergebung,

Toleranz, All-Liebe, Freigebigkeit, Würde, Mut, Großzügigkeit, Geduld, Willensstärke und so fort. Die Welt ist der Kampfplatz gegen die diabolische Natur, damit die inwendige Göttlichkeit in Erscheinung treten kann. Die Lehre der Gita und Yoga-Vasishtha ist die Selbstverwirklichung in der Welt. »Lebe in der Welt und stehe außerhalb von ihr, halte dich wie das Wasser auf dem Lotusblatt. Gib die niederen Impulse der Natur, Selbstsucht, Lust, Ärger, Begierde, Haß und Eifersucht auf. Behaupte die göttliche Natur, führe ein Leben der Entsagung und Selbst-Aufopferung.«

Wissenschaft und Religion, Politik und Religion sind nicht voneinander zu trennen. Sie gehen Hand in Hand. Die Politik bereitet den Boden für die Aufnahme des geistigen Samens. Wenn es keine Freiheit und keinen Frieden im Land gibt, wie kann dann geistiger Samen in den Boden gesenkt werden? Wie können geistige Lehrer ihr Wissen den Erdenkindern übermitteln, wie können Propheten subtile philosophische Weisheiten dem Bewußtsein der Menschen nahebringen, wenn Chaos im Lande herrscht, wenn die Menschen in ihrem Denken verwirrt sind und nicht genug Essen, Kleidung und Lebensnotwendigkeit haben? Der Mensch kann die Lehre der Weisen nur aufnehmen, wenn er ohne Sorgen und Ängste ist und wenn alles für einen geistigen Weg vorbereitet ist. Früher hatten die Rishis in ihren Ashrams eigene Kühe und ernteten Lebensmittel und konnten dadurch geistige Schulung üben. Ohne diese Lebensmittel ist es heute schwer, ein Leben der Entsagung zu führen und die Sannyasins müssen Geld für ihren Unterhalt aufbringen. Die meisten Rajas und Grundbesitzer in Indien sind Materialisten und bemühen sich nicht um geistige Weisheit. Sie sind in Weltlichkeit versunken und werden einmal schwere Buße vor Gott leisten müssen. Sie können dem unerforschlichen und unwandelbaren Gesetz Gottes nicht entrinnen. Eine unversiegbare

Quelle göttlichen Lebens liegt in einem Ashram für Brahmacharins, Vanaprasthas und Sannyasins und wird ein Segen für jeden Staat und die ganze Welt sein. Dies ist unbedingt notwendig für unsere Zeit im Gegensatz zu den Höhenkurorten oder Bädern und Quellen, die nur Geld kosten, Zeit und Energie verbrauchen, aber nicht wirklichen Segen und Frieden bringen können. Die Menschen sollen ihre Augen schließen, ihre Sinne und ihr Denken vom Außen abziehen und sich tief in die inneren, nie versiegenden Quellen Atmas, des Göttlichen versenken. Hier ist ewige Glückseligkeit und höchste Befriedigung.

Warum gibt es heute so viele Sannyasins? Weil die Hausväter ihre Aufgaben nicht in rechter Weise nach den Lehren der Shastras oder des »Gesetzes von Manu« erfüllen. Man muß nicht unbedingt ein Leben als Mönch oder in einer Höhle oder in der Zurückgezogenheit im Himalaya führen, wenn man als Hausvater die Regeln befolgt, die in den Schriften niedergelegt sind. In ihrer jetzigen Lebensführung aber liegen viele Fehler. Sie sprechen nicht die Wahrheit, sie verletzen die Gefühle der anderen, sind gierig, unehrlich, leidenschaftlich und materialistisch. Aus diesem Grund entwickeln sie sich nicht zum Geistigen. Sie haben keine moralische Schulung, essen, trinken und leben nur dem Vergnügen. Sie sind Nachfolger der Epikuräischen Philosophie.

Nun noch ein Wort über die Wissenschaft. Träger derselben sind Adwaita-Vadins oder Nicht-Dualisten. Sie sagen: »Es gibt nur eine Substanz in dieser Welt, das ist das Elektron. Die ganze Welt ist eine Anhäufung von Energie.« Diese ist der Gott der Wissenschaftler. Energie ist aber auch der Gott der Shaktas. Die Wissenschaftler haben die physische Welt erforscht. Sie haben Methoden entdeckt, mit denen sie die Naturkräfte beherrschen. Psychologen machen ihre Experimente auf dem seelisch-geistigen Gebiet und versuchen die Kräfte dort zu beherrschen. Die

Psychologie ist ein Zweig des Raja-Yoga, der die Beherrschung der Gedanken lehrt. Eine eingehende Erforschung und Enthüllung durch die Wissenschaft bringt den Menschen Gott näher. Denn wer gab den Elektronen die Kraft, was liegt diesen Elektronen zugrunde? Welches ist die Kraft, die vier Teile Stickstoff mit einem Teil Sauerstoff verbunden hat? Wer hat die Gesetze der Natur aufgestellt, welche Intelligenz bewegt die Natur? Wer ist das primum mobile? Das Studium der physischen Kräfte und Gesetze, das Verständnis der Denkfunktionen und der mentalen Gesetze genügen nicht, um uns vollkommen zu machen. Wir sollten eindringen in die tiefere Schicht, die hinter diesen Namen und Formen und hinter allen physischen und mentalen Erscheinungen liegt. Erst dann werden wir wahrhaft vollkommen sein, Meister oder vollentwickelte Adepten, Arhatas oder Buddhas. Können uns wissenschaftliche Entdeckungen wirklich glücklich machen – das ist die Frage aller Fragen. Was hat uns die Wissenschaft gegeben? Zweifellos hat sie eine Fülle von Erkenntnissen im physischen Bereich gesammelt. Dieses Wissen aber ist leere Schale im Vergleich zu der Erkenntnis des Selbst, Brahma-Vidya oder Para-Vidya. Alle Wissenschaften gründen auf dem Wissen des Atma. Bist du heute wirklich glücklich? Kann der elektrische Ventilator, das Flugzeug oder das Radio uns den wirklichen Frieden bringen, nach dem der Geist dürstet? Wir sind der Wissenschaft und den Wissenschaftlern dankbar, die mit ganzem Einsatz arbeiten, um Erfindungen und Entdeckungen zu machen. Sie geben uns Bequemlichkeiten. Die Elektrizität tut viel Gutes. Sie pumpt das Wasser, fährt uns zum obersten Stockwerk, kocht unser Essen, bringt uns nach London oder Paris. Die Wissenschaft hat Reisen und Kommunikationen leicht und schnell gemacht. Sie hat einige Vorteile, doch die Nachteile überwiegen. Das Leben ist sehr kostspielig und anspruchsvoll geworden, und der Mensch ist voller Unruhe, und hat immer mehr Bedürfnisse. Der Lebensstandard ist sehr gewachsen und die Vergnügungen verschlingen das Geld. Die Menschen haben den Sinn ihres Lebens verloren und gehen in Selbsttäuschung durch die Welt der Sinneswahrnehmungen. Befriedigung der Sinne ist zum Ziel des Lebens geworden. Dies alles ist das Ergebnis des verschwenderischen Lebens, das die wissenschaftlichen Erfindungen der westlichen Zivilisationen ermöglicht haben. Überall Rastlosigkeit und Ansprüche.

Barmherzigkeit, Zuneigung und Ehrlichkeit sind aus dem Herzen entschwunden. Wenn der Mensch erfüllt ist durch Gier, Leidenschaft und Unehrlichkeit, wird das Bewußtsein zerstört. Welcher Gegensatz zu dem Leben unserer Vorfahren, die von ihrer Hände Arbeit bescheiden lebten. Man wird einwenden, hiergegen sei nichts zu machen, auch wenn man weiß, daß man auf falschem Wege ist. Gibt es nun ein Heilmittel, um diesen gegenwärtigen beklagenswerten Zustand zu bessern? Es gibt eines: Wir müssen wieder zur Natur und einem natürlichen harten Leben zurückfinden, das einfach, arbeitsam, ohne Zerstreuungen ist, in dem die Wünsche niedriger gehalten werden und das Tun ehrlich ist. Beherrsche Sinne und Denken, entwickle edle Eigenschaften, suche weise Männer auf, gedenke Gottes, fühle Seine Gegenwart, denke aufrichtig, sprich die Wahrheit und handle rechtschaffen. Lerne Unterschiede. Suche ein göttliches Leben inmitten der Welt zu führen. Diene der Gesellschaft mit Atma-Bhava. Dann ist die ganze Frage gelöst. Du hast deine Gottschaft wiedergewonnen, das verlorene Paradies wiedergefunden. Alles Elend wird enden, und du wirst in jeder Lebenslage und jedem Unternehmen erfolgreich sein. Behalte diesen Hauptschlüssel bei dir und öffne die Gefilde himmlischer Seligkeit.

Dies ist keine Abschweifung, liebe Freunde. Ich möchte nur ernste Tatsachen und Wahrheiten vor euch ausbreiten. Ich möchte, daß ihr die Dinge richtig versteht. Wahrheit kann niemanden schmerzen, Wahrheit allein wird triumphieren und echte Freude bringen. Gott ist die Wahrheit. Wir müssen die Wahrheit verwirklichen, indem wir sie aussprechen. Wir sollten in der Wahrheit leben. Ihr seid eine Verkörperung der Wahrheit. Sie ist euer wirklicher Name. Ihr stammt aus der Wahrheit. Ihr lebt in ihr und habt in ihr euer ganzes Sein. Darum sollt ihr die Wahrheit erkennen, liebe Brüder, Ihr Söhne der Freude, Kinder des Lichts.

Was ist Erfolg? Ist er materielles Wohlergehen und Dahinleben in dieser Welt mit einer Fülle von Geld und Kindern oder ist er etwas anderes? Es gibt zweierlei Erfolg: weltlichen und geistigen. Wenn ihr in angenehmen und vermögenden Verhältnissen lebt und alles habt, was die Welt euch geben kann, bedeutet dies weltlichen Erfolg. Dieser allein aber genügt nicht, da die Welt unvollkommen ist. Ihr müßt auch Erfolg in der geistigen Welt haben, Erfolg auf dem Pfad der Selbstverwirklichung. Erst dann werdet ihr vollkommenen oder vollendeten Erfolg haben.

Ich werde in diesem Buch zusammenfassend Wege beschreiben, die in beiden Welten, in der materiellen wie geistigen zum Erfolg führen. Höret mit ganzer Aufmerksamkeit zu und folget ihnen. Setzt sie in die Praxis um. Erst dann könnt ihr Größe und immerwährenden Frieden erlangen. Es ist leichter, zwanzig Menschen zu predigen, als der eine von den zwanzig zu sein, der die Lehren befolgt. Ein klein wenig Übung ist tausendmal besser als eine Unmenge von Theorien. Ihr habt genügend Theorien gehabt. Werdet nun ein praktischer Yogi in dieser und in der jenseitigen Welt. Laßt Erfolg auf euch warten.

Zum Schluß werde ich in diesem Buch bestimmte Richtlinien oder Wege vorschlagen, die zu Erfolg in diesem Leben, zu weltlichem Reichtum und Besitz und zu einer geistig eingestellten Nachkommenschaft führen. Auf diesen Wegen werdet ihr Erfolg in allen Unternehmungen haben, Mitmenschen in verschiedener Weise leiten, ein glückliches und zufriedenes Leben führen, eure Kräfte erweitern, Ansehen und Ruhm erlangen, gesund, stark und voller Vitalität sein. Das tägliche Leben wird friedlich verlaufen und euch Möglichkeit geben, das ewige Leben, unvergängliche Freude und nie endende göttliche Herrlichkeit zu empfangen. Ich bete ernst und inbrünstig mit gefalteten Händen, daß ihr in allem Ernst mit Vorsicht, Eifer, Geduld und Ausdauer die Verwirklichung der Wahrheiten erstrebt, die euch hier durch regelmäßige tägliche Übung eingeprägt werden. Zeit ist sehr kostbar, Zeit flieht dahin. Jede Sekunde werdet ihr älter. Bei jedem Glockenschlag ist eine Stunde eures Lebens abgelaufen. Im Augenblick eurer Geburt ist der Tod schon nahe. Zellen wachsen und andere vergehen. Ihr könnt diese menschliche Geburt nicht noch einmal erlangen. Werdet erfolgreiche Menschen im Lauf eures Lebens, werdet Menschen Gottes – eben jetzt, in dieser Sekunde. Dies ist das inbrünstige Gebet eures vertrauten Bruders Shiva. Herrlichkeit, Glanz und Freude sei mit euch! Verweilet in eurem eigenen Sat-Chit-Ananda Swarupa.

Swami Sivananda

I. Kapitel

SCHULUNG DES WILLENS UND DES GEDÄCHTNISSES

Wer ist Gott?

Gott ist Vollkommenes Sein, Vollkommene Erkenntnis, Vollkommene Glückseligkeit (Satchitananda). Gott ist Wahrheit, Gott ist Liebe, Gott ist das Licht der Lichter. Gott ist allesdurchdringende Intelligenz oder Bewußtsein. Gott ist allesdurchdringende Kraft, die dieses Weltall regiert und es in vollkommener Ordnung erhält. Er ist der innere Lenker dieses Körpers und Geistes (Antaryami). Er ist allmächtig, allwissend und allgegenwärtig. Er ist der schweigende Herr eures Bewußtseins. Er ist der Herr oder Sutradhara, der den Fluß eures Prana hält. Er ist der Schoß dieser Welt und der Veden. Er besitzt sechs Eigenschaften: Jnana (Intelligenz); Vairagya (Gelassenheit); Soundarya oder Madhurya (Schönheit und Anmut); Aishwarya (Siddhis oder Kräfte), Sri (Reichtum) und Kirti (Ruhm). Daher wird er Bhagavan genannt. Er existiert in Vergangenheit, Gegenwart und Zukunft. Er ist unwandelbar unter den sich wandelnden Erscheinungen. Er ist bleibend unter den vorübergehenden Dingen dieser Welt. Er ist unvergänglich unter den Vergänglichkeiten dieser Welt. Er hat diese Welt durch die drei Gunas: Sattva, Rajas und Tamas (Kraft, Bewegung, Trägheit) für sein eigenes Spiel (Leela) geschaffen. Unter seiner Herrschaft steht Maya.

Er ist unabhängig und belohnt die Bemühungen der Menschen. Er ist allbarmherzig. Durch seine Kraft sehen, hören und bewegen wir uns. Alles, was du siehst, ist Gott. Alles, was du hörst, ist Gott. Gott wirkt durch eure Hände und ißt durch euren Mund. Eure Unwissenheit und euer Ich-Bewußtsein (Abhimana) haben ihn vergessen.

Selbstverwirklichung – Gottverwirklichung – kann das Rad von Geburt und Tod zum Stillstand bringen und alles Böse in ihrem Gefolge beenden. Diese Welt ist ein langer Traum, es ist das Gaukelspiel der Maya. Die fünf Sinne täuschen dich in jedem Augenblick. Öffne deine Augen. Lerne Unterscheidung, verstehe Gottes Geheimnisse. Fühle überall seine Gegenwart, fühle seine Nähe. Er wohnt in den Kammern deines Herzens.

Geistige Schulung

Jnana-Yoga

Geistige Erziehung ist die Königin aller Bildung. Darum habe ich sie in den Vordergrund gestellt. Bildung, Kultur ist Verfeinerung oder Erziehung. »Geistig« bedeutet das, was sich auf das innere Selbst, Atman oder Brahman bezieht, deren Natur das Vollkommene Sein ist, die Vollkommene Erkenntnis und Glückseligkeit. Ich spreche hier nicht von Spiritismus, der sich mit Geistern, spiritistischen Versuchen wie Tischrücken, mit Medien etc. beschäftigt. Über Atma nachdenken, meditieren, Umgang mit Atma haben, von dem Vedanta oder den Upanishaden hören, sich Atmas erinnern wird zur geistigen Erziehung führen. Der Schüler sollte sich bemühen, die Eigenschaften zu gewinnen, die zur Verwirklichung von Atma notwendig sind. Es sind vier Eigenschaften: Viveka – Unterscheidung zwischen dem Wirklichen und dem Unwirklichen; Vairagya – Gleichgültigkeit gegenüber sinnlichen Vergnügungen; Shadsampat – sechsfache Tugenden wie Ruhe des Geistes, Einschränken der Sinneseindrücke, Verzicht auf Werke, Ausdauer, Glauben an die Veden, an die Worte des Gurus und des eigenen Selbst, Zielgerichtetheit der Gedanken und Mumukshutwa – intensives Verlangen nach Befreiung von Geburt und Tod.

Die Mantras der Meditation sind das schweigende Wiederholen von OM, Soham oder von Aham Brahma, Asmi Sivoham. Man sollte aus diesen vier Mantras jenes auswählen, das einem entspricht, und bei den Meditationen das Gefühl haben: »Ich bin das unsterbliche Selbst in allem. Ich bin die lebendige Wahrheit. Ich bin das alles durchdringende Licht, Intelligenz oder reines Bewußtsein.« Dies kann zur höchsten Vollendung führen.

Bhakti-Yoya

Andere Weisen der geistigen Erziehung sind Bhakti-Yoga oder Raja-Yoga. Ein frommer Mensch sollte die verschiedenen Arten der Hingabe entwickeln und sich seine besondere Gottheit (Ishta Devata) wählen. Dies kann der Herr Krishna oder Rama, Devi oder Gayatri, auch der Gott Shiva sein. Die diesen zugeschriebenen Mantras sollten täglich ein oder zwei Stunden am Morgen zwischen vier und sechs Uhr wiederholt werden. Das besondere Mantra für den Herrn Krishna ist: »Om Namo Bhagavate Vasudevaya«; für den Herrn Rama: »Om Sri Ram Jaya Ram Jaya Jaya Ram.« Das Mantra der Devi lautet: »Om Kring Kalikayai Namah«, des Gottes Shiva: »Om Namah Sivaya.« Der Schüler sollte das Epos »Ramayana« und »Bhagavata« studieren und sich für einige Zeit bei weisen und heiligen Männern aufhalten; er sollte Kirtana, Verehrung, ausführen und den Namen Gottes singen.

Er sollte über die Formen und das Herz Shivas meditieren,

über seine Eigenschaften nachdenken – über seine Barmherzigkeit, seine Allmacht und Allgegenwart etc. – und versuchen, die lasterhaften Eigenschaften wie Lust, Ärger, Gier, Unehrlichkeit, Grausamkeit und andere auszureißen. Er sollte Ahimsa (Nicht-Gewaltsamkeit); Satya (Wahrheit); Brahmacharya (Keuschheit) üben. So wird der Schüler langsam Bhakti entwikkeln und seiner Gottheit Verehrung darbringen. Dies ist der Pfad der Hingabe oder Bhakti, der sich für die große Mehrzahl der Menschen eignet.

Raja-Yoga

Es gibt noch einen anderen Weg für geistige Erziehung: das Üben des Nicht-Denkens, das Leermachen des Bewußtseins. Dieser Yoga hat acht Glieder, darum wird er auch Ashtanga-Yoga genannt. Das Standardwerk über dieses Thema ist »Yoga-Darshana« des Patanjali Maharshi. Die acht Glieder sind: Yama (Zurückhaltung); Niyama (Ehrerbietung); Asana (Stellung); Pranayama (Atemschulung); Pratyahara (Absonderung oder Zurückziehen der Sinneswahrnehmungen von sinnlichen Gegenständen); Dharana (Konzentration); Dhyana (Meditation) und Samadhi (Zustand des Überbewußtseins). Nur wer in Yama und Niyama fest verwurzelt ist, kann in Raja-Yoga Erfolg erwarten. Yama besteht aus Ahimsa (keinen Schaden zufügen in Gedanken, Wort und Tat); Satya (Wahrhaftigkeit in Gedanken, Wort und Tat); Asteya (Nicht Stehlen); Brahmacharya (Keuschheit oder Reinheit in Gedanken, Wort und Tat) und Aparigraha (Begierdelosigkeit). Niyama besteht aus Saucha (innerer und äußerer Reinheit); Santosha (Zufriedenheit); Tapas (Enthaltsamkeit); Swadhyaya (Studium religiöser Schriften) und Ishvarapranidhana (Hingabe an Gott). Raja-Yoga ist eine exakte Wissenschaft. Alle diese Methoden sind wissenschaftlich.

Beginne mit der Schulung des Gedächtnisses. Wähle eine Übung, die dir am meisten liegt, und führe sie jeden Tag aus. Dabei mußt du täglich Aufzeichnungen machen. Das ist sehr wichtig. Man darf über die Dinge nicht einfach hinweggehen. Wenn du schnellen Erfolg haben und ein wirklicher Mensch werden willst, dann mußt du das Gelernte in die Praxis umsetzen und dir Notizen machen. Du kannst deinen Fortschritt beobachten und deine Fehler verbessern. Schaffe dir besondere Notizbücher an und sende eine Abschrift der Bemerkungen über die Übungen eines Monats zum Ashram. Sie können dort korrigiert und dir wertvolle Hinweise für den rechten Pfad gegeben werden. Wenn du sehr ernst und aufrichtig bist, können die Gedächtnisübungen in drei Monaten beendet sein. Das Mittelmaß sind sechs Monate. Manche werden ein Jahr brauchen.

Nachdem dir die Gedächtnis-Schulung gut gelungen ist, kannst du die Schulung des Willens beginnen. Du hast durch die Übung des Gedächtnisses schon etwas Erfolg und Kraft bekommen, dies ist ein guter Antrieb für die Schulung des Willens. Du hast die Schulung begonnen, dies wird deinen Eifer und deine Begeisterung aufrechterhalten. Prüfe ruhig und gewissenhaft die Auswirkungen in ihrem ganzen Ausmaß und versuche sie nachzuempfinden. Das Gefühl wird langsam geweckt. Sei nicht entmutigt, Du wirst gegen deine alten Feinde, die alten Samskaras (Eindrücke) kämpfen müssen. Warte kaltblütig ab. Versuche Geduld, Aufmerksamkeit, Ausdauer, Gleichgewicht im Denken und Gegenwärtigsein zu entwickeln. Diese Eigenschaften sind sehr notwendig zur Verstärkung deines Willens. Auch Wachsamkeit muß ausgeprägt werden. Dann fühlst du deine innere Stärke. Die Dinge, die dir einige Zeit zuvor schwerfielen, werden jetzt mit Leichtigkeit ausgeführt. Du wirst fühlen, daß dein Bewußtsein jetzt nicht mehr unruhig ist. Dinge, die dich früher erregten, tun dies nicht mehr. Du kannst ohne Ermüdung größte Arbeit leisten. Dein Gang wird anmutig, deine Rede beeindruckend sein. Du bist ein ganz anderer Mensch geworden. Auf deinem Gesicht und in deinem Lächeln liegt ein eigenartiger Zauber. Nun bist du imstande, andere zu führen und deine Freunde werden eine magnetische Aura (starke Ausstrahlung) um dich spüren.

Die Übung der Konzentration soll Hand in Hand mit der Schulung des Gedächtnisses und des Willens gehen. Konzentration ist ein Hilfsmittel bei allen Übungen. Es gibt keine Schulung ohne Konzentration. Konzentriere dich täglich eine halbe oder ganze Stunde am Morgen. Diese Konzentration muß eine geistige Unterlage haben. Denn du übst sie nicht nur um Gedächtnis und Willen zu entwickeln, sondern vor allem für die Selbstverwirklichung. Dies ist das Hauptziel. Vergiß niemals und nie diese Aufgabe. Dies ist der grundlegende Unterschied zwischen meinem System und den verschiedenen anderen. Brahmacharya (Keuschheit) und Selbstverwirklichung sind die Grundtöne meines Systems. Ich spiele auf diesen beiden auf verschiedenste Art. Ihr sollt euer Gedächtnis und euren Willen für Erfolg im Leben und auch für das Erlangen der Seligkeit Brahmas entwickeln. Konzentriert euch auf das Bild des Herrn Krishna oder Rama oder auf den Gott Shiva oder den Herrn Jesus, auf Buddha oder Mohammed, je nachdem wie es eurer Neigung entspricht. Die Übung der Konzentration wird auch eurer Schulung des Gedächtnisses und Willens förderlich sein.

Der vierte Punkt ist die Entwicklung von Tugenden. Lies die Ausführungen über »Charakterbildung« und »Unterbewußtsein«, dann wirst du die Methode zur Entwicklung verschiedener Tugenden verstehen. Entfalte die Eigenschaft, in der du hoffnungslos versagst. Nebeneinander müssen Mut, Barmherzigkeit, All-Liebe, Würde, Enthaltsamkeit, Zufriedenheit, Offenheit und Ehrlichkeit entwickelt werden. Suche jeden Monat eine Tugend heraus und meditiere regelmäßig über diese. Dann wirst du sie in deinem Charakter manifestieren. Wenn du eine wesentliche Tugend entwickelst, werden die anderen nachfolgen. Hast du Demut und Mut, werden alle anderen Tugenden von selbst kommen. Du solltest dich jeden Tag etwa eine halbe Stunde mit der Entfaltung der Tugenden beschäftigen. Bist du festgewurzelt in Keuschheit oder Wahrhaftigkeit, dann werden alle anderen Tugenden von selbst hinzukommen. Versuche eine dieser vier Tugenden – Demut, Mut, Keuschheit und Wahrhaftigkeit – zu entwickeln.

Der fünfte Punkt ist das Überwinden schlechter Eigenschaften. Die Entwicklung der Tugenden wird von selbst die negativen Eigenschaften forträumen. Aber es ist besser, auch noch einen positiven Versuch zu machen, indem man diese schlechten Eigenschaften ausräumt. Dann wird der Prozeß beschleunigt. Es ist ein doppelter Angriff auf den Feind, der den Erfolg leichter und gewiß macht. Wenn ihr Lust, Ärger oder Selbstsucht forträumen könntet, werden auch die anderen schlechten Eigenschaften verschwinden. Alle schlechten Eigenschaften sind Folgen des Egoismus. Ist dieser zerstört, ist also der Befehlshaber niedergeschlagen, dann werden alle Soldaten und ihr Gefolge aus Furcht fliehen, weil sie ihren Führer verloren haben. Alle Laster entspringen dem Ärger. Ist dieser zerstört, werden die anderen Laster vergehen. Darum konzentriere deine Aufmerksamkeit auf das Niederringen von Selbstsucht oder Ärger. Dann ist die ganze Arbeit getan, sogar vollkommen ausgeführt. Der sechste Punkt ist die Zucht der Sinnesorgane (Indriyas), was sehr wesentlich ist. Sind diese sehr unruhig, kann keine Konzentration erreicht werden. Man muß jedes Sinnesorgan genau beobachten und ihm durch geeignete Methoden Einhalt gebieten. Diese Methoden sind: Fasten, Keuschheit, Entsagung bestimmter Dinge, Zurückhaltung und Beherrschung der Sinne (vgl. den Abschnitt über die »Zucht der Sinnesorgane«). Die Sinne ziehen nach außen und lassen die Gedanken fortschweifen. Die Sinne zurückhalten, bedeutet in Wirklichkeit Zucht der Gedanken. Denn die Sinnesorgane können nicht unabhängig ohne unmittelbare Hilfe der Gedanken wirksam sein.

Der siebente Punkt ist körperliche Zucht. Ich möchte euch erinnern, daß keine Schulung möglich ist, wenn der Körper nicht gesund ist. Er muß durch tägliche Übungen kräftig und aktiv bleiben, muß schön und ausgeglichen sein.

Der achte Punkt ist das Führen eines Tagebuches: Für einen schnellen Fortschritt und ein wirkliches Wachstum ist das tägliche Niederschreiben notwendig, das ehrlich und mit reinem Gewissen erfolgen soll. Auf dem oben erwähnten Weg kannst du zu einem mächtigen Herrscher dieser Welt werden. Du kannst dich an Gesundheit, Reichtum, geistigem Segen erfreuen und lange leben. Ich habe abgestufte Übungen gezeigt, die den jeweiligen Fähigkeiten des Schülers entsprechen. Nun muß er sich entfalten und wachsen und die Übungen sorgfältig ausführen. Ein hungriger Mensch muß selbst Nahrung aufnehmen, ein dürstender selbst trinken. Sei erfolgreich auf jedem Gebiet. Die Übungen werden nun zu einem Teil und Stück deiner Natur. Du kannst sie bis zur Vollendung entwickeln.

Willensschulung

Eine weitere wichtige Erziehung. Der Schüler sollte wache Aufmerksamkeit hierauf richten, weil er sehr großen Segen empfangen wird. Wille ist dynamische Seelenkraft. Wenn er rein und unverrückbar geworden ist, kann er Wunder bewirken. Nichts ist einem Menschen von starkem Willen unmöglich in den drei Welten zu erreichen. Die Mehrzahl der Menschen weiß nichts von Wollen, Denken und Intellekt, auch wenn sie viel von »Willen und geistiger Kraft« sprechen. Durch Begierden (Vasanas) ist der Wille unrein und schwach geworden. Ein gezügeltes Verlangen wird in Willen umgewandelt. Sexualenergie, Muskelkraft, Ärger etc. werden zur Willenskraft, wenn sie beherrscht sind. Je weniger Begierden, um so stärker der Wille.

Napoleon hatte einen starken Willen. So war er in seinen Kriegen erfolgreich. Viswamitra hatte einen starken Willen. So gründete er eine dritte Welt für den König Trishanku. Dattatreya hatte ebenfalls einen starken Willen; aus reinem Wollen erschuf er eine Frau. Shams Tabreiz veranlaßte mit seinem starken Willen die Sonne herabzukommen und sein Stück Hammel zu rösten. Alle Jnana-Yogis und auch die anderen Yogis verfügen über sehr starke Willenskraft.

Im Hintergrund des Willens steht die Keuschheit (Brahmacharya). Ohne diese ist keine Willens-Schulung möglich. Wille ist ein anderer Name für die Kraft der Enthaltsamkeit. Jeder Samentropfen ist eine magnetische Kraft. Mit dieser können die Jnana-Yogis alles erreichen, was sie wollen. Chudalai wollte ihren Mann Shikhidwaja prüfen. Mit ihrem Willen erschuf sie einen Mann ihrer Fantasie und schwebte aufrecht in der Luft, um ihn von ihren Kräften zu überzeugen. Shikhidwaja machte sie zu seinem Guru.

Anweisungen für die Entwicklung des Willens

Stehe um vier Uhr auf und setze dich in die Veerasana- oder Padmasana-Stellung. Dann meditiere über folgende Formeln. Wiederhole sie im Geist und empfinde sie gleichzeitig:

1. Mein Wille ist stark und unwiderstehlich.
   Om, Om Om.
2. Ich kann jetzt alles durch meinen Willen bewirken.
   Om, Om Om.
3. Ich habe einen unbesiegbaren Willen.
   Om, Om Om.

Meditationen über den unsterblichen Atman entwickeln den Willen. Dies ist die beste Methode. Setze den Willen nicht auf falsche Fährten. Das wäre hoffnungslos. Am Anfang prüfe nicht deine Willenskraft.

Warte, bis sie stark und rein ist. Der Wille ist der König der mentalen Kräfte. Der Wille ist Ichha-Shakti; Prana ist Kriya-Shakti; Intellekt ist Jnana-Shakti. Ist der Wille geschult, stehen alle mentalen Kräfte wie die Kraft des Urteils, des Gedächtnisses, des Begreifens, des Festhaltens, der Vernunft, der Entscheidung, der Beeinflussung, der Reflexion in einem Augenblick zur Verfügung. Sie kommen, um der Willenskraft, ihrem Meister, zu helfen.

Gebrauch der Willenskraft

Sei nicht unruhig und verzagt, wenn sich die Entwicklung des Willens verzögert. Im Lauf der Zeit muß er alle deine Befehle ausführen. Du kannst Schmerzen anderer allein durch deinen Willen heilen. Du mußt nur wollen, daß der Patient frei von Krankheit wird. Dies wird dann unmittelbar geschehen und du wirst erstaunt sein. Jede Krankheit deines eigenen Körpers kannst du allein durch Willen heilen.

Wenn du mit aller Kraft willst, daß Herr S. um acht Uhr zu dir kommt, dann wird er genau zu dieser Zeit vor deiner Tür stehen. Der Wille ist dein gehorsamer und bereiter Diener. Er wird alles herbeiholen, was du ersehnst. Wünsche dir mit aller Kraft: »Ich muß zu dieser Verabredung kommen«, und du wirst sie erreichen. Tritt Verzögerung ein, dann setze noch einmal den Willen ein. Zu Anfang wirst du es etwas schwer finden, da es für dich eine neue Übung bedeutet. Langsam aber wirst du wissen, wie du den Willen anwendest. Du wirst den Kunstgriff und die Technik verstehen lernen. Dann kann der Wille im Augenblick eingesetzt und der Gegenstand im gleichen Augenblick erlangt werden. Je stärker der Wille, um so schneller die Verwirklichung. Die Übung des Willens wird dich vollkommen machen und die Erfahrung wird dein Lehrmeister sein.

Du mußt aber sehr überlegt im Gebrauch des Willens sein. Es ist ratsam, die Willenskraft für einen höheren geistigen Erfolg einzusetzen. Weltlicher Erfolg ist nichts, denn dieses Leben ist nur eine Wasserblase. Diese Welt ist ein langer Traum. Weltlicher Erfolg wird dir niemals immerwährenden Frieden und Freude geben. Setze versuchsweise deinen Willen für ein oder zwei weltliche Dinge ein. Dann verstehst und erfährst du seine Macht. Dann aber richte deinen Willen auf die Verwirklichung des Selbst. Kümmere dich nicht um weltliche Angelegenheiten. Sie sind wertlos wie Stroh. Werde ein Atma-Jnani- oder ein Raja-Yogi. Dies allein wird dir vollkommene Befriedigung bringen. Jetzt bist du Herr der drei Welten. Alle kleinen Verlangen werden schwinden. Du bist ein Jnani, dem alle Wünsche gewährt werden.

Entwicklung der Willenskraft

Aufmerksamkeit, Kraft der Ausdauer, aufsteigende Gefühle der Abneigung, Widerwillen und Beunruhigung überwinden, Starksein im Leiden, Abhärtung, auf einem Fuß stehen, in der heißen Sonne sitzen oder in kaltem Wasser während des harten Winters mit erhobenen Händen eine Stunde lang die gleiche Stellung einnehmen, Fasten, Geduld, Beherrschung von Launen, Nachsicht, Güte, Ausdauer, Festigkeit in Gefahren, Widerstandskraft, Mut im Angriff, ein Tagebuch führen – dies alles sind Pflastersteine auf dem langen Weg der Willens-Schulung. Man sollte geduldig die Worte anderer hören, auch wenn diese nicht interessant oder anregend sind. Man sollte nicht unruhig sein und nicht rauchen. Geduldiges Zuhören entwickelt den Willen und gewinnt die Herzen der anderen. Die Willenskraft wird auch entwickelt, wenn man Arbeiten oder Aufgaben verrichtet, die uninteressant sind. Nach einiger Zeit wirst du Interesse gewinnen.

Beklage dich niemals über eine schlechte Umwelt. Schaffe dir deine eigene mentale Welt, wo immer du bist und wohin du auch gehen magst. Überall gibt es Schwierigkeiten und Nachteile. Wenn das Denken dich in jedem Augenblick und bei jedem Schritt irreführt, dann versuche die Hindernisse und Schwierigkeiten durch geeignete Mittel zu überwinden. Versuche nicht, üblen und ungünstigen Umgebungen fortzulaufen. Gott hat dich dorthin gestellt, damit du dich schnell entwickelst.

Wenn du nur Bequemlichkeiten findest, wirst du nicht stark werden. Du wirst dich auch nicht zurechtfinden, wenn du woanders solche Bequemlichkeiten nicht finden kannst. Darum mache den besten Gebrauch aus jeder Umgebung. Beklage dich niemals über deine Umwelt. Lebe in deiner eigenen Geisteswelt, dann kann dich nichts erregen. An keiner Stelle der Welt wirst du einen idealen Platz und ideale Umgebung finden. Diese Welt ist eine relative Ebene von Gut und Böse. Vergiß dies niemals. Versuche unter allen Umständen, an jedem Platz glücklich zu leben, und du wirst eine starke, dynamische Persönlichkeit.

Die Übung der Konzentration ist eine große Hilfe zur Stärkung des Willens. Du mußt die Angewohnheiten deiner Gedanken mit Klugheit verstehen und überwachen, wie sie wandern und arbeiten. Dann mußt du einfache und wirksame Methoden finden, um das Herumschweifen in Zucht zu nehmen. Die Übung der Gedanken-Schulung, der Konzentration, des Gedächtnis-Trainings gehören zusammen und sind eine große Hilfe für die Willens-Schulung. Man kann keine Trennungslinie ziehen, um festzustellen, wo die Übung der Konzentration oder der Gedächtnis-Schulung aufhört und die Übung der Willens-Schulung beginnt. Es gibt hierfür keine feste und genaue Regel. Einzelheiten über die Konzentration wirst du in dem Beitrag »Schulung der Gedanken« finden.

Manche können durch reinen Willensakt im Augenblick, in dem sie zu Bett gehen, in Schlaf fallen. Auch Mahatma Gandhi vermochte dies.

Ebenso können Sie am Morgen zu jeder beliebigen Zeit aufstehen. Sie haben ihr Unterbewußtsein so trainiert, daß es ihr gehorsamer Diener wurde. Es weckt sie zu jeder Sekunde auf. Jeder von euch sollte diese Gewohnheit mit Hilfe des Willens entwickeln. Die Mehrzahl der Menschen wälzt sich stundenlang in ihren Betten hin und her und findet keinen tiefen Schlaf, selbst nicht für eine halbe Stunde. Nur diese Art von Schlaf bringt Erfrischung, nicht die Länge des Schlafens. Eine Stunde tiefen Schlafs genügt, um den Körper zu erfrischen und die Gedanken neu zu beleben. Du mußt dich im Augenblick, in dem du zu Bett gehst, entspannen und dir vornehmen: »Ich will jetzt gut schlafen.« Denke an nichts. Napoleon hatte diese Gewohnheit. Selbst wenn das Jagdhorn geblasen oder auf dem Schlachtfeld die Trommeln geschlagen wurden, blieb er in tiefem Schlaf. Sein Unterbewußtsein aber weckte ihn in der Sekunde, in der er aufstehen wollte. Mit kaltblütiger Klarheit erschien er dann wie ein Löwe auf dem Schlachtfeld. Man sollte sich trainieren, in fahrenden Zügen, Autos oder Flugzeugen, selbst in sitzender Stellung zu schlafen. Diese Übung ist von größter Hilfe für arbeitende Menschen, die viel reisen müssen. Das Leben ist heute so vielseitig geworden, daß Geschäftsleute keine Zeit für genügend Schlaf finden. Wenn sie auch nur fünf Minuten Muße haben, sollten sie, wo sie auch sind, die Augen schließen und eine kurze Zeit schlafen. Dies würde ihnen große Ruhe geben. Wenn die stets angespannten und bedrückten Nerven manchmal entspannen, werden sie sich erfrischen und stärken für weitere Tätigkeiten.

Man kann im Auto schreiben, Zeitung lesen oder anderes tun, so daß die Gedanken in voller Tätigkeit bleiben. Wenn man jede Sekunde in bestmöglicher Weise ausnutzt, wird man eine dynamische Persönlichkeit mit magnetischer Ausstrahlung und nimmt an mentaler, moralischer und geistiger Kraft zu. Unnützes Geschwätz sollte vollkommen aufgegeben werden. Jeder von uns sollte den Wert der Zeit erkennen. Wenn man seine Kraft vorteilhaft ausnutzt, wird der Wille zu einer dynamischen Kraft. Einsatz, Zähigkeit, Interesse, Aufmerksamkeit, Geduld und

Ausdauer, Zuversicht und Selbstvertrauen können einen Menschen zu einer wunderbaren Persönlichkeit in der Welt machen.

Befähigung und Wille

Du mußt deinen Willen deinen Fähigkeiten entsprechend einsetzen. Sonst läßt er nach und du verlierst den Mut. Dies ist ein wichtiger Punkt. Stell dir ein Programm deiner Arbeit oder täglichen Gewohnheiten auf, das deinem Leistungsvermögen entspricht, und gib acht, daß es täglich eingehalten wird. Nimm dir nicht zuviel vor. Wenn mehrere Dinge nicht an einem Tag ausgeführt werden können, weil sie dein Leistungsvermögen übersteigen, dann wirst du an Interesse verlieren und deine Begeisterung wird allmählich verschwinden. Deine Energie wird sich zerstreuen, und du wirst denkmüde. Was du an einem Tag tun willst, mußt du bis zum letzten Strich ausführen. Nimbarka Acharya wollte, daß die Sonne nicht an dem Nim-Baum vor seinem Haus vorüberginge und sie blieb genau vor ihm stehen. Nalayani wollte, daß es keinen Tagesanbruch gäbe und dies geschah. Solche Menschen hatten eine starke Willenskraft. Wenn du zu Anfang ähnliches »willst«, aber noch Neuling bist, der seinen Willen erst sehr wenig entwickelt hat, dann wirst du keinen Erfolg haben.

Zuviel Denken ist ein Hindernis bei der Durchführung eines Willensaktes. Es bringt Verwirrung, Mißtrauen und Verzögerung. Die Willenskraft wird träge und die Gelegenheit entweicht. Du wirst zögern, etwas in Gang zu setzen. Denke einige Zeit genau nach. Sobald du aber einen Entschluß gefaßt hast, mußt du unmittelbar wollen. Es darf keinen unnötigen Aufschub geben. Manchmal willst du und hast keinen Erfolg. Dies ist auf fehlerhaftes Denken und Fühlen zurückzuführen. Du mußt richtig denken und zur gleichen Zeit richtig fühlen. Dann muß der Wille Erfolg haben. Rechtes Fühlen sollte unbedingt das rechte Denken begleiten.

Verlangen und Wille

Der göttliche Wille ist allmächtig. Gott will und alles tritt im gleichen Augenblick ins Sein. Der Mensch will, aber es dauert eine lange Zeit, ehe etwas erreicht oder die Stoffwerdung des gewünschten Gegenstandes ermöglicht wird, da sein Wille schwach ist. Der Mensch denkt, will und bekommt langsam nach einiger Zeit den erwünschten Gegenstand. Der Mensch ist schöpferisch. Wenn sein Wille rein und stark ist, erreicht er die Dinge auch in einem Augenblick. Bloßes Wünschen ist nicht genug, um das Verlangte zu bekommen. Man muß auch einen bestimmten Zweck hinzufügen. Wunsch oder Verlangen sind ein kleines Geriesel auf dem Meer der Gedanken; der Wille aber ist die Kraft, die die Wünsche ausführt. Wille ist Willensentschluß. Er ist die Kraft zu wählen oder festzulegen.

Verlangen und Wille sind zwei völlig verschiedene Dinge. »Verlangen« ist Sehnsucht nach gewissen Gütern, während »Wille« die Kraft der Entscheidung und Festlegung ist, ohne etwas genießen zu wollen. Begehren ist Vasana und bezieht sich auf Denken und Fühlen, während der Wille Ichha ist. Dieses entspricht dem Gesetz und ist charakteristisch für das Selbst, das universale Bewußtsein. Gottes Wille und Gottes Gesetz sind ein und dasselbe.

Wenn das Selbst sich zur Tätigkeit entschließt, unbeeinflußt von Anziehungen oder Ablehnungen gegenüber den Dingen der Umwelt, manifestiert sich der Wille. Wenn äußere Anziehungen oder Abneigungen die Tätigkeit bestimmen und der

Mensch hierher und dorthin getrieben wird, taub gegenüber der Stimme des Selbst und nicht bewußt des inneren Führers, dann ist dies Verlangen.

Freier Wille

Der Mensch muß lernen, sich von den Mitteln zu distanzieren, mit denen er begehrt, denkt und handelt, damit er sie als Teil des Nicht-Selbst, als Material außerhalb seines Lebens ansieht. Auf diese Weise wird die Energie, die in den Begierden nach außen zu den Gegenständen geht, zu einem höheren Verlangen, das vom Geist geführt wird, und kann in Willen umgewandelt werden. So wie das niedere Denken in das höhere eingeht und dieses in die Weisheit einströmt, entwickelt sich aus dem Willensaspekt die Kraft des Geistes, die selbstbestimmend, selbstgeführt, in vollkommener Harmonie mit dem höchsten Willen steht und deshalb frei ist. Erst dann sind alle Bande gebrochen, und der Geist ist nicht mehr von irgendeinem Äußeren beschränkt. Erst jetzt, und nur jetzt, kann man von einem freien Willen sprechen.

Ausgeglichener Geisteszustand

Wer seinen Willen zu entwickeln sucht, sollte immer trachten, einen kühlen Kopf zu behalten. Sein Gemüt sollte unter allen Umständen ausgeglichen sein. Er muß seine Gedanken schulen oder in Zucht halten. Es lohnt, dieses zu üben. Geistiges Gleichgewicht ist eines der stärksten Merkmale des entwickelten Jnani oder Yogi. Diese werden in allen ihren Unternehmungen Erfolg haben und stets fröhlich sein. Bis zum fünfzigsten Versuch mögt ihr hierin versagen, nach dem einundfünfzigsten aber werdet ihr Willenskraft erreicht haben. Langsam werden die Gedanken und das Gemüt ausgewogen sein. Am Anfang sollt ihr nicht den Mut verlieren.

Wenn eine ernsthafte Katastrophe eintritt, müßt ihr euch nicht erregen. Behaltet einen ruhigen kühlen Kopf. Bleibt geistesgegenwärtig. Weint nicht über verdorbene Milch. Irgendwie ist es geschehen. Nun müßt ihr diesem in fröhlicher Gemütsverfassung ins Auge sehen und das Beste aus den Dingen machen. Denkt an den Grundsatz: »Was nicht geheilt werden kann, muß ertragen werden.« Sucht nach Möglichkeiten, die Schwierigkeit zu überwinden. Bleibt ruhig, werdet nicht durch ungemäße Gefühle und Erregungen fortgetragen. Beherrscht diese. Denkt nach, wodurch die Katastrophe oder die Schwierigkeiten gekommen sind. Es gibt immer Möglichkeiten, um die Krise oder die mißliche Lage richtig und wirksam zu überwinden. Laß den Hut fallen, wenn dein Kopf abgeschlagen werden soll. Dies ist Weisheit, Klugheit. Entwickelt Unterscheidungsvermögen und Voraussicht. Viele Hindernisse und Schwierigkeiten können ganz leicht beseitigt werden. Brütet nicht über Irrtümer, Versagen und Fehler. Dies wird euren Willen schwächen. Laßt den Fehler liegen. Er wird schnell fortgeräumt, wenn der Wille zunimmt, wenn er immer reiner und stärker wird.

Denkt nur eine Weile darüber nach, warum ein Versuch fehlging, und seid das nächste Mal vorsichtiger. Versucht die Faktoren zu beseitigen, die euch beim ersten Versuch zum Versagen geführt haben. Werdet stärker, seid vorsichtig und wachsam. Bleibt auf dem Sprung, aktiv und geschmeidig. Ihr müßt schnell und gleichzeitig leistungsfähig sein. Dann macht ihr keine Fehler.

Geistesgegenwart

Wann immer ihr euch in einer Schwierigkeit befindet, verliert nicht den Mut. Verliert nicht euer Herz. Seid geschickt, intelligent, macht kluge Pläne, ruft alle eure brachliegende Energie oder schlafenden Fähigkeiten auf. Wie schnell seid ihr, wenn euer Haus brennt. Wie umsichtig und genau handelt ihr in solchen Situationen. Ihr wißt nicht, woher in diesem Augenblick eure Energie und Kraft kommen, aber ihr seid vollkommen konzentriert. Ihr findet geschickt Möglichkeiten, um eueren Besitz und das Leben der im Haus Wohnenden zu retten. Wunderbare Taten verrichtet ihr. Und wenn die Gefahr vorbei ist und ihr wieder in Ruhe seid, sagt ihr zu euch selbst, daß eine geheimnisvolle Gotteskraft durch euch gewirkt hat.

Schneidet immer gleich den Gordischen Knoten durch. Verliert keine Zeit. Wenn ihr euch einmal eine bestimmte Linie des Handelns vorgenommen habt, dann führt sie geschickt und mit kühler und berechnender Überlegung und Beobachtung durch. Verzögerung ist der Dieb der Zeit. Wer zögert (ein Deerghasutri ist), kann in seinem Leben niemals Erfolg haben.

Zunahme der Willenskraft

Ein ruhiger Geistes- und Gemütszustand, Ausgeglichenheit, Fröhlichkeit, innere Kraft, die Fähigkeit schwierige Arbeiten auszuführen, Erfolg in allen Unternehmungen, die Macht, Menschen zu führen, eine dynamische Persönlichkeit, magnetische Ausstrahlung, strahlende Augen, fester Blick, machtvolle Stimme, Großzügigkeit im Auftreten, Unbeeinflußbarkeit, Angstlosigkeit etc. sind einige Zeichen der wachsenden Willenskraft.

Erfahrung

Du mußt Erfahrung erlangen, indem du im Augenblick einer Schwierigkeit einen Weg des Handelns einschlägst, der sicheren und positiven Erfolg bringt. Du mußt das Werkzeug hierfür (Buddhi) sehr subtil und scharf erhalten. Ein Führer muß diese Eigenschaft in hohem Maße besitzen, wie dies auch Beispiele der Geschichte zeigen.

Festigkeit und Geduld

Unbeirrbare Festigkeit und Geduld sind notwendig, um kritische Situationen zu überwinden und erfolgreich zu sein. Geistesgegenwart (Dhriti, Dhairya) und Ausgeglichenheit (Samata) entwickeln den Willen in beachtlicher Weise.

Lebensziel

Die Mehrzahl der Menschen, selbst die sogenannten Gebildeten, haben kein bestimmtes Lebensziel. Darum werden sie hin und her getrieben wie ein Holzklotz im unruhigen Meer. Sie wissen nicht, was sie tun sollen. Sie haben nicht die Urteilsfähigkeit, einen guten und ihrem Temperament angepaßten Beruf auszusuchen, der ihnen Reichtum und Erfolg bringt. Sie werden faul, setzen sich keinen abenteuerlichen Unternehmungen, keinen ungesicherten Geschäften oder irgendeiner Art von Tätigkeit aus, die Mut und Geschicklichkeit verlangen.

Sie verschwenden ihre Zeit und beenden ihren Lebenslauf in Trauer, Verzweiflung und Sorgen. Energie ist vorhanden, auch

Intellekt, aber sie haben kein bestimmtes Ziel, keinen Zweck, kein Ideal. Das Programm ihres Lebens ist nicht klar gestaltet; so wird das Leben zum Versager. Jeder sollte das Ziel seines Lebens deutlich erkennen. Dann sollte die Arbeitslinie herausgefunden werden, die zu diesem Ziel führt. Man muß harte Arbeit leisten, um das Ziel zu verwirklichen. Der Mensch muß ein Ideal haben und jede Minute versuchen, zu diesem hin zu leben. Gerade jetzt in diesem Augenblick kannst du das Ideal erreichen oder erst nach Jahren, mit strauchelnden Füßen. Das macht nicht viel aus. Ideal und Ziel müssen vorhanden sein; dann kannst du deinen Willen entwickeln.

Wenn man erfolgreich seine Pflichten als Hausvater beendet hat, wenn die Söhne gesichert im Leben stehen, die Töchter verheiratet sind, dann sollte der Mensch sich die verbleibenden Jahre seines Lebens geistigen Zielen, dem Studium religiöser Werke und frommer Kontemplation hingeben. Viele aber wissen nicht genau, was sie tun werden. Wenn sie sich vom tätigen Dienst zurückgezogen haben, suchen sie eine andere Beschäftigung. Sie sind noch voller Begehren. Bis zum Ende ihres Lebens zählen sie Geld und denken an ihre Enkel oder Urenkel. Beklagenswert ist das Los dieser Menschen! Gesegnet ist, wer die Zeit nach seiner Berufsarbeit mit Studien und Meditation an einem einsamen Ort verbringt.

Östliche und westliche Art der Schulung

Es besteht ein Abgrund zwischen der östlichen Schulung der Hindu-Weisen und Rishis und jener der westlichen Okkultisten. Der grundlegende Unterschied besteht darin, daß die Menschen des Westens Willen und Gedächtnis schulen, um nur materiellen Fortschritt, weltliches Wohlergehen und so fort zu erlangen. Sie leugnen vollkommen das jenseitige Leben. Dies ist ihr ernsthafter Fehler. Die Yogis Indiens entwickeln Willen und Gedächtnis für geistige Zwecke. Ihr Ziel ist stets die Selbstverwirklichung. Sie stellen psychische Kräfte zur Schau, damit die Schüler deutlich erkennen, daß es ein höheres übersinnliches Leben im Atma gibt, das allein wirkliche Seligkeit und Unsterblichkeit ist. In nicht mißverständlicher Art prägen sie ihren Schülern ein: »Nicht durch Handlungen und Reichtümer, auch nicht durch Nachkommenschaft, sondern durch Entsagung allein kann Unsterblichkeit erlangt werden.« Die wahre Seligkeit liegt in Bhuma, dem Unendlichen, nicht Bedingten. In den vergänglichen Gegenständen liegt keine wahre Freude. Wirklicher dauernder Frieden ist allein im Absoluten. Dieses muß gesucht und erkannt werden. Täglich wird dieser Ton in die Ohren der Schüler geblasen.

Der westliche Okkultist sollte deshalb nicht die geistige Schulung vernachlässigen und nicht vergessen, daß sie die Grundlage aller anderen Bildung ist. Man kann bis zu einem gewissen Grade Wohlergehen in materiellen Dingen erlangen.

Trotzdem muß man die geistige Seite in sich entwickeln. Wird diese vollkommen außer acht gelassen, dann gibt es keine wahre Bildung. Man sollte auch zusammen mit der Willens-Schulung ein wenig Tapas (Enthaltsamkeit) beachten. Alle Bildung wurzelt in der Schulung des Selbst. Nur so kann Erfolg und Freude erlangt werden. Man sollte aber nicht, wie es manche Hindu-Lehrer tun, nur Entsagung üben und dabei die materielle Seite des Lebens vollkommen vergessen. Diese Einstellung hat der Herr Krishna in der Gita verworfen. Alle Extreme sind schlecht. Eine gesunde Verbindung ist das wünschenswerte.

Schlußfolgerung

Ich möchte euch noch eine wichtige Ansicht darlegen. Für mich gibt es keine Worte wie: »ich kann nicht, es ist schwierig, unmöglich.« Ich kenne auch nicht den Ausdruck Schwäche und anderes. Alle, die ihre Willenskraft entwickeln wollen, sollten diese Worte aus ihrem Wörterbuch streichen. Sie sind Ausdruck eines verweichlichten weibischen Menschen, einer scheuen Frau. Werdet ein Löwe, ein geistiger Held, ein Kämpfer auf dem Schlachtfeld. Allein durch den Willen oder das Singen von OM können Berge zu Pulver zermalmt oder fortbewegt werden. Durch Willen allein können Meere zurückweichen und die Wellen sich beruhigen. Der Herr Jesus vermochte dies zu erreichen, auch du kannst es. Alle können alles erreichen, wenn sie nur wollen. Dies ist das große Gesetz der Natur. Mutter Prakriti (die Urmaterie) läßt sich nicht beeinflussen. Sie schaut mit gleichem Blick auf alle ihre Kinder. Sprich mit Würde und Kraft, mit Nachdruck und in edler Weise.

Behalte also niemals negative Worte in deinem Geist. Erkenne die Herrlichkeit, den Glanz, die Macht des Selbst, das den Hintergrund deines Denkens, Wollens, deines Fühlens und Gedächtnisses bildet. Erkenne die Großzügigkeit und die unsterbliche Natur dieser verborgenen, alles durchdringenden und in deinem Inneren wohnenden Weisheit. Wisse, daß dieses Selbst die Vorratskammer aller Erkenntnis, aller Seligkeit, aller Macht, Schönheit und Freude und allen Friedens ist. Fühle, daß die Sonne, der Mond, die Sterne und das Feuer auf deinen Befehl ihre jeweiligen Funktionen ausüben. Fühle, daß die Erde sich bewegt, der Regen fällt, das Feuer brennt, die Flüsse fließen, die Sonne scheint, Indra, Agni und Yama ihr Werk tun und die Sterne glitzern, wenn du sie bittest. Du bist die Herrlichkeit aller

Herrlichkeiten, die Sonne der Sonnen, das Licht der Lichter, das Heilige der Heiligen, die Göttlichkeit der Göttlichen, die Devata der Devatas, der Herr der Herren, der Gott der Götter. Du bist die Wahrheit, du bist Brahman, du bist der unvergängliche und unzerstörbare, der niemals sterbende Atman, der dieses ganze Weltall durchdringt. Bekenne dich zu deiner Größe, erkenne die Herrlichkeit Brahmas in dir. Erfahre deine Freiheit und deine Satchitananda-Natur (Sein – Bewußtsein – Glückseligkeit), deinen Mittelpunkt, dein Ideal, Ziel und Erbe. Verweile in diesem Meer von Licht, Erkenntnis, Liebe, Frieden, Freude und Seligkeit. Erfahre die Bedeutung des großen Wortes: »Tat Twam Asi« (Das bist Du) aus den ruhmreichen Upanishaden. OM! OM! OM!

Ethische Schulung

Weißt du den Grund, warum ich dieses Thema als drittes gewählt habe? Atma ist die Grundlage von allem. So habe ich die geistige Schulung an den Anfang gestellt. Es gibt eine sehr nahe Beziehung zwischen Atma und Willen. In der Bewegung oder Manifestation ist Wille Atma oder Gott. Darum habe ich mich nach der geistigen Schulung mit der Erziehung des Willens beschäftigt. Es gibt aber keine Schulung des Geistes oder des Willens ohne ethische Unterweisung. Darum habe ich diese als drittes wichtiges Thema gewählt. Ein ethischer Mensch hat mehr Macht als ein intellektueller. Schulung auf ethischem Gebiet weckt verschiedene Arten von Kräften (Siddhis) oder okkulten Mächten. Wer die Yoga-Sutras studiert, wird eine klare Beschreibung der Kräfte finden, die sich durch Übung von Ahimsa (nicht Widerstand leisten), Satya (Pflicht erfüllen) und Brahmacharya (Keuschheit) offenbaren. Die neun Siddhis unterstellen sich einem ethisch entwickelten Menschen, um ihm zu dienen.

Der Philosoph muß nicht unbedingt ein moralischer oder ethischer Mensch sein, ein geistiger Mensch aber muß notwendig ein moralischer sein. Sittlichkeit geht mit Geistigkeit zusammen. Moral und Geistigkeit leben miteinander. Die drei Arten von Tapas (das schöpferische Prinzip der Energie): Energie des Körpers, des Wortes und des Geistes, die im 17. Kapitel der Gita beschrieben werden; die Übung von Yama (Einhalten moralischer Gebote) in der Philosophie des Raja-Yoga und der Edle, Achtfache Pfad des Buddhisten, das heißt: rechtes Denken, rechtes Streben, rechtes Handeln, rechtes Leben etc. haben zum Ziel, einen Menschen zur Moral zu erziehen, damit er Atma-Jnana oder die Erfahrung des höchsten Tattva (reine Wirklichkeit) empfangen kann.

Ihr solltet zu jeder Zeit versuchen, unter allen Umständen wahrhaftig zu sein. Vielleicht verliert ihr zu Anfang eure Stellung und euer Einkommen, auf die Dauer aber werdet ihr erfolgreich sein. Ihr werdet die Bedeutung des Wortes der Upanishaden erkennen: »Die Wahrheit allein triumphiert, nicht die Falschheit.« Zu Beginn kostet dies manches Opfer. In vielen Berufen wird vom Menschen das Lügen verlangt. Trotzdem steht zu eurem Gewissen und seid wahrhaftig, damit ihr einen friedvollen Tod habt. Tötet euer Gewissen nicht, um ein angenehmes Leben zu führen oder einem Menschen, vielleicht eurer Frau, zu gefallen. Das Leben hier vergeht, es ist wie eine Seifenblase. Trachtet nach der Göttlichkeit. Verschiedene Aussprüche wie: Keinen Schaden zufügen; die Wahrheit sprechen und tugendhafte Handlungen begehen; anderen das gleiche tun, was man von ihnen erwartet, oder: Handle, wie du willst, daß man gegen dich handelt; liebe deinen Nächsten wie dich selbst, sollen den ethischen Zug eines Menschen ausprägen. Moral ist das

Fundament für die Verwirklichung der Einheit des Lebens in Atma, die Basis für das Gefühl der Gleichheit in allen Dingen. Die Entwicklung der Sittlichkeit bereitet euch vor für die Erkenntnis: »Alles ist Brahman, es gibt keine Verschiedenheit.«

Alle Schüler begehen einen Fehler, wenn sie meinen, sie könnten Samadhi oder Dhyana mit einem Sprung erreichen, ohne zuvor sittlich rein zu sein. Der geistige Zustand bleibt der gleiche, auch wenn sie fünfzehn Jahre lang Meditation geübt haben. Sie sind ebenso eifersüchtig, überheblich, haßerfüllt, stolz, egoistisch wie zuvor. Keine Meditation, kein Samadhi ist möglich ohne ethische Schulung. Wenn man vollkommene Moral entwickelt hat, kommen Meditation und Samadhi von allein.

Schulung der Gefühle

Bhava ist ein Sanskrit-Ausdruck, der keine Entsprechung in einer anderen Sprache hat. Er bedeutet eine geistige Haltung oder mentale Disposition. Bhava ist ein inneres Gefühl. Es gibt drei Arten von Bhavas: Sattva-, Raja- und Tamas-Bhava. Diese Arten richten sich nach der vorherrschenden Eigenschaft im Menschen. Sattva-Bhava ist göttliches Bhava. Ebenso wie Denken und Gedächtnis oder Wille geschult und durch Übung entwikkelt werden können, ist dies auch bei Bhava (Affekte und Gefühle) der Fall. Ein übles Bhava kann in ein gutes verwandelt werden. Bhava der Unfreundlichkeit oder Feindschaft ist eine Gedankenschöpfung. Der Feind oder Freund ist nicht außerhalb von uns. Es ist das innere Gefühl oder die inwendige Einbildung. In einem Augenblick kann ein langjähriger Freund zum tödlichen Feind werden. Ein hitziges oder scharfes Wort kann im Nu die Situation vollkommen verändern. Wenn freundschaftliches Bhava herrscht, erwartet Herr Schmidt, daß sein

Freund Herr Nicholas ihn pflegt, wenn er krank ist, daß er ein guter, liebender Freund ist, der ihm auch Geld leiht, wenn er in Verlegenheit ist, und daß er ihn gastfreundschaftlich in sein Haus aufnimmt. Er bildet sich dies ein. Wenn aber das freundschaftliche Gefühl verloren geht, verändert sich Herr Schmidt gegenüber Herrn Nicholas. Er hat kein Vertrauen mehr zu seinem alten Freund und Kollegen. Er fürchtet sich vor ihm, wendet sich ab, wenn er ihm begegnet und redet schlecht von ihm. Er ist überzeugt, daß Herr Nicholas ihm Schaden zufügen will. Die ganze Lage ist vollkommen verschoben. Bhava hat sich jetzt von Grund auf verändert.

In der Vedanta heißt es: »Wenn der Mensch seine Unwissenheit verliert, ist er identisch mit Brahman (dem absoluten Sein). Der Mensch identifiziert sich irrtümlicherweise mit seinem Körper und bildet sich fälschlich ein, er sei ein kleiner Jiva (Selbst) mit geringer Macht und Erkenntnis. Dies ist sein augenblicklicher Bhava, der menschliche Bhava. Dieser sollte durch Veränderung des Gesichtswinkels und die Art des Denkens in Brahma-Bhava verwandelt werden. Denke, du seist reine und alles durchdringende Intelligenz, Licht und Bewußtsein, allmächtig, allwissend und allgegenwärtig. Denke, du seist unsterblich, denke, du seist Sakshi: Ich bin Zeuge, nicht Handelnder, nicht Genießender.« Durch solches Verhalten kannst du den Gedanken, du wärest der Handelnde und Genießende, zerstören und dich von den Fesseln des Karmas befreien. So wirst du den Zustand des Brahmans, der höchsten Glückseligkeit, Erkenntnis und Unsterblichkeit erlangen. Die Vedanta fügt noch hinzu: »Erblicke und fühle Brahman überall und beachte nicht Namen und Formen.« Sie lehrt dich, Atma-Bhava durch rechte Unterscheidung, Gedanken und Meditation zu entwickeln.

Wenn ein Gedanke ausschließlich das Denkorgan beherrscht, dann entsteht ein mentaler Zustand oder Bhava, der der Natur dieses Gedankens entspricht. Wenn du eine Zeitlang an deinen Feind denkst, dann wird ein feindlicher Bhava entstehen. Denke an Barmherzigkeit oder All-Liebe, dann wird sich Prema (Liebe)-Bhava oder Karma-Bhava manifestieren. Denke an den Dienst für alle und dieser Bhava wird eintreten. Denke an den Herrn Krishna und an seine Spiele in Brindavan, und Krishna-Prema-Bhava wird sich manifestieren. Gefühle begleiten das Denken. Du kannst sie nicht voneinander trennen. Sie sind wie Feuer und Hitze.

Du solltest die mentalen Zustände stets durch sorgfältige und wachsame Innenschau beobachten und keinem negativen oder ungewünschten Bhava erlauben, sich zu manifestieren. Du solltest sofort den üblen Bhava verändern, indem du an den entgegengesetzten denkst. Das Positive überwältigt das Negative. Ein Sattva-Bhava ist ein wertvoller geistiger Aktivposten für dich. Zu Beginn wird der Kampf zwischen dem dämonischen (Asurika) und dem göttlichen Bhava schwer sein, da sich ersterer immer wieder in die Gedanken einschleichen wird. Am Ende aber, nach nicht ermüdender Übung, wird Sattva-Bhava den Sieg davontragen. Nahrung hat direkten Einfluß auf Bhava. Diät mit Milch und Früchten sollte vierzehn Tage lang gehalten werden, um die Natur des mentalen Zustandes und Bhava zu erforschen. Die Gedanken werden von einer wunderbaren Ruhe sein und sich im Sattva-Bhava auf Gott richten. Dann wird die Meditation ohne geringste Anstrengung von selbst kommen.

Der Fromme ist stets der Ansicht, daß Gott alles tut und er ein Werkzeug in Gottes Händen ist. Wenn er solchen Bhava aufrecht hält, gibt er den Gedanken, selbst Handelnder und Genießender zu sein, auf und befreit sich auf solche Weise von den Fesseln des Karmas. Er ruht in vollkommenem, ungestörtem Frieden. Wenn irgend etwas sich ereignet, denkt er: »Gott ist alles, Gott tut alles zu meinem Besten. Gott ist gerecht. Sein Wille geschehe. Alles ist Dein, Ich bin Dein, o Herr.« Durch Übung dieses Bhavas wird er unter allen Umständen und in allen Lebenslagen immer glücklich sein. Der Bhakta (Liebende) hält die Dualität aufrecht, während sich der Schüler der Vedanta mit Brahman identifiziert. Er verehrt und betet an. Zuerst unterscheiden sich die Arten der geistigen Übung. Am Ende aber begegnen sie sich auf der gleichen Ebene.

Ein echter Sannyasin hat den Bhava der Ausgeglichenheit, des Einsseins und der Liebe. Bhava unterscheidet sich in den verschiedenen Menschen, ihrer Natur und Eigenschaft entsprechend. In weltlicher Redeweise soll die Beziehung zwischen Vater und Sohn, Mann und Frau, Herr und Diener, Freund und Feind, Bruder und Schwester etc. die verschiedenen Grade der Liebe (Prema) entwickeln und sie durch Reinigung der niederen Gefühle zur höchsten göttlichen Liebe ausweiten. Dies ist das Ziel. Der niedere menschliche Bhava ist eine vorbereitende Schulung zur Entwicklung des Göttlichen. Dies sollte nicht vergessen werden.

Beobachtet eure Gefühle sehr sorgfältig. Wenn euch ein trauriges Gefühl erfaßt, solltet ihr eine kleine Tasse Milch oder Tee trinken, ruhig dasitzen, die Augen schließen und den Grund für die Niedergeschlagenheit herausfinden. Dann müßt ihr versuchen, diese Ursache fortzuräumen. Die beste Methode, dieses Gefühl zu überwinden, ist der Gedanke an das Entgegengesetzte. Das Positive überwältigt das Negative. Dies ist ein großartiges und wirksames Gesetz der Natur. Denke nun ganz stark an das Gegenteil der Schwermut. Denke an Fröhlichkeit und stelle dir die Vorteile des Frohseins vor. Fühle dich im tatsächlichen Besitz dieser Eigenschaft. Wiederhole immer wieder in Gedanken die Formel: »OM, Fröhlichkeit.« Empfinde das Gefühl der Freude. Beginne zu lächeln und einige Male zu lachen. Singe einige Töne, die dich schnell emportragen. Singen ist segensreich gegenüber der Schwermut. Singe mehrere Male laut OM. Geh in die frische Luft, dann wird sich die Depression bald niederlegen. Das ist die Pratipaksha-Bhavana-Methode der Raja-Yogis. Es ist die leichteste. Der Weg, die Schwermut durch Kraft zu vertreiben, durch Wollen, Versicherung und Befehl – Geh fort, Schwermut! – strengt den Willen sehr an, auch wenn er der wirksamste ist. Er fordert starke Willenskraft. Durchschnittsmenschen werden darin keinen Erfolg haben. Dagegen ist die Methode, die negativen Gefühle durch die entgegengesetzten positiven abzulösen sehr leicht. In sehr kurzer Zeit schwindet das unerwünschte Gefühl. Übe dies und empfinde es nach. Selbst wenn du mehrere Male versagst, fahre in der Übung fort. Du wirst Erfolg haben, wenn du dich einige Male hingesetzt und geübt hast.

In gleicher Weise kannst du auch andere Gefühle behandeln. Wenn du dich ärgerst, denke an Liebe. Wenn dein Herz verstockt ist, denke an Erbarmen. Hast du sinnliche Lust, denke an die Vorteile der Keuschheit. Bist du unehrlich, denke an Ehrlichkeit und Rechtschaffenheit. Bist du geizig, dann denke an Großzügigkeit oder an weitherzige Menschen. Lebst du in Verblendung (Moha), dann denke an Unterscheidung und dringe in die Natur Atmas ein. Herrscht Stolz in dir vor, denke an Demut; bist du ein Heuchler, denke an Offenheit und ihre wertvollen Vorteile. Bei Eifersucht sollte man an Würde und Weitherzigkeit, bei Schüchternheit an Mut denken und so fort. Dann wirst du die negativen Gefühle fortträumen und der positive Zustand wird Grund in dir fassen. Wesentlich ist ununterbrochene Übung. Sei vorsichtig in der Auswahl deiner Begleiter. Sprich wenig und nur über sinnvolle Dinge.

Schulung der Gedanken

Auch dies ist ein lebenswichtiges Thema. Sehr wenige Menschen kennen diese Kunst oder Wissenschaft. Selbst die sogenannten Gebildeten wissen nichts von dieser grundlegenden Erziehung. Sie alle denken aufs Geratewohl. Alle möglichen oberflächlichen Gedanken kommen und gehen. Es fehlen Ordnung und Harmonie, Rhythmus und Überlegung. Es ist kein abgestimmtes oder organisiertes Denken am Werk, weder System noch Disziplin. Alles ist höchstes Chaos und Unordnung. Die Gedanken werden nicht geklärt. Man kann nicht systematisch und ordentlich auch nur für zwei Minuten an etwas denken. Ohne Verständnis der Gesetze des Denkens und des mentalen Bereichs herrscht inwendig ein vollkommenes Durcheinander vor. Alle Arten sinnlicher Gedanken kämpfen miteinander, um in den Denkbereich eines sinnenhaften Menschen einzudringen, und gewinnen die Oberhand. Das Sinnesorgan des Auges ringt darum, seine eigenen Gedanken anzubringen; es ist schaulustig und verlangt Sinnenhaftes zu sehen. Das Sinnesorgan Ohr will Radiomusik hören und so weiter. In den meisten Menschen existieren nur niedere Gedanken, lustvolle Überlegungen, Gedanken von Haß, Eifersucht und Angst. Sie können nicht einmal einen Augenblick einen einzigen edlen göttlichen Gedanken festhalten. Ihr Denken ist so geschaffen, daß die mentale Energie in die sinnlichen Eingrabungen einströmt.

Jeder hat seine eigene mentale Welt, seine eigene Art des Denkens, seine eigenen Wege des Verständnisses und Handelns. Ebenso wie Gesicht und Stimme jedes Menschen von denen der anderen unterschieden sind, ist es auch die Art des Denkens und Verstehens. Aus diesem Grund entstehen leicht Mißverständnisse zwischen Freunden. Man ist nicht in der Lage, die Ansichten eines anderen richtig aufzunehmen. So kommt es zu Bruch, Reibung, Zank selbst zwischen nahen Freunden. Man müßte auf die Denkschwingungen und mentalen Bewegungen eines anderen eingestellt sein, nur dann kann man ihn verstehen. Gedanken von Lust, Haß, Eifersucht und Ichhaftigkeit rufen entstellte Bilder im Denken hervor, überschatten das Verständnis und führen zu Verkehrungen des Intellekts, zum Verlust des Gedächtnisses und zu Verwirrung.

Jeder Gedanke hat ein Bild, hat eine Form, eine Dimension, Gewicht, Form, Farbe und so fort. Der Gedanke ist ebenso Stoff wie ein Stück Stein. Er bewegt sich und geht von einem Menschen zum anderen. Das Denken beeinflußt die Menschen. Mit starken Gedanken kann man leicht Menschen schwachen Denkens beeinflussen. Telepathie ist ein Zweig der okkulten Wissenschaft, durch den der Yogi Botschaften irgendeinem Menschen in irgendeinem Weltteil zukommen lassen kann. Es ist das erste bekannte telegraphische oder telephonische System dieser Welt, von dem die Yogis und Okkultisten alter Zeiten wußten.

Gedanken des Ärgers oder Hasses senden Pfeile gegen die gemeinte Person, fügen ihr Schaden zu und bringen Mißstimmigkeit und Disharmonie in deren Gedankenwelt hervor. Später kommen sie zu dem Sender zurück und fügen auch ihm Schaden zu. Wenn man Wirkung und Kraft der Gedanken versteht, muß man sehr sorgfältig mit seinen Gedanken umgehen. Man sollte die Fähigkeit schaffen, nur Sattva-Denken zu entwickeln, indem man Zucht im Mentalen, Disziplin und Diät hält, indem man sinn- und heilvolle Verse wiederholt, in guter Begleitung lebt, fromme Bücher studiert, Japa, Meditation, Atemschulung übt, Gebete spricht, etc. Ein guter Mensch kann durch gute Gedanken seinem Freund helfen, auch wenn er sehr weit entfernt wohnt. Ihr dürft üblen Gedanken nicht den Weg in euer Mentales freigeben. Beobachtet stets eure Gedanken. Vermeidet sinnloses und niederes Denken. Bewahrt und erhaltet alle eure Denk-Energie, die durch nichtiges Denken verschwendet wird.

Beschäftigt euch mit tugendhaften Handlungen und dem Studium religiöser Bücher. Hierdurch könnt ihr gute und erhabene Gedanken ausbilden. Zerstört willkürliches Denken. Nehmt einen Gegenstand und denkt über seine verschiedenen Aspekte und Verhaltensweisen nach. Kein anderer Gedanke darf in das Bewußtsein eindringen. Holt immer wieder die Gedanken zu dem augenblicklichen Thema zurück. Beginne mit dem Gedanken an Leben und Lehren des Jagadguru Adi Sankaracharya. Denke an seinen Geburtsort, an seine Jugend, seinen Charakter, seine Persönlichkeit, seine Tugend, seine Lehren, seine Schriften, seine Philosophie, an die Kräfte, die er von Zeit zu Zeit zur Schau stellt, an seine vier Schüler, seine vier Maths, an seinen Kommentar über die Gita, die Upanishaden und die Brahma Sutras. Denke nacheinander an diese Themen und in der richtigen Reihenfolge. Schöpfe sie wieder und wieder ganz aus. Dann nimm ein anderes Thema. Durch solche Übung wirst du geordnetes Denken entwickeln. Die mentalen Bilder werden intensive Stärke und Kraft gewinnen. Sie werden klar geformt und genau abgegrenzt sein. Bei den Durchschnittsmenschen sind sie gestört und nicht fest umgrenzt. Jeder Gedanke hat ein Bild. Ein Tisch ist ein gedankliches Bild, zu dem noch etwas äußeres hinzukommt. Was immer du im Außen siehst, hat sein Gegenstück im Mentalen. Dem Schüler erscheint das Auge als ein kleines rundes Ding. Die Retina ist ein kleines Gebilde. Wie geschieht es dann, daß das Bild eines großen Berges durch eine kleine Öffnung hindurch auf den Denkapparat geworfen werden kann? Wunder der Wunder! Das Bild eines Berges besteht schon im Denkorgan. Es gleicht einem großen weiten Segeltuch, auf dem alle Bilder der Gegenstände eingetragen sind, die außen gesehen werden.

Du mußt die Gesetze des Denkens kennen, das heißt das Gesetz der Assoziation, der Relativität und das Gesetz der Berührung. Dann kannst du sehr leicht das Denken schulen. Durch das Gesetz der Assoziation kannst du dich an Dinge erinnern. Setz dich in Yogastellung, in Virasana, Padmasana oder Siddhasana. Wiederhole dein Mantra: OM oder Ram oder Hari-OM zehn Minuten lang. Dann übe die Schulung der Gedanken. Nachts tue das gleiche. Wenn du an einen Gegenstand denkst, laß keinen anderen eindringen. Wenn du an eine Rose denkst, dann denke nur an die verschiedenen Arten von Rosen, nicht an anderes. Denkst du an Barmherzigkeit, tue nur dies und denke nicht an Vergebung und Toleranz. Wenn du die Gita studierst, sollst du nicht an Tee oder Fußball denken. Du mußt immer nur mit dem dir vorgenommenen Thema beschäftigt sein.

Napoleon zügelte seine Gedanken in folgender Weise: »Wenn ich an erfreulichere Dinge denken möchte, schließe ich die Schubladen meiner Gedanken, in denen die weniger erfreulichen Dinge des Lebens liegen und öffne die Schubladen, die erfreulichere Gedanken enthalten. Wenn ich schlafen will, schließe ich alle Schubladen des Denkens.«

Gedanke ist Kraft und Bewegung. Gedanke ist Dynamik. Gedanken bewegen sich. Es gibt verschiedene Arten von Gedanken: instinktive, visuelle, mit den Ohren vernehmbare oder symbolische Gedanken. Es gibt auch emotional bedingte Gedanken. Bei geistiger Ermüdung verändert sich die Art des Denkprozesses zum Sehen vom Sehen zum Hören und schließlich vom Hören zur Bewegung. Es gibt eine sehr nahe Beziehung zwischen Denken und Atmung, ebenso zwischen dem Denkorgan und Prana. Wenn die Gedanken konzentriert sind, wird die Atmung langsamer. Beim schnellen Denken atmet man auch schneller. Es gibt eine Maschine, die Gedanken liest, den Psychograph, sie registriert fehlerlos die Art des Denkens.

Das Unbewußte

Der unbewußte Inhalt des Denkens heißt in der Vedanta »Chitta«. Vieles im Unterbewußtsein besteht aus versunkenen Erfahrungen, in den Hintergrund verdrängten Erinnerungen, die aber wieder hervorgeholt werden können.

Das erste Symptom beim Verlust des Gedächtnisses als Alterserscheinung ist die Schwierigkeit, sich an Namen und Menschen zu erinnern. Der Grund hierfür ist nicht weit zu suchen. Alle Namen sind willkürlich. Sie gleichen Etiketten. Es verbinden sich keine Assoziationen mit ihnen. Im allgemeinen arbeitet das Gedächtnis mit Gedankenverbindungen, da hierdurch die Eindrücke sich vertiefen. Du kannst dich im Alter noch gut an Stellen erinnern, die du in der Schule oder im College gelernt hast, aber es macht dir Mühe, auch nur eine Zeile zu behalten, die du am Morgen gelesen hast. Der Grund hierfür ist, daß dein Denken die Kraft verloren hat, Gedanken festzuhalten (Dharana Shakti). Die Gehirnzellen sind degeneriert. Die Menschen, die ihr Denken überfordern und nicht Maß halten oder von Sorgen und Ängsten beunruhigt werden, verlieren leicht ihre Gedächtniskraft. Doch selbst im Alter kannst du dich noch an frühere Ereignisse erinnern, da diese mit Assoziationen verbunden sind.

Die mentalen Vorgänge sind nicht auf das Bewußtsein allein beschränkt. Der unbewußte Bereich ist weit größer als der bewußte. Wie ein Blitz dringen Gedanken aus dem Unterbewußten oder Unbewußten in das Bewußtsein. Nur zehn Prozent der geistigen Tätigkeit vollziehen sich im Bereich des Bewußtseins. Mindestens neunzig Prozent bleiben im Unbewußten. Wir setzen uns hin und versuchen, ein Problem zu lösen. Aber es gelingt uns nicht. Wir blicken um uns, versuchen und versuchen es wieder, versagen aber erneut. Plötzlich dämmert uns ein

Gedanke, und das Problem ist gelöst. Die unbewußten Vorgänge waren am Werk.

Manchmal geht ihr nachts schlafen mit dem Gedanken: »Ich muß sehr früh am Morgen aufstehen, um einen Zug zu erreichen.« Diese Botschaft wird vom Unbewußten aufgenommen, und dieses weckt euch mit Gewißheit zur genauen Stunde. Das Unbewußte ist euer ständiger Begleiter und aufrichtiger Freund. Am Abend versagt ihr immer wieder beim Lösen eines Problems, mag dies eine arithmetische oder geometrische Frage oder anderes sein. Am Morgen habt ihr beim Erwachen die klare Antwort. Sie blitzt plötzlich aus dem Unbewußten auf. Dieses arbeitet sogar im Schlaf ohne nachzulassen. Es registriert, ordnet, vergleicht, beachtet alle Tatsachen und Erscheinungen und arbeitet eine richtige, befriedigende Lösung aus. Mit Hilfe des Unbewußten könnt ihr auch eure lasterhafte Natur wandeln. Ihr müßt die gesunden tugendhaften Eigenschaften, die den Gegensatz zu den unerwünschten bilden, herausarbeiten. Wollt ihr Furcht überwinden, müßt ihr in euren Gedanken in Abrede stellen, daß ihr ängstlich seid, und eure ganze Aufmerksamkeit auf die entgegengesetzte Eigenschaft richten, auf den Mut. Wenn Mut entwickelt ist, schwindet die Furcht von allein. Immer überwältigt das Positive das Negative. Dies ist ein unfehlbares Gesetz der Natur.

Du kannst sogar Sympathien für unangenehme Aufgaben und Pflichten bekommen, wenn du Wunsch und Geschmack für sie ausprägst. Du kannst neue Gewohnheiten, neue Ideen, neue Ideale, neue Geschmacksrichtungen und einen neuen Charakter im Unbewußten entwickeln, indem du die alten veränderst. Alle Handlungen, Freuden und Erfahrungen prägen sich in das Unbewußte in Form feinstofflicher Eindrücke oder zurückbleibender Kraftmöglichkeiten ein. Die Samskaras (Eindrücke) sind die Wurzeln, aus denen wieder Jati (Leben) und Erfahrungen von Freude und Leid hervorgehen. Die Neubelebung der Samskaras bringt Erinnerung. Der Yogi lebt im tiefen Innen und kommt in unmittelbare Berührung zu den Samskaras. Er sieht sie in innerer Schau. Durch Samyama (Konzentration, Meditation) über diese Samskaras erwirbt er Kenntnis der früheren Daseinsformen. Wenn ihr euch an etwas erinnern wollt, müßt ihr eine seelische Anstrengung machen. Ihr müßt auf- und niedersteigen in den Tiefen der verschiedenen unbewußten Ebenen und dann das richtige herausholen.

Das Samskara einer Erfahrung wird im Chitta in dem Augenblick geformt oder entwickelt, in dem das Mentale etwas erfährt. Es gibt keinen Abgrund zwischen der augenblicklichen Erfahrung und der Bildung eines Samskaras im Unterbewußtsein.

Schulung des Gedächtnisses

Wer sein Unbewußtes bewußt gemacht hat und seine Erinnerung lebendig hält, sein Gedächtnis und Chitta beherrscht, ist Herr seines Inneren, ist sein Selbst, der unsterbliche Atma. Ihm gilt meine Bewunderung und Verehrung.

Die Schulung des Gedächtnisses ist äußerst wichtig, sie führt zur Selbstverwirklichung. Ein vergeßlicher Mensch wird in seinem Streben stets versagen und immer wieder Fehler machen. Ein Mensch mit starkem und beständigem Gedächtnis wird zuverlässigen Erfolg in allen seinen Unternehmungen haben, seine geschäftlichen Aufgaben gut erfüllen, seine Studien erfolgreich beenden. Intelligenz ist nur ein Zehntel des Gedächtnisses.

Das Sanskritwort für Gedächtnis ist Smriti. Smarana heißt sich erinnern. Dies ist die Funktion des Unbewußten. Die Samskaras des Denkens und Handelns sind tief in Chitta eingeprägt.

Dieses gleicht der empfindsamen Platte eines Fotoapparates oder eines Grammophons. Alle Eindrücke werden unauslöschlich eingeprägt. Sobald du den Versuch machst, dich an vergangene Ereignisse oder Dinge zu erinnern, kommen diese wieder auf die Oberfläche des Bewußtseins. So wie ein Mensch durch einen Seitenvorhang auf die Bühne tritt, wie der Gefangene aus einer kleinen Tür des großen Haupttores das Gefängnis verläßt, so treten auch die Eindrücke aus der Falltür des Unterbewußten hervor. Sie gleichen großen Gedankenwellen oder mentalen Bildern. Wenn man hellsichtig ist oder ein astrales Auge hat, kann man deutlich alle unterschwelligen Bewegungen dieser Bilder im unterbewußten Werkraum des Mentalen, in seiner unterirdischen Fabrik beobachten. Das Wort Gedächtnis, Erinnerung wird in zweierlei Weise benutzt. Wir sagen: »Herr John hat ein gutes Gedächtnis.« Dies besagt, daß seine Denkfähigkeit, mit der er seine vergangenen Eindrücke aufspeichert, sehr gut ist. Manchmal sagt man auch: »Ich kann mich an diese Begebenheit nicht mehr erinnern.« Dies drückt aus, daß man ein Ereignis, das vor einigen Jahren geschah, nicht mehr in seiner ursprünglichen Form als Erinnerung an die Oberfläche des Bewußtseins bringen kann.

Wenn die Erfahrung noch neu ist, wirkt das Gedächtnis wie ein Rückruf. Die Erinnerung kann nur Wiederholungen, nicht neue Erkenntnisse bringen. Nimm an, dein Freund hätte dir ein hübsches Geschenk gemacht. Wenn du es in Benutzung hast, wird es dich an ihn erinnern. Eine Zeitlang wirst du an ihn denken. Das Geschenk ist der Grund deiner Erinnerung.

Folgendes sind die vier positiven und charakteristischen Merkmale eines guten Gedächtnisses: 1. Wenn du einmal eine Stelle durchgelesen hast und diese fast ohne Fehler wiedergeben kannst, dann ist dies Zeichen von gutem Gedächtnis und wird Sugamata genannt. 2. Wenn du das gleiche wiedergibst ohne etwas hinzuzufügen oder abzuziehen, heißt dies Avaikalya. 3. Wenn du eine beträchtlich lange Zeit eine Tatsache, eine Zeile oder irgend etwas anderes behältst, wird dies ein konzentriertes Gedächtnis, Dharana, genannt. 4. Wenn du ein Ereignis sofort ohne Schwierigkeiten wiedergibst, heißt dies Upaharana.

Wenn dein Bruder ein Feigling ist, wirst du durch irgendeinen ähnlich feigen Menschen an diesen Bruder erinnert. Ein solches Gedächtnis gründet auf Ähnlichkeit (Sadrishata).

Nimm an, du hättest einen Zwerg in Madras gesehen. Wenn du nun einem großen Menschen begegnest, wirst du an diesen Zwerg erinnert. Ein großer Palast wird dich an eine Bauernhütte oder an die Grashütte eines Sannyasin an den Ufern des Ganges erinnern. Diese Erinnerung stammt aus der Ungleichheit der Dinge (Viapareetata). Wenn du an einem stürmischen Tag auf der Straße zufällig einem gestürzten Baum begegnest, wirst du annehmen, der Sturm habe ihn umgeworfen. In diesem Fall beruht deine Erinnerung auf der Beziehung von Ursache und Wirkung (Karya-Karana-Sambandha).

Es ist sehr wichtig für diejenigen, die ein gutes Gedächtnis entwickeln wollen, daß sie die Arbeit des Unbewußten kennenlernen. Die meisten mentalen Tätigkeiten spielen sich im Unterbewußtsein ab. Das bewußte Denken kann sich ausruhen, das unbewußte arbeitet 24 Stunden. Das Unbewußte bringt die Antwort blitzartig am frühen Morgen hervor, wenn du nachts keine Lösung gefunden und dein Gehirn Stunden um Stunden durchwühlt hast. Das Unbewußte ist ein sehr zuverlässiger Diener, wenn du die Technik, es zu handhaben, meisterlich beherrschst. Du kannst eine sehr starke Hilfe finden.

Alle wunderbaren Menschen und alle intellektuellen Größen der Welt kennen die Beherrschung dieses Teils ihres Mentalen. Chitta analysiert, sortiert, ordnet Fakten und Erscheinungen ein, holt aus den verschiedenen Löchern des Unbewußten alte

Erinnerungen hervor und stellt am frühen Morgen oder zu irgendeiner anderen Tageszeit eine klare Zusammenstellung von Tatsachen aus deiner Einsicht und Rückschau zur Verfügung. Ehe du dich zum Schlafen hinlegst, solltest du Chitta Anweisungen geben. Am frühen Morgen wird es die Antwort bereithalten. Wenn du dich in einer Ausweglosigkeit befindest, wenn du am Ende deines Wissens und in voller Verwirrung bist, wenn du nicht weißt, wie man ein Problem lösen soll, dann gib deinem Chitta Anweisungen. Gib ihm eine bestimmte Aufgabe, indem du die Art der Schwierigkeit ihm vorstellst. Morgens um vier Uhr wirst du eine klare Antwort haben. Versuche und übe dies. Eine wunderbare Überzeugung und Stärke wird über dich kommen. Du wirst einen guten Freund im unbewußten Denken finden. Ein Mensch mit einem starken, ausdauernden Gedächtnis kann im Augenblick gewaltige Arbeit leisten.

Wenn du die Einleitung zum »Pranaya Vada« liest, die Sri Babu Bhagavan Das aus Varanasi geschrieben hat, wirst du erfahren, daß er das ganze Material zu diesem großen dreibändigen Werk durch Rezitationen eines Pandit bekommen hat. Dieser war von Geburt an blind und kannte den Inhalt vieler Bücher auswendig. Er kannte auch die Nummern der Seiten.

In früheren Zeiten konnten Sanskrit-Gelehrte alle Veden auswendig. Das Gurukula-System der Erziehung hat seine eigenen Vorteile. Es entwickelt das Gedächtnis in wunderbarem Ausmaß. Selbst heute noch gibt es einen Pandit in Varanasi, der die ganzen Upanishaden, die Gita, die Brahma Sutras, Khandan Khadyam, Chit Sukhi und Advaita Siddhi, das riesige Werk über Vedanta, im Gedächtnis hat. Es gibt auch kleine Jungen im Darshan Maha Vidyalaya des Sri Raghavachari in Rishikesh, die sich der achtzehn Kapitel der Gita erinnern.

Keuschheit, Einhalten von Diät und Zucht der Sinnesorgane (Indryas) sind sehr wesentlich für die Entwicklung des Gedächtnisses. Die Samenenergie hat eine unmittelbare nahe Beziehung zu den Zellen des Chitta und des Gehirns. Du mußt das Äußerste versuchen, um jeden Tropfen des Lebensstroms zu erhalten. Meist kommt das schlechte Gedächtnis durch einen schweren Verlust dieser lebenspendenden Energie. Junge Menschen der Schule oder Universität erkennen nicht die lebenswichtige Bedeutung der Enthaltsamkeit. Sie tasten in äußerster Finsternis umher. Ihre Gedanken sind mit Leidenschaft durch Betrachtung von Bildern nackter Menschen und ihrer Umarmung im Film erfüllt. Sie erfreuen sich an Berichten, die ihr sinnliches Begehren wecken. Ihre Begleitung ist schlecht und sie sind eingebildet, hochmütig und eigenwillig, maßlos im Essen und haben keine Ahnung von Sattva-Diät und von den Auswirkungen ungesunder Nahrung auf die verschiedenen Teile des Gehirns. Sie kennen keine Disziplin der Sinnesorgane. Deshalb versagen sie elendiglich in ihrem Leben, das ohne Freude in Dunkelheit und Hoffnungslosigkeit abläuft. Wer sorgfältig in der Enthaltsamkeit ist, wer mit Sadhis und Sannyasins Umgang pflegt, ist gesichert. Er wird erfolgreich im Leben sein. Selbst wenn er einen Fehler begeht, werden weise Männer ihn korrigieren.

Das Gesetz der Assoziation hilft sehr wesentlich mit bei der Entwicklung des Gedächtnisses. Die Erinnerung an ein Wort, das mit »heit« endet, wird andere Worte mit solcher Endsilbe ins Gedächtnis rufen, wie etwa: Verfressenheit, Dummheit, Überlegenheit etc. Die Erinnerung an ein Wort, das mit »tisch« endet wie etwa romantisch, wird an Worte wie fantastisch, asketisch, pathetisch etc. erinnern. Auf diese Weise kann man Dinge im Gedächtnis behalten. Man muß Wortgruppen in den verschiedenen Teilen des Gehirns zusammenstellen. Verbinde Gegenstände oder Ereignisse gleicher Art miteinander. Dann werden alle diese Dinge ganz bereitwillig und gehorsam in dein Gedächtnis zurückkehren.

Gedächtnisübungen

Hier seien einige einfache Übungen für die Schulung des Gedächtnisses angegeben:

1. Setze dich in Yogahaltung, in Virasana oder Padmasana. Schließe deine Augen. Stelle dir einen großen Garten vor. In einer Ecke wächst Jasmin, in der anderen Rosen, in wieder einer anderen Tulpen und in der letzten stehen Lilien. Zuerst denke an den Jasmin. Dann wende deine Gedanken zu den Rosen, später zu den Tulpen, zuletzt zu den Lilien. Und nun führe die Gedanken wieder zum Jasmin zurück. Wende sie in dieser Art zwei oder drei Minuten von einem zum anderen.
   Blicke nachts auf das Himmelsgewölbe und zähle die Sterne in einem kleinen abgegrenzten Bereich. Dies ist auch eine Art von Übung.
2. Studiere einen wichtigen Vers der Gita. Suche Parallelen im Ramayana, dem Bhagavata, den Upanishaden, dem Yoga Vasishta und der Bibel. Verbinde alle diese Stellen und behalte sie im Mentalen bereit oder im Gedächtnis.
3. Führe das Wort »V-I-B-G-O-R« in dein Gedächtnis. Versuche ebenso die verschiedenen Farben violett, indigo, blau, grün, gelb, orange, rot im Gedächtnis zu halten. Dann nimm das Codewort zur Hilfe. Jeder kann ein eigenes wählen.
4. Man kann die Codeworte auch so zusammenstellen, daß sie mit A, B oder C etc. beginnen. Sie können auch mit einer gleichen Silbe wie etwa »reich« oder »ung« enden. Dies kann zu Verbindungen führen, an die man sich leicht erinnert.

5. Japa, Meditation, Gebet, Hingabe, Yogaübungen und Atemschulung entwickeln das Gedächtnis auf wunderbare Weise. Hier sei eine kurze Beschreibung der Yogaübungen eingefügt. Sirshana (Kopfstand) ist König aller Asanas (Stellungen): Lege ein Kissen auf die Erde. Hocke vor dem Kissen auf den Fersen und beuge den Rumpf so weit vor, bis der Kopf das Kissen auf deinen zusammengefalteten Fingern berührt. Stelle dich auf den Kopf und hebe langsam die Beine hoch. Dann führe sie wieder langsam ohne ruckartige Bewegungen zurück. Zu Anfang kannst du die Wand oder einen Menschen zu Hilfe nehmen. Mache dies eine Minute lang und verlängere die Zeit allmählich auf zehn Minuten. Leiden der Augen, der Ohren, des Blutes, des Magens, der Eingeweide, Verdauungsbeschwerden und auch Nervenstörungen werden hierdurch geheilt. Es ist ein Stärkungsmittel für Blut und Nerven.
6. Hier noch einige Aussagen und Behauptungen, die zur Entwicklung des Gedächtnisses führen sollen. Meditiere und sprich:
   - Ich habe ein sehr starkes Gedächtnis
     OM OM OM.
   - Ich kann mich jetzt gut an Dinge erinnern
     OM OM OM.
   - Mein Gedächtnis hat sich sehr gebessert
     OM OM OM.
   - Ich habe ein wundervolles, anhaltendes Gedächtnis
     OM OM OM.
7. Wiederhole diese Formel mehrere Male am Tag. Meditiere hierüber am Morgen fünfmal. Du wirst wunderbare Fortschritte machen. »Tag für Tag werde ich besser und besser in jeder Weise durch die Gnade Gottes.« Meditiere über den Sinn dieser Worte und empfinde ihn auch.

8. Nimm eine Anzahl von Spielkarten und ziehe sechs Karten heraus. Sieh sie dir genau an. Dann lege sie vor dich hin und neige deinen Kopf. Schreibe aus dem Gedächtnis in der richtigen Reihenfolge ihre genaue Beschreibung auf ein Stück Papier. Die Zahl kann allmählich auf zehn oder zwölf erhöht werden. Diese Übung wird dein Gedächtnis stärken.
9. Setze dich bequem auf einen angenehmen Stuhl. Erinnere dich an das Bild deines Vaters. Schließe die Augen. Versuche eine deutliche Beschreibung einiger seiner hervortretenden charakteristischen Merkmale herauszufinden, etwa die Art der Nase, des Haars, der Augen, der Lippen, Ohren etc. Auch wenn du einen bedeutenden Menschen siehst, versuche die besonderen Eigenschaften und Merkmale zu entdecken, die deine Aufmerksamkeit angezogen haben.
10. Versuche sinnverwandte Begriffe im Gedächtnis zu behalten. Dies wird deinen Wortschatz vermehren, so daß du fähig wirst, schöne Bilder und Essays zu schreiben und ausgezeichnete Vorträge zu halten. Nimm zum Beispiel das Wort »Erbarmen« oder »Großzügigkeit«. Versuche den für beide sinngemäßen Begriff herauszufinden wie etwa »Barmherzigkeit«, »Mitleid«, »Freizügigkeit«, »Mildtätigkeit«, etc. Auf Grund des Gesetzes der Assoziation verbinde einen Gedanken mit mehreren anderen. Dies wird dein Gedächtnis stärken. Der Gedanke »Kaffee« wird dich an die Nilgiri Hügel erinnern, auf denen er wächst oder an die Firma, die ihn verkauft und an ihren Gründer. Du kannst dich auch durch das Gesetz der Ähnlichkeit an andere Plätze der Welt erinnern, an denen Kaffee gebaut wird, auch an die Vorteile dieses Getränkes. Du wirst gleichzeitig an ähnliche Getränke denken, etwa an Tee. Hierbei wird dir »Lipton« einfallen und der Nektar der Unsterblichkeit, den

die Yogi trinken. Alle diese Gedanken kommen dir und entweichen wieder im Augenblick. Darum solltest du ein kleines Notizbuch bei dir tragen und jedesmal, wenn du einen guten Gedanken hast, diesen niederschreiben.

11. Gehe schnell durch eine Straße im Geschäftszentrum und beobachte genau. Merke dir, was auf dieser Straße vor sich geht. Sobald du zu Hause bist, schreibe die Namen der Läden und die wichtigsten Gegenstände in den Schaufenstern auf. Am nächsten Tag gehe die gleiche Straße wieder entlang und vergleiche, was du aufgeschrieben hast.
12. Versuche die verschiedenen Automarken und ihre Merkmale und Preise zu behalten, wie etwa Mercedes, BMW, Ford, Opel, Fiat etc. Oder erinnere dich an Namen verschiedener Philosophen des Westens und Ostens wie Plato, Spinoza, Kant, Hegel, Shankara, Ramakrishna etc. und an ihre bedeutendsten Werke und Lehren. Vergleiche die westliche mit der östlichen Philosophie. Hierbei sollten die Augen geschlossen sein. Dies wird dein Gedächtnis in subtilen Dingen entwickeln. Erinnerung an grobstoffliche Gegenstände ist leichter als die Erinnerung an Ereignisse oder philosophische Ideen. Man kann sich aber leichter an Ereignisse erinnern als an Personennamen, da bei ihnen Assoziationen möglich sind. Namen sind willkürlich. Es gibt eine nahe Beziehung zwischen Gedächtnis, scharfer Beobachtung und genauem Hinhören. Das Bewußtsein denkt über Gegenstände nach, die gehört oder gesehen wurden. Wer die Kraft des Ohres und des Blickes entwickelt, wird ein besseres Gedächtnis haben.
13. Es gibt aber eine noch wichtigere Übung. Bilde dir ein, es läge vor dir eine Leinwand, auf die Bilder von neun Tieren gezeichnet sind. Auf der obersten Reihe: Löwe, Leopard und Kuh; auf der zweiten: Pferd, Zebra und Bär; auf der

dritten: Elefant, Büffel und Tiger. Nun wiederhole folgende Übung täglich: Zuerst versuche dich an die Tiere der ersten Reihe zu erinnern, dann an jene der zweiten und zuletzt an die dritte Reihe. Dann versuche dich an die Reihenfolge von oben nach unten zu erinnern. Also: Löwe, Pferd, Elefant; Leopard, Zebra, Büffel; Kuh, Bär, Tiger. Du kannst diese Reihenfolge auch in anderer Weise verändern, sie umtauschen oder verbinden. Ebenso kann man Gedächtnisübungen mit gutem Erfolg an verschiedenen Arten von grobstofflichen und feinstofflichen Tönen, am Geschmack von Nahrungsmitteln, dem Tasten unterschiedlicher Dinge und an verschiedenen Farbschattierungen etc. ausführen.

14. Lies ein oder zwei Seiten in einem Buch. Dann schließe es und versuche dich an die wichtigsten Gedanken zu erinnern und diese ins Bewußtsein zurückzuführen. Gib den Inhalt in deiner eigenen Art wieder oder schreibe ihn in genauer Weise auf ein Stück Papier. Vergleiche diese Stellen mit denen anderer Bücher oder halte ihren Gegensatz fest. Ziehe deine eigenen Schlüsse und Folgerungen daraus. Diese Übung wird dein Gedächtnis wunderbar entwickeln und dir die Möglichkeit geben, Dinge auf lange Zeit in der Erinnerung zu behalten. Merke die wichtigsten Stellen mit einem roten Blei an der Seite an und mache dünne blaue oder rote Unterstreichungen. Schreibe Anmerkungen über das Gelesene nieder und lies die Seiten des Notizbuches, die zusammengefaßt alle wichtigen Punkte enthalten, jede Woche nach. Benütze immer ein Wörterbuch, um schwierige Worte nachzusehen. Wer dieses alles ausführt, wird in kurzer Zeit wirklich gelehrt und gebildet sein. Er wird über einen großen Wortschatz verfügen und ein ausgezeichneter Redner, Journalist oder Dichter werden. Das Sanskritwort

für Gedächtniskraft ist: Smriti-Shakti. Dharana-Shakti ist die Kraft, Gedanken zu behalten.

15. Übe Selbsterforschung oder Selbstprüfung zehn Minuten vor dem Schlafengehen. Setze dich hierfür bequem in einen Stuhl und schließe deine Augen. Denke an alle guten oder schlechten Handlungen, die du während des Tages ausgeführt hast. Denke an alle Fehler, die du bewußt oder unbewußt begangen hast. Am ersten Tag wirst du nicht einmal zwei oder drei Fehler herausfinden, weil du dies noch nicht gewohnt bist. Bei täglicher regelmäßiger und systematischer Übung aber wirst du deutlich die Handlungen und Fehler des Tages erkennen. Selbst eine volle Stunde wird hierfür nicht genügen. Das Bewußtsein wird empfindsam und scharf, während du diese Innenschau übst. Es scheidet, analysiert, verbindet, klassifiziert und stellt deine Handlungen in einem Augenblick zusammen. Diese Übung wird dein Gedächtnis entwickeln und die Zahl deiner Fehler vermindern. So wird eines Tages der Augenblick kommen, an dem du keine Fehler mehr begehst und nur noch Gutes tust.
16. Du solltest auch mehrere Male heilige Schriften lesen und dich an deren Inhalt oder Vorschriften erinnern. Auch Bücher über Yoga und Atemübungen, über Bewußtseinskontrolle und anderes kannst du wiederholte Male lesen, um ihren Inhalt wirklich kennenzulernen und im Gedächtnis zu bewahren. Wähle die Übungen, die deinem Geschmack, Temperament und deinen Fähigkeiten angepaßt sind.
17. Entwickle die Kraft, genau ein Fußball- oder Tennisspiel zu beschreiben. Beobachte das Spiel und schreibe zu Hause alles genau auf. Du solltest immer Blei und Block bei dir haben, um genau niederzuschreiben, was dir wichtig erscheint. Sobald du einen interessanten Gedanken hast, notiere ihn. So wirst du in jeder Weise erfolgreich sein. Mit

Theorien allein ist dir nicht genützt. Übe, beobachte und freue dich an den praktischen Dingen. Denn es handelt sich um dich und deinen Erfolg in eben diesem Augenblick. Nicht in einer fernen Zukunft sollst du ein großer Mann mit bewundernswerten Idealen werden. Nach einer Verhandlung gib die Reden in deinem eigenen Stil wieder. So wirst du in Kürze ein guter Journalist sein.

18. Noch eine andere Übung zur Erziehung des Gedächtnisses: Schließe die Augen. Setze dich bequem in einen Stuhl und versuche, dich an die reichsten Menschen in der Welt zu erinnern, an die größten Flüsse, die bekanntesten Seen. Du kannst dich auch an die unsterblichen Dichter erinnern, an Philosophen und Wissenschaftler oder an vieles andere, was du in deinem Gedächtnis behalten sollst.

19. Du mußt die Kunst kennenlernen, aus deinem Unbewußten wirksames Material herauszuholen. Wenn du dich an vergessene Verse, etwa von Shakespeare erinnern willst, dann gib dem Unbewußten, ehe du dich zum Schlafen hinlegst, einen bestimmten Befehl. Du kannst mit deinem Unbewußten in gleicher Weise wie mit einem Freund oder Diener reden. Du kannst ihm sagen: »Nun sieh einmal, mein Unbewußtes, ich habe eine wichtige Stelle im ›Kaufmann von Venedig‹ vergessen und eine andere in ›Wie es euch gefällt‹, die ich in meiner Schulzeit gelernt habe. Ruf sie mir ins Gedächtnis zurück. Ich brauche sie notwendig am nächsten Morgen. Bitte beeile dich.« Am nächsten Morgen werden die Stellen wie ein Blitz vor dir auftauchen. Geschieht dies nicht, gib dem Unbewußten am nächsten Abend den gleichen Befehl. Dann bekommst du die Antwort einen Tag später. Manchmal ist das Unbewußte sehr beschäftigt und das Gehirn überfüllt, so daß es unter großer Spannung und starkem Druck steht. Dann mußt du gedul-

dig warten und den Befehl ein- oder zweimal wiederholen. Du mußt dem Unbewußten genügend Zeit lassen und es nicht häufig unterbrechen.

Oft hat ein Richter Zusammenfassungen der Ereignisse zu schreiben oder Urteile vorzubereiten. Manchmal ist er verwirrt und nicht fähig, zu einer richtigen Lösung zu kommen. In solchen Fällen wird das Unbewußte wunderbare Arbeit für ihn leisten. Es wird die Tatsachen und Menschen ordnen und eine klare Zusammenfassung geben.

Bei Angelegenheiten, die zu viel Denken und lange Überlegungen verlangen, mußt du einige Tage warten, ehe das Unbewußte die Antwort gibt. Du wirst deinen Befehl am Abend oder in der Nacht wiederholen müssen und auf die Ereignisse achtgeben. Du brauchst das Unbewußte nicht am Tag zu beunruhigen. Gib ihm nur ein- oder zweimal Befehle. Stelle ihm Tatsachen und Menschen vor und mache ihm klar und verständlich, was du willst.

Entwicklung des Gedächtnisses

Der Arzt erinnert sich gut an Medikamente, da er großes Interesse an der Behandlung von Krankheiten hat. Er wird sich aber kaum an Dinge der Politik erinnern, weil er sich hierfür nicht interessiert. Ebenso kann sich ein Jurist genau an alle Paragraphen erinnern, aber nicht im geringsten an ein Fußballspiel, wenn er daran keine Freude hat.

Zuerst mußt du Interesse an einem bestimmten Thema wachrufen. Dann wird die Erinnerung automatisch folgen. Man sollte eine Sache vollkommen beherrschen, von anderem aber eine allgemeine Kenntnis haben. Ein vielseitiger Mensch ist glaubwürdig und verdient Anerkennung. Versuche ein solcher begabter Mensch zu werden. Ein starkes und aufnahmefähiges Gedächtnis, ein mächtiger Wille und die Übung täglicher Konzentration und Meditation wird dich sehr vielseitig machen.

Gesundheit und Gedächtnis

Ein starker Mensch wird ein gutes Gedächtnis haben. Ein schwacher, zarter Mensch von elender Gesundheit wird ein schlechtes besitzen. Gesundheit spielt eine wichtige Rolle bei der Entwicklung des Gedächtnisses. Darum versuche, Gesundheit, Kraft und Vitalität zu bewahren. Hierfür sind geeignete Nahrung, Übung und anderes notwendig. Wer sein Gedächtnis entwickelt, wird viel Segen empfangen und in der Welt erfolgreich sein. Auch den Weg zu Gott wird er finden, da er ihn nicht aus seinem Gedächtnis verliert.

Wahrnehmen und Hören

Organe verschlechtern sich, wenn man sie nicht in rechter Weise benutzt, ebenso wie Arme und Beine atrophieren, wenn man keinen Gebrauch von ihnen macht und sie nicht durch Muskelübung kräftigt. Es besteht eine enge Beziehung zwischen Sehen und Erinnern. Auch zwischen Hören und Erinnern. Wer genau hinsieht, scharf wahrnimmt und die Fähigkeit zu hören hat, wird auch ein sehr gutes Gedächtnis besitzen. Es gibt im inneren Astralkörper Gegenstücke zu diesen äußeren Fähigkeiten. Sie werden astrale Sinne genannt. Ein Yogi hört mit astralen Ohren und sieht mit astralen Augen. Dadurch entwickelt er Hellsicht und Hellhören. Er kann Klänge aus fernsten Ländern wahrnehmen und Gegenstände in weit entlegenen Orten sehen.

Im allgemeinen sind die Menschen sehr wenig sorgfältig. Sie haben gar kein Interesse daran, höhere Dinge zu lernen und einen Wissensschatz zu besitzen. Dies gilt für die Masse der Inder, die in Unwissenheit und Dunkelheit leben.

Um Erfolg im Leben zu haben, um ein guter Arzt, Jurist oder Geschäftsmann zu werden, sollten Ohr und Auge in bester Weise entwickelt sein, ebenso das Sprachorgan.

Du mußt gewandt sein und Augen wie Ohren offen haben. Du solltest dich an alles erinnern, was du gesehen, gehört oder gelesen hast. Deine Beobachtungsgabe solltest du stärken und sehr wachsam sein. Bring auch die Wißbegier ins Spiel. Sie kann nach einiger Zeit zum Verlangen werden, zu dem Interesse und Aufmerksamkeit automatisch hinzukommen. Wenn jemand zu dir spricht, höre ihm geduldig zu. Hast du Nützliches und Wesentliches gehört, schreibe es gleich in dein Notizbuch und lies darin einmal in der Woche.

Übungen zur Entwicklung des Hörens

Halte eine Uhr nahe an das Ohr und höre aufmerksam auf den Ton. Am zweiten Tag halte die Uhr etwas weiter entfernt und höre nun auf das Tick-Tack-Geräusch. Jeden Tag mußt du die Entfernung vergrößern und dich schulen, den Ton zu hören. Verstopfe dann das Ohr mit dem Zeigefinger. Schule die Ohren abwechselnd.

Und noch eine weitere Übung: Schließe beide Ohren mit den Daumen und versuche die Anahata-Töne zu hören, die aus dem Herz-Lotus hervorgehen. Man hört zehn verschiedene Töne, unter anderem den Ton einer Flöte, einer Muschel, einer Trommel, den Ton von Glocken, von Donner und vom Summen der Bienen. Erlaube dem Gehörsinn von einem Ton zum anderen hinüberzuschweifen und unterscheide sorgfältig die verschiedenartigen Klänge. Du kannst auch dein Ohr auf einen Ton konzentrieren. Zuerst versuche die grobstofflichen, nachher die feinstofflichen Töne zu vernehmen.

Du solltest auch versuchen, die Töne der verschiedenen Arten von Vögeln, von Kindern, Tieren, Fabriken, Autos, Flugzeugen, Rädern zu unterscheiden; ebenso das Weinen, Schnarchen, Schluchzen, Lachen, Scherzen. Ratsam ist es, in einem ruhigen Zimmer zu sitzen, die Augen zu schließen und sich auf diese Töne zu konzentrieren. Unterscheide sie. Schon von fern mußt du die Stimme der Menschen erkennen. Einige haben gewisse Ähnlichkeit in ihren Stimmen, die du herausfinden kannst.

Versuche auch die Töne des Herzens zu hören, indem du dein Ohr an die Brust eines anderen legst. Du wirst die Töne: »lubdhub« vernehmen. Achte auf die Töne der Sperlinge und anderer Vögel und unterscheide sie. Manchmal singen die Vögel, zu anderen Zeiten geben sie Warnrufe, wenn Gefahr droht. Tiere und Vögel haben ihre eigene Sprache. Yogis verstehen sie. Manche Männer haben Frauen-Stimmen, manche Frauen Stimmen von Männern. Auch dieses mußt du unterscheiden können. Du mußt fähig sein, den zischenden Laut einer Kobra, ihre Natur, Schwingungskraft etc. zu kennen. Selbst von der Entfernung aus mußt du sagen können, daß eine Kobra im Raum ist. Katzen haben einen anderen Ton vor und nach der Paarung. Hunde, Pferde und Elefanten sind kluge Tiere und besitzen ein, wenn auch noch undifferenziertes Bewußtsein. Sie lachen, lächeln und drücken durch bestimmte Töne ihre Gefühle der Freude und Dankbarkeit aus.

Durch die oben erwähnten Übungen und sorgfältige Beobachtung wirst du imstande sein, eine wunderbare Gabe des Hörens zu entwickeln. Dies hilft dir, auch in deinem Arbeitsleben. Scharfe Ohren und Augen bringen Gewinn.

Übungen zur Entwicklung des Sehens

Wenn du einen Menschen triffst, betrachte seine Gestalt sorgfältig von Kopf bis Fuß und merke dir seine besonderen Züge, die Art seiner Augen und Augenbrauen, seine Zähne, Arme etc. Betrachte seine Kleidung, sieh hin, ob er einen Bart trägt oder nicht, welchen Hut er aufhat, wie seine Stimme, sein Verhalten, sein Blick, sein Gang sind, ob er ein freundlicher oder brutaler Mensch zu sein scheint, ob er intelligent oder langweilig, freundlich oder unliebenswürdig ist etc. Viele Menschen sind nicht in der Lage, die Gesichter ihrer Freunde, mit denen sie Jahr um Jahr zusammen sind, zu beschreiben. Der Sohn vermag nicht genau die Physiognomie oder Züge auf dem Gesicht seines Vaters anzugeben, obwohl er jahrelang in engstem Kontakt mit ihm lebt. Offensichtlich hat er nicht sein Gedächtnis entwickelt. Man kann nicht ein gewandter Wissenschaftler werden, wenn man nicht ganz genau beobachtet. Der Wissenschaftler muß die verschiedenen Natur-Erscheinungen beachten und aus diesen seine eigenen Schlüsse und Folgerungen ziehen. Er muß Tatsachen und Gestalten im Gedächtnis behalten, um die »Gesetze der Natur« zu erforschen.

Wenn du in das Wohnzimmer deines Freundes trittst, beobachte genau, welche Gegenstände darin stehen. Schließe später die Augen und denke darüber nach. Schreibe sie in dein Notizbuch und prüfe, ob es stimmt. Es schadet nicht, wenn du Fehler machst. Du solltest auch fähig sein, deinen Freund an seiner Haltung, seinem Gang und der Bewegung seiner Hände aus einer großen Menge herauszufinden.

Es gab einen Blinden in Srinigar, der die Farben allein durch Betasten eines Gewandes erspürte. Seine Fähigkeit des Tastens war wunderbar entwickelt. Alles ist Sache der Übung. Nachts kannst du nicht richtig sehen. Die Sehkraft läßt nach, aber die Kraft des Hörens wird verstärkt. Die Natur kann kompensieren. Es gibt taube Menschen, die dennoch intelligent sind. Wenn ein Organ defizient wird, entwickelt sich ein anderes um so stärker. Die Energie des nicht benutzten Organs wird von einem anderen aufgenommen und verstärkt sich schnell. Die Natur ist voller Erbarmen und Klugheit. Wenn die Fähigkeit des Gedächtnisses nicht geschult ist, kann man sich nicht einmal an zwei Sachen zu gleicher Zeit erinnern. Man muß die Kraft des Hörens und die Fähigkeit zur Aufmerksamkeit entwickeln, um ein besseres Gedächtnis zu bekommen. Manche hören, andere sehen besser. Hunde haben eine scharfe Nase, Kobras ein scharfes Gehör. Sie hören mit ihren Augen und haben keine gesonderten Ohren. Tiger haben eine scharfe Nase, mit der sie Blut auf weite Entfernung riechen können.

In jedem kleinsten Teil der göttlichen Schöpfung herrscht das Spiel der Intelligenz und man kann die verschiedenen Arten von Schwingungen in den Tönen wahrnehmen.

Acht Handlungen zugleich

Ashtavadhana bedeutet: acht Dinge auf einmal verrichten. Auch du vermagst acht Dinge zur gleichen Zeit auszuführen. Es ist eine Frage des entwickelten Gedächtnisses und der Konzentration. Zuerst übe, zwei Dinge auf einmal zu tun; dann vergrößere deine Aktivität. Beantworte Fragen, diktiere einen Brief, spiele auf dem Harmonium, mache Rechenaufgaben etc. – alles zur gleichen Zeit. Dann wirst du genau in deinen Arbeiten werden und niemals einen Fehler machen. Es gab einen Arzt in Madras, der konnte acht verschiedene Rezepte acht verschiedenen Patienten zur gleichen Zeit diktieren. In sehr frühen Zeiten konnten Menschen hundert Dinge auf einmal tun. Es wurden ihnen hundert Fragen in schneller Abfolge von ebensovielen Menschen gestellt – einige prüften sein Wortgedächtnis, einige seine Fähigkeit der Berechnung, andere seine künstlerische Geschicklichkeit. Es blieb dabei keine Zeit, Fragen dem Gedächtnis weiterzugeben. Diese Fähigkeit der Konzentration zeigt sich nicht nur in bezug auf den Intellekt, sondern auch in Hinsicht auf die fünf Sinne. Eine Anzahl von Glocken kann in ihrer Verschiedenheit wahrgenommen werden, auch eine Anzahl von Gegenständen, die für den gewöhnlichen Menschen von gleicher Form und Farbe sind und sich doch voneinander unterscheiden. Solche Fähigkeiten des Gedächtnisses, die den Avadhani möglich waren, werden nirgends sonst in der Welt gefunden.

Dennoch kann man durch Konzentration und Schulung des Gedächtnisses zu einem Experten werden. Man kann zwei Dinge irgendwelcher Art, dem eigenen Geschmack entsprechend, auf einmal tun und die Zahl langsam vermehren. Auf jeder Stufe muß man Vollkommenheit erlangen, und dann erst eine höhere Übung beginnen.

Geistige Entspannung

Ebenso wie man seine Muskeln nach bestimmten Stellungen und physischen Übungen entspannt, kann man die Gedanken entspannen und sie nach Konzentration und Meditation oder nach Gedächtnis- und Willensübungen zur Ruhe bringen. Entspannung der Muskeln beruhigt die Gedanken. Geistige Entspannung läßt den Körper ausruhen. Körper und Denken sind eng miteinander verbunden. Der Körper ist eine Form, die der Geist sich zur Freude bereitet hat.

Vertreibe Furcht und Ärger. Denke an Mut, Freude, Seligkeit, Frieden. Setze dich fünfzehn Minuten lang entspannt und bequem hin. Du kannst dich in einem Lehnstuhl ausruhen. Schließe deine Augen. Ziehe das Denken von den Gegenständen des Außen zurück. Beruhige die heraussprudelnden Gedanken. Denke an dein wahres Selbst. Denke daran, daß du der unsterbliche, ewige, unvergängliche Satchidananda-Atma bist, Seins-Bewußtsein-Seligkeit. Laß die Gedanken immer wieder über diese erhabenen Ideen kreisen. Betrachte dich als ein Meer der Seligkeit und des Friedens. Nun öffne die Augen. Du wirst einen ungeheuren geistigen Frieden, Gedankenkraft und Gefühlsstärke empfinden. Deine Gedanken werden ruhig, heiter und still sein. Übe dies und fühle die göttliche Seligkeit zu jeder beliebigen Zeit. Du kannst die Betrachtung mehrere Male am Tag wiederholen. Deine Gedanken werden nicht mehr gespannt sein.

Schließe die Augen. Denke an etwas Erfreuliches. Dies wird deine Gedanken auf eine wunderbare Weise entspannen. Denk an einen beeindruckenden Sonnenuntergang, an die Weite des Meeres oder an den unendlich blauen Himmel.

Schulung des Körpers

Körperliche Schulung oder Entwicklung des Körpers ist ebenso wichtig wie die Entfaltung des Geistes, des Willens oder des Gedächtnisses. Wird der Körper nicht kräftig und gesund, stark und aktiv gehalten, ist keine Entwicklung möglich. »Mens sana in corpore sano« – ein gesunder Geist in einem gesunden Körper – ist ein weiser Ausspruch. Der Körper ist der Tempel Gottes, der immer vollkommen sauber gehalten werden sollte.

Es gibt verschiedene Arten von körperlicher Schulung. Ihr müßt euren Notwendigkeiten, eurem Geschmack, Temperament und euren Fähigkeiten entsprechende wählen. Ein Mensch von zarter und schwächlicher Gesundheit sollte keine langen und schnellen Spaziergänge unternehmen. Man sollte immer versuchen, allein zu gehen. Dann kann man überall die Gegenwart des Allmächtigen spüren und in vollkommener Harmonie mit der Natur sein. Sehr angenehm sind Morgenspaziergänge. Der kühle Wind ist erfrischend und belebend. Der Duft der Blumen aus den Gärten stärkt die Kräfte. Der Spaziergang sollte vor Sonnenaufgang beendet sein. Langsames Gehen wie bei einer Trauungsfeierlichkeit ist nicht segensreich. Darum gehe schnell – Schwitzen ist gesund. Du kannst hierbei Atemübungen vorteilhaft ausführen: Sechs Schritte lang einatmen, den Atem sechs Schritte lang anhalten und wieder sechs Schritte lang ausatmen. Dies ist eine gute Übung.

Noch eine andere Übung: das Rennen. Die Lungen weiten sich, das Blut wird gereinigt. Laufe in frischer Luft. Dies ist die beste Übung, die ich sehr empfehle. Besonders segensreich ist das Laufen am Meeresufer. Du kannst deine Lungen mit der doppelten Menge reinen Sauerstoffs füllen. Wiederhole dabei in Gedanken OM. Dies wird der physischen Übung einen geistigen Aspekt geben. Reibe den Schweiß mit der Hand in den Körper ein. Benutze kein Handtuch.

Das Schwimmen ist eine der besten Übungen. Es streckt alle Rückenmuskeln. Das ist gut für Rheuma. Man kann auch beim Schwimmen Atemübungen ausführen. Ebenso ist Tennis gut und gesund. Man bewegt sich auf eine nicht anstrengende Weise und ermüdet nicht schnell. Die Fußgelenke und Finger werden hierbei gestärkt.

Wer kräftig Brust und Arme, Schultern und andere Muskeln entwickeln will, soll Gymnastik treiben. Die indischen Übungen sind besonders gut, um alle Glieder des Körpers gleichmäßig auszubilden. Man kann diese Übungen überall ausführen; ihre Wirkung hält an. Auch Yoga-Stellungen (Asanas) und Atemschulungen (Pranayama) haben großen Erfolg bei körperlichen Schwächen. Asanas haben auch eine geistige Wirkung. Sie können Kundalini-Shakti, die Schlangenkraft, erwecken. Asana ist mehr als eine physische Übung. Er ist eine innere Massage der inwendigen Organe und heilt dadurch Krankheiten, eine Wohltat, die durch andere Übungen kaum erreicht wird.

Kriya-Yoga heilt Krankheiten des Magens und verstärkt das Feuer der Verdauung. Er ist von größter Macht und Wirksamkeit. Es gibt auch ausgezeichnete Übungen, um die Wirbelsäule elastisch zu halten. Wenn dies nicht geschieht, wird das Rückgrat verknöchern und schnell degenerieren. Wer diese Übungen für die Elastizität der Wirbelsäule ausführt, wird immer beweglich bleiben und niemals alt wirken.

Bei jeder Übung sollten die Glieder bewegt werden: Arme und Beine kräftigen; die Wirbelsäule nach vorn, nach hinten und seitwärts beugen; Brust, Hals und Bauch bewegen. Beachte bei den Übungen folgendes:

Führe sie mit strengster Regelmäßigkeit aus. Wenn du kräftig übst, mußt du substantielle Nahrung zu dir nehmen. Saure Milch, Fett, Butter, Nüsse gehören dazu. Nach Beendigung der Übungen solltest du etwas leichtes essen. Wiege dich einmal im Monat und schreibe dein Gewicht auf. Die Übungen können am Morgen und am Abend ausgeführt werden. Zuvor ist eine halbe Stunde Ruhe notwendig. Wenn du vollkommen enthaltsam lebst, wirst du erstaunenswerte Erfolge haben. Stärke deinen Körper und gehe deinen geistigen Weg. Man sollte am Morgen Asanas ausführen, körperliche Übungen am Abend. Wenn du diese am Morgen machst, dann ruhe dich etwa 15 Minuten nach Beendigung der Asanas aus.

Die Asanas sollten an einem offenen, luftigen Ort ausgeführt werden. Gehe bei diesen Übungen nicht ins Extrem. Es muß während der Asanas und Übung und auch danach noch ein Gefühl der Heiterkeit bestehen bleiben und keine Empfindung von Depression oder Müdigkeit auftauchen. Sonst hast du deine Fähigkeit überschritten und dich überfordert.

Behandle deinen vergänglichen Körper als Diener und Werkzeug und fühle dich vollkommen verschieden von ihm. Er besteht aus den fünf Elementen, die der Zerstörung und Vernichtung unterworfen sind, während du in deinem Wesen die Wirklichkeit, der alles durchdringende unvergängliche Atma bist. Ebenso wie das Haus, in dem du lebst, von dir getrennt ist, so ist auch dieser Körper, in dem du dank deiner Unwissenheit für eine Zeit gefangen bist, völlig gesondert von dir. Identifizierung mit diesem Körper ist der Grund für deine Knechtschaft und die menschlichen Leiden und Trübsale. Werde nicht der Sklave deines Körpers. Er muß zu allen Zeiten und unter allen Umständen deinen Befehlen gehorchen und nicht umgekehrt. Du mußt bereit sein, diesen Körper aufzugeben oder ihn einem gerechten und edlen Zweck zu unterstellen. Übe Selbstverleugnung, Selbstverneinung und Opfer deiner selbst.

Zum Abschluß, ihr Kinder des Lichts und der Unsterblichkeit: Haltet euren Körper stark, gesund und aktiv durch regelmäßige körperliche Schulung. Führt ein glückliches, zufriedenes Leben. Benutzt dieses Körperpferd, um eure Bestimmung, Brahma-Nirvana zu erreichen. Benutzt diesen Körper als ein Boot, mit dem ihr den Strom des Lebens überquert zum anderen Ufer der Unsterblichkeit und Furchtlosigkeit hin.

II. Kapitel

RAJA-YOGA – DER KÖNIGLICHE YOGA

Übungen

I. Das Wort Yoga stammt von einer Sanskrit-Wurzel, die »verbinden« bedeutet. Durch Übung des Yoga vereint sich die individuelle Seele (das menschliche Wesen) mit dem Herrn oder Gott. So meint Yoga die Vereinigung mit Gott. Diese ist Ziel und Bestreben des menschlichen Lebens. Sie sollte alles und das Ende unserer ganzen Existenz sein. Sie ist das »Summum Bonum«. Yoga tötet Leid, Elend und Verwirrung. Er befreit von dem Rad der Geburt und des Todes (Samsara). Trinke das Elixier oder den Nektar der Unsterblichkeit und werde ein Yogi.

Yoga lehrt uns, die nach außen gehenden Strebungen der Gedanken zu zügeln und den reinen Zustand der Seligkeit zu erreichen, indem wir den mentalen Zustand überschreiten. Er lehrt auch, wie wir uns verwandeln und Göttlichkeit erlangen können. Das Ziel des Raja-Yoga ist die Beherrschung aller Gedankenwellen oder mentalen Veränderungen. Darum wird er der »König aller Yogas« genannt.

Pferde und Hunde haben ein Denkorgan, aber sie haben weder Unterscheidung noch Intelligenz, noch Vichara-Shakti (Kraft der Unterscheidung). Darum ist es ihnen nicht möglich, Befreiung zu erlangen. Unwissende Menschen identifizieren sich mit dem Körper, den Gedanken und den Vrittis (Gedankenschwingungen). Gedanken und Körper sind nur Werkzeuge. Der wahre Mensch steht hinter diesen. Wenn du eins mit Denken, Körper und Vrittis bist, wirst du in Elend und Leiden verstrickt. Das ganze Weltall ist allein durch Gedankenschwingungen geschaffen. Wenn diese mentalen Wellen nachlassen, kannst du den absoluten Zustand erreichen, den Zustand der höchsten Seligkeit und des vollkommenen Friedens. Ebenso wie du die Tiefen eines Sees erkennen kannst, wenn die Bewegungen und Wellen auf der Oberfläche ruhig werden, kannst du dein wahres Selbst erkennen, wenn die Vrittis, die das Denkorgan in Bewegung bringen, aufhören. Wie Seife den Körper säubert, reinigen das Japa (wiederholtes Aufsagen) eines Mantra, Dhyana (Versenkung) und Kirtana (Verehrung) zusammen mit der Übung von Yama und Niyama (sittliche Zucht und Reinheit) das Denken von allen seinen Unreinheiten. Ebenso wie du den Körper mit Nahrung erhältst, mußt du den Gedanken gute Nahrung geben und die Seele geistig ernähren.

Wenn ein Geschäft zusammenbricht oder fehlgeht, oder wenn ihr eine unerfreuliche Nachricht bekommt oder ein schwerer Schicksalsschlag euch trifft, werdet ihr trotz guter Ernährung abmagern und euch innerlich ungeheuer geschwächt fühlen. Dies beweist deutlich, daß Fröhlichkeit dem mentalen Zustand einen sicheren Auftrieb gibt. Auch ohne Essen kann man sich, dank der Freude, glücklich und angeregt fühlen.

Macht berauscht den Menschen. Jeder, der Macht hat, mißbraucht sie. Er will befehlen und über andere herrschen. Es ist sehr schwer, auf Stellung und Macht zu verzichten. Das ist der Grund, warum die Philosophie des Raja-Yoga die Schüler lehrt, Zucht im außen und innen zu halten. Wer hierin gefestigt ist, wird seine Kräfte nicht mißbrauchen. Er wird nicht anderen befehlen, sondern in Demut dienen und Opfer bringen. Mache dir ein Programm deines Lebens, an das du dich systematisch und regelmäßig hältst. Verschwende nicht eine einzige Minute. Das Leben ist kurz, die Zeit flieht. Es gibt kein »Morgen«, nur ein »Jetzt oder nie«. Stehe mit dem festen Entschluß auf, ein Yogi noch in dieser Geburt, in diesem Augenblick zu werden. Übe unbeugsam strengen Yoga.

Wenn ihr es wirklich ernst mit eurer Übung meint und ihr ruhig und mit ganzem Einsatz nach der Befreiung verlangt, werdet ihr das Ziel der Vollkommenheit zweifellos innerhalb von sechs Jahren erreichen.

II. Chitta ist der Denkstoff, der verschiedene Formen annimmt. Diese bringen die Gedanken in Schwingung (Vrittis). Die Denksubstanz wird in Gedankenwellen, in Strudel von Vrittis umgewandelt und verändert. Wenn die Denksubstanz an Mango denkt, entsteht die Schwingung des Mango im Meer des Chitta im gleichen Augenblick. Die Gedankenschwingungen vergehen wieder und andere steigen auf wie etwa der Gedanke an Milch. Diese Schwingungen verursachen die Unruhe der Gedanken.

Warum entstehen Vrittis aus Chitta? Der Grund ist der Kreislauf von Geburt und Tod und der Eindruck von Handlungen in das Bewußte und Unbewußte (Vasanas). Schwinden die Vasanas oder Begierden, werden alle Vrittis von allein aufhören.

Eine Gedankenschwingung hinterläßt einen bestimmten Eindruck (Samskara). Die Gesamtsumme der Samskaras heißt Karmashaya (Gefäß der Handlungen). Wenn ein Mensch seinen physischen Leib verläßt, trägt er seinen astralen Körper mit 17 Tattwas und seinen Karmashaya auf die mentale Ebene. Der Karmashaya wird vollkommen ausgebrannt durch Erlangen der höchsten Erkenntnis (Asamprajnata-Samadhi).

Ein Ort, an dem sich die Gedanken am besten konzentrieren,

ist für Meditation und Yogaübungen geeignet. Während der Konzentration müssen die verstreuten Gedankenschwingungen, die ständig aus dem Meer des Chitta aufstehen, sorgfältig gesammelt werden. Schon beim Hochkommen sollte man die Gedankenschwingungen beruhigen, damit das Denkorgan heiter und still wird. Erst dann empfindet der Yogi Frieden und Seligkeit. So liegt die Freude in euch. Ihr müßt sie durch Gedankenzucht gewinnen, nicht durch Geld, Frauen oder Kinder, durch Namen, Ruhm, Stellung oder Macht.

Man muß sich ständig bemühen, die Gedanken auf einen Punkt zu konzentrieren. Sobald sie zu wandern beginnen, müssen sie auf diesen Punkt zurückgeführt werden. Dies ist Abhyasa (geistige Übung) oder Yoga-Übung. Halte die Funktion des Intellekts durch Übung und die des Gefühls durch Leidenschaftslosigkeit in Bann. Dann wird das Denkorgan ruhig und leicht zu beherrschen sein.

Reinheit der Gedanken führt zum vollkommenen Yoga. Du mußt deine Haltung beherrschen, wenn du mit anderen umgehst. Habe keine Gefühle der Eifersucht oder des Hasses. Sei voller Mitleid und freundlich zu allen. Verneige dich vor jedem. Sei höflich gegenüber Oberen. Wenn du das Äußerste deines Einsatzes und deiner Kräfte in die Übungen legst, wird Yoga schnell erlangt. Du mußt dich mit aller Kraft nach der Befreiung sehnen, heiter und ernst sein.

Intensive und nicht aufhörende Meditation ist notwendig, um in Samadhi einzugehen. Durch Enthaltsamkeit, Hingabe an den Guru und ständige Übung wirst du Erfolg im Yoga haben. Der Schüler sollte immer geduldig und ausdauernd sein. Wer den Pfad der Entsagung (Nivritti-Marga) einschlägt, wird nach einiger Zeit träge, da er nicht weiß, wie er seine mentale Energie nutzen, den Anweisungen seines Guru folgen und die täglichen Gewohnheiten aufrechterhalten kann. Er hat keine Erfahrung auf dem geistigen Weg und wird am Ende auch keinen wirklichen Erfolg im Geistigen erzielen. Wenn der Schüler des Yoga, der regelmäßig meditiert, traurig wird, macht er seine Übungen mangelhaft. Bestimmt liegt irgendwo ein Fehler vor, wenn er deprimiert und schwach ist. Meditation macht einen Menschen stark, fröhlich und gesund. Ein fröhliches, immer lächelndes Auftreten ist sicheres Zeichen für wahre Geistigkeit und ein inneres, göttliches Leben.

Es gibt im Yoga viele Stufen, die bewältigt werden müssen, bevor der segensreiche Asampryhnata-Samadhi erreicht werden kann. Einige hoch entwickelte Seelen sind schon von Geburt an im Zustand des Samadhi. Sie haben ihn nicht durch Anstrengung in diesem Leben erreicht, sondern haben ihren Pfad schon in früheren Geburten vollendet.

In einigen besonderen Fällen kann man auch die höheren Stufen des Yoga durch Gottes Gnade schon zu Beginn eines Lebens erlangen. Janadeva von Alandi erreichte die höheren Stufen des Yoga schon frühzeitig im Kindesalter. Als kleiner Junge berührte er einen Büffel und dieser wiederholte die Veden.

Auch Ramalinga Swami aus Vadalur, Süd-Indien, der berühmte Autor des Arutpa, erreichte die höheren Stufen des Yoga zu Beginn des Lebens. Aber solche Ereignisse sind sehr selten. Bei den meisten muß Stufe für Stufe, Zustand für Zustand, erarbeitet werden.

Beherrsche jede Stufe des Yoga, und gehe sie nacheinander mit Mut und Fröhlichkeit. Nimm nicht eine höhere Stufe, ehe du die untere vollendet hast. Dies ist der rechte königliche Weg zu wahrer Meditation und Samadhi.

Die Gesamtheit der Erkenntnis dieser Welt ist nichts im Vergleich zu dem geistigen Wissen, das durch wahre Selbstverwirklichung gewonnen wird. Weltliche Erkenntnis ist falsch. Wenn der Yoga-Schüler Dharma-Mega Samadhi (die Wolke der Tugend) erlangt hat, braucht er nicht mehr zu fürchten, daß er wieder zurückfällt. Nichts kann ihn mehr versuchen. Dieser Zustand kann aber nur eintreten, wenn er rigoros alle Macht verwirft. Es gibt eine besondere geistige Erleuchtung, die dem Yogi Frieden, Reinheit, Befriedigung und geistige Seligkeit verleiht.

Wie Feuer trockene Blätter oder Gras verbrennt, so verbrennt das Feuer des Yoga alle Karmas und der Yogi erreicht Kaivalya (vollkommene Freiheit). Samadhi schenkt ihm Intuition, so daß wahre Erkenntnis unmittelbar in ihm aufblitzt. Nun existiert nur Gegenwart für ihn. Vergangenheit und Zukunft schwinden.

Werkstatt des Mentalen

Jeder hat eine eigene Werkstatt seines Mentalen und seiner Gedanken. Von innen beherrscht, ist sie das Selbst, der innere unsterbliche Herrscher, der die Werkstatt erleuchtet.

Ebenso wie ein Stück Eisen sich in der unmittelbaren Nähe eines Magneten bewegt, arbeitet und bewegt sich das Mentale in Gegenwart des inneren Herrschers. Die westlichen Menschen haben dieses niemals ganz begriffen. Darum sind sie ruhelos und tasten im Dunkeln. Die Schwingung des seelischen oder feinstofflichen Prana stellt die Gedanken im Denkorgan her.

Wie ein Henry Ford ganz in seine Arbeit vertieft, nur an die Herstellung der Autos denkt, so muß der Yogi seine mentale Energie allein auf Gott richten und sich vollkommen auf diesen Punkt konzentrieren.

Ein guter Vergleich für den Yoga ist eine Radiostation oder die drahtlose Telegrafie, die die Welt miteinander verbunden und die Kommunikation sehr erleichtert haben. Schweigend beweisen sie die Einheit des Lebens, die Einheit der Energie und des Bewußtseins. Sie bestätigen das Wort aus den Upanishaden und die Erfahrungen der östlichen Weisen: »Der Eine ohne Zweiten.« Die Stimme eines Sprechers oder Sängers wird zur gleichen Zeit von allen Menschen in der Welt gehört.

Das ist Hellhören, während das Fernsehen körperliches Hellsehen ist. Alle Menschen sind vereint, wenn der Rundfunk sendet, alle haben Anteil an der Begabung eines Menschen. In dieser Weise kann man an die allgemeine Liebe und Dienstbereitschaft denken und alle Gedanken der Gesondertheit, Verschiedenheit, Zweiheit und Teilung auslöschen. Die Botschaft der Upanishaden von der Einheit und Vereinigung, von der Gleichheit, Gleichartigkeit und Identität erklingt. Das Mikrofon verherrlicht, vergrößert und verstärkt die Klangwellen und sendet sie mit einer ungeheuren Schnelligkeit durch das Medium des Äthers in die ganze Welt. So ist das Radio das äußere Symbol der Vedanta oder des Brahman.

Ich möchte nun zur Beschreibung der wunderbaren mentalen Werkstatt übergehen, die euch sehr nah und ein Wunder der Wunder ist. Selbst ein krasser Materialist würde zu einem Theisten bekehrt, wenn er einen Augenblick seine Augen schließen und ernsthaft über die Arbeit dieser erstaunlichen Werkstatt nachdenken würde. Zu Anfang der Kena Upanishad steht: »Wer ist der Lenker des Mentalen? Wer gibt diesem Denkorgan Licht und Macht?« Dann fährt sie fort: »Brahman (Vollkommenes Sein, Vollkommenes Wissen und Vollkommene Glückseligkeit) ist der Geist alles Geistigen, ist das Prana der Pranas, das Auge der Augen, das Ohr der Ohren.« Welche kühne Philosophie, die den Menschen zu den höchsten Höhen erhebt, und alle schwierigen Lebensprobleme löst. Wer sie erfaßt hat, lacht über den eitlen Glanz, den leeren Ruhm und das künstliche elende Leben der Reichen.

Sagt mir ganz ernsthaft, geliebte Freunde, wer der glücklichste Mensch dieser Erde ist. Ein reicher Gutsbesitzer oder ein meditierender Yogi an den Ufern des Ganges oder im Gebirge des Himalaya mit nur einem Lendenschurz?

Hört die Geschichte eines reichen Edelmannes, der einem Yogi ein Interview gab. Der Reiche erklärte ihm: »Nachdem du von meinem Reichtum gehört hast, willst du sehen, wie ich lebe. Ich bin der elendste Mensch auf der ganzen Erde. Ich leide unter allen Arten von Sorgen und Ängsten. Ich verstehe völlig die Bedeutung des Ausspruchs eines Weisen: ›Unbequem liegt der Kopf, der eine Krone trägt.‹ Ich habe alle möglichen Leiden, habe die verschiedensten Medizinen genommen und doch keine Erleichterung gefunden. Ich bin hungrig und kann doch nichts essen, weil mir nichts bekommt. Überall werde ich beobachtet, so daß ich mich wie ein Gefangener fühle. Ich bete zu Gott, daß er mir im nächsten Leben die Geburt eines sorglosen Yogi mit einem einzigen Lendenschurz geben möge, damit ich Yoga an den Ufern des Ganges oder im Himalaya üben kann. Ich will nicht dieses verfluchte Geld, das der größte Feind des inneren geistigen Friedens, der Freude und der Seligkeit des Selbst ist.«

Dies ist keine Abschweifung. Denn ich kehre zu der Werkstatt des Mentalen zurück. Ich habe zuvor gezeigt, daß es einen Führer dieser Werkstatt gibt und daß die unmittelbare Wahrnehmung dieses Führers, die durch Reinigung des Mentalen und geistige Übungen der Konzentration und Meditation ermöglicht wird, Selbstverwirklichung, Freiheit, Vollkommenheit und Unsterblichkeit bringt. Ich möchte euch immer wieder die Wichtigkeit der Selbstverwirklichung einhämmern. Sie allein kann euch Glückseligkeit bringen. Ebenso wichtig ist, daß ihr um die Existenz Gottes, des Atma, wißt, der Quelle eurer Gedanken, eures Willens, eurer Erinnerung, der diesem kleinen Denkorgan Licht und Macht gibt. Vergeßt dies nicht.

Augen und Ohren sind die Torwächter dieser wunderbaren Werkstatt. Sie sind der Weg, der hineinführt. Der Mund führt hinaus. Augen und Ohren bringen in die Werkstatt des Mentalen Stoff zur Verarbeitung. Licht- und Klangschwingungen werden durch diese beiden hineingetragen. Zuerst werden sie vom Denkorgan wahrgenommen, dann werden sie dem Intellekt zugetragen. Dieser (Buddhi) setzt sie in Begriffe um, die der äußere Torhüter, das Sprechorgan (Vak-indiriya) zum Ausdruck bringt. Die nach außen gehenden physischen Augen und Ohren sind nichts anderes als Werkzeuge. Die wirklichen Zentren des Sehens und Hörens liegen im Gehirn und im Astralkörper. Sie sind die wirklichen Sinnesorgane (Indriyas). Der Buddhi empfängt den Stoff vom Denkorgan und bringt ihn dem Purusha (Geist) oder Atma, der im Hintergrund bleibt. Buddhi ist der Premierminister. Er ist als solcher dem Purusha näher als das Denkorgan. Purusha ist der Befehlshaber. Er hat fünf Soldaten, die fünf Karma-Indriyas (die Sinnesorgane), die seine Befehle ausführen. Er ist der Anwalt, der die Tatsachen vor den Richter (Buddhi) bringt. Das Denkorgan ist der oberste Angestellte der Werkstatt des Mentalen. Es hat zehn Angestellte, fünf Jnana-Indriyas, um Neuigkeiten und Tatsachen nach außen zu bringen und fünf Karma-Indriyas, um seine Befehle auszuführen. Sobald die Tatsachen vom Intellekt vor den Geist getragen werden, schwindet blitzartig das Ichhafte oder Ahankara. Buddhi empfängt die Botschaft von Purusha, faßt Entscheidungen und beschließt und gibt sie dem Denkorgan zur Ausführung weiter. Die fünf Karma-Indriyas (Rede, Hände, Füße, Genitalien und After) führen die Befehle der Denkorgane des Meisters aus.

Antahkarana oder das innere Werkzeug ist ein umfassender Begriff, der Denkorgan, Intellekt, Erinnerung und Selbstsucht einschließt. Der eine Antahkarana nimmt verschiedene Namen an.

Wenn man durch einen Mangogarten geht, wird das Denkorgan voller Verlangen und Zweifel sein (Sankalpa-Vikalpa). Es überlegt, ob die Mangofrucht gut oder schlecht ist. Buddhi kommt zu Hilfe und bestimmt, daß die Frucht gut ist. Nun schaltet sich Chitta ein und überlegt, wie man zu den Mangofrüchten kommt. Vielleicht kann man den Gärtner finden und ihn fragen. Das Ich (Ahankara) geht so weit, die Mango unter allen Umständen essen zu wollen. Nun gibt der Gedanke dem Karma-Indriya, den Füßen, den Befehl zur Ausführung. Sie tragen den Mann zum Gärtner. Ahankara erwirbt die Mangofrucht und ißt sie. Die Eindrücke der Mango bleiben im Denkorgan und es entsteht ein Vasana (Eindruck). Später kommt der Gedanke der Freude durch die Erinnerung als feinstofflicher Eindruck hinzu, ruft Gedanken (Sankalpa) hervor und beunruhigt den Menschen, daß er wieder nach der Mango greift.

Dieser Kreislauf, das heißt Begierde, Gedanke und Handlung, geht weiter bis ins Unendliche und legt den Menschen in Fesseln. Wenn ein Vasana mehrere Male wiederholt wird, äußert er sich als Leidenschaft und Verlangen. Der Mensch kann seine Leidenschaft nicht mehr beherrschen und wird zu ihrem Sklaven und zum Knecht der Sinnesorgane. Der Unterschied zwischen Begierde und Vasana (Eindruck) besteht darin, daß Vasana feinstofflich und im Unbewußten verborgen, die Begierde aber grobstofflich ist. Das Vergnügen, das aus dem Genuß eines Gegenstandes gewonnen wird, bringt Bindung, und diese ist Moha (Täuschung). Man wird mit Sinnen-Vasanas vollgefüllt und an verschiedene Objekte gebunden. Immer weniger kann man entfliehen. Es gibt nur einen Ausweg: Der Mensch muß diese Verknotungen durch die Erkenntnis des Leiters der Werkstatt des Mentalen, der Innenschau bewahrt hat, zerstören.

Wenn du hellsichtig die innere Werkstatt des Mentalen erblikken kannst, wirst du bestürzt sein. Der Telefonzentrale einer großen Stadt gleich, in der verschiedene Mitteilungen aus vielen Häusern und Firmen zusammenkommen und von der Zentrale verbunden oder getrennt werden, bringt auch das Denkorgan die vielfältigen Dinge zusammen oder trennt sie. Willst du etwas sehen, dann werden vom Denkorgan die anderen vier Zentren: Hören, Riechen, Tasten und Fühlen zugestopft. Willst du hören, werden andere Zentren zugehalten. Das Denkorgan arbeitet mit ungeheurer und nicht vorstellbarer Schnelligkeit. Auch das Unbewußte arbeitet mit größter Aktivität und Genauigkeit. Man kann deutlich die Eindrücke im Unbewußten erkennen, in denen die verschiedenen Dinge in vollkommener Ordnung aufgezeichnet sind. Sie werden klassifiziert, in Gruppen aufgeteilt und mit genauen Etiketten versehen. Ein Eindruck erhebt sich als Gedankenwelle und kommt an die Oberfläche des Bewußtseins, um den Menschen zur Tätigkeit zu reizen.

Du wirst Gedanken in verschiedenen Farben sehen. Ein geistiger oder heiliger Gedanke ist wunderbar gelb gefärbt; ein Gedanke von Ärger läßt dunkelrote Pfeile hervorschießen. Die Farbschattierungen entsprechen der Natur des Gedankens. Im Kosmos herrscht vollkommene Ordnung. Es geht alles sehr glatt und harmonisch vor sich, weil Antaryami führt und leitet. Wie in Gegenwart eines Königs Minister und Offiziere reibungslos arbeiten, so geht die Arbeit der Gedanken und inneren Fähigkeiten ohne Reibung vor sich, wenn der innere Führer, die einwohnende, alles durchdringende Gegenwart, da ist.

Es gibt verschiedene Bereiche von Gefühlen, Empfindungen, Trieben und Impulsen. Es gibt Hochebenen und Niederungen im Bewußtsein. Neben dem geistigen Bereich sind die Ebenen des Instinkts und des Intellekts vorhanden. Auf der einen Seite tritt der Wille ins Spiel, um einen bestimmten starken Wunsch des Denkens auszuführen. Hinter ihm stehen in geordneter Reihenfolge die verschiedenen anderen Fähigkeiten, wie Gedächtnis und Dharana-Shakti (Urteilskraft und Überlegung). Nachdem der Wille einen Befehl ausgeführt hat, tritt die Phantasie auf und ersinnt einen Entwurf. Die Erinnerung kommt der Phantasie zu Hilfe. Die drei Gunas in verschiedenen Verbindungen, und die dreizehn bösen Vrittis: Lust, Ärger etc. zeigen ihr Gesicht in unterschiedlichen Farben. Ebenso wie in einem Spiel die Handelnden mit größter Geschwindigkeit kommen und gehen, treten die mannigfaltigen Fähigkeiten in Szene, verrichten ihre Arbeit und gehen wieder in ihre jeweiligen Quartiere und Zimmer zurück. Worte können dieses erregende und großangelegte Spiel nicht beschreiben. Man muß für diese Erkenntnis astrale Hellsicht durch Reinigung und Konzentration entwickelt haben. Aber auch wenn du am frühen Morgen in einer Yogastellung an einem stillen Ort Innenschau, Selbstanalyse und Selbstbeobachtung übst, wirst du die Arbeit dieser mentalen Werkstatt und alles, was dort vorgeht, verstehen.

Vergeßt nicht den Herrn dieser Werkstatt, euer inneres Selbst. Es wacht, selbst wenn die Werkstatt vorübergehend zu Mitternacht geschlossen ist. Versucht ihm zu begegnen, indem ihr eure Gedanken reinigt und regelmäßige Konzentration übt. Entwickelt alle eure Kräfte oder Denkfähigkeiten und habt gesunden Erfolg im Leben. Vielleicht vermögt ihr auch, ganz in ihn einzugehen. Möge der Herr dieser Werkstatt euch führen.

Vasanas – Eindrücke

Das »summum bonum« des Lebens ist das Erlangen der Selbsterkenntnis oder die Erfahrung des einen gleichartigen Selbst. Ohne die vollkommene Aufgabe der Vasanas kann Selbstverwirklichung nicht erlangt werden. Auslöschen aller Vasanas ist Befreiung.

Der feinstoffliche Zustand des Verlangens wird Vasana genannt. Ein verborgener Vasana heißt Kaanksha. Einige Philosophen bezeichnen mit Vasana ein Bestreben oder eine Neigung. Andere sagen: »Das blinde Hängen an sinnenhaften Gegenständen durch intensives Verlangen oder Begehren ohne Überlegung oder Nachdenken ist Vasana.«

Es gibt zwei Arten von Vasanas: die reinen (Subha Vasanas) und die unreinen (Asubha Vasanas). Die reinen befreien von Wiedergeburten, die unreinen schaffen Wiedergeburt. Unreine Vasanas lassen die Gedanken umherschweifen und bringen im Denkorgan eine Bewegung und ein Verlangen nach Gegenständen hervor. Wenn reine Vasanas euch führen, werdet ihr bald den ewigen Ort des unauslöschlichen Glanzes erreichen. Ebenso wie verdorrter Samen nicht mehr wächst, werden reine Vasanas keine Wiedergeburten mehr hervorbringen.

Die Vasanas, die in früheren Leben entstanden sind, werden an dir in zukünftigen Geburten hängen. Wenn reine Vasanas dem Menschen anhängen, wird er leicht Selbsterkenntnis (Brahma-Jnana) und Befreiung (Moksha) erlangen. Haften aber unreine Vasanas dem Menschen an, wird er Leid und Sorgen erfahren und immer von neuem in dieser Welt wiedergeboren werden.

Es entsteht das Verlangen, in einen Film zu gehen, ein anderes Begehren, Fleisch zu essen, wieder ein anderes, sich einem Menschen zu verbinden oder mit unsauberen Mitteln sich des Besitzes eines anderen zu bemächtigen. Dies sind unreine Vasanas. Ärger, Lust, Gier, Stolz, Selbstsucht, Heuchlerei, Täuschung, Eifersucht, Haß sind unreine Vasanas. Erwacht aber das Verlangen, mit Weisen zusammenzusein, Sannyasins und Mahatmas zu dienen oder ein Verlangen, den Armen und Bedürftigen zu helfen, dann sind dies reine Vasanas. Barmherzigkeit, Liebe, Duldsamkeit, Großzügigkeit, Keuschheit, Wahrhaftigkeit, Vergebung und Mut sind reine Vasanas.

Es gibt drei Arten von unreinen Vasanas: Der Wunsch nach Namen und Ruhm, nach Ehren und Achtung, Macht und Stellung heißt Loka Vasana und bezieht sich auf die Welt. Das Verlangen, ein berühmter Pandit zu werden und mit anderen zu diskutieren, um an erster Stelle zu stehen, ist Shastra Vasana und bezieht sich auf die Shastras. Der Wunsch, schön, gesund und stark zu sein, lange zu leben und gut zu essen, um den Körper wohlzuerhalten, ist Deha Vasana und bezieht sich auf den Körper. Diese sind unreine Vasanas, die den Menschen an Samsara binden und immer von neuem auf die Erde zurückbringen. Bist du Sklave oder Opfer eines mächtigen Vasana, wirst du zu diesem nach unumstößlichen Gesetz.

Es gibt zwei Samen für den Baum des Mentalen. Der eine ist Vasana, der andere der Strom des Prana. Der Samen bringt einen großen Baum hervor und der Baum erzeugt wieder Samen. Auf gleiche Weise entsteht die Schwingung des Prana durch Vasana und Vasana wirkt durch die Bewegung des Prana. Wenn eins von beiden zerstört ist, vergehen beide in Kürze.

Egoismus ist der erste Titanen-Sohn (Asuric), geboren aus Avidya oder Ajnana (Unwissenheit). Es gibt auch zwei asurenhafte Töchter: Raga und Vasana. Deshalb besteht eine enge Beziehung zwischen Vasana und Raga (Bindung). Wo Vasana ist, da ist auch Raga. Beide leben zusammen. Mamata (der Gedanke der Ichhaftigkeit) stammt von Raga. Wenn Raga und Vasana getötet werden sollen, muß die Selbstsucht vernichtet werden. Wenn Egoismus getötet werden soll, muß Avidya zerstört werden. Wenn du zuerst Avidya vernichtest, sterben Raga und Vasana von selbst.

Die Vasanas sind sehr feinstofflicher Art. Ebenso wie Keim und Blüte im Samen vorhanden sind, liegen auch die Vasanas schlafend oder latent im Herzen. Sie bringen das Bett der Samskaras in Bewegung. Hieraus entsteht die Erinnerung an Freuden. Durch diese Erinnerung erwacht das Verlangen, das die Sinne zusammen mit ihrem Führer, dem Denkorgan, in Tätigkeit setzt. Der Mensch macht Anstrengungen, um die verlangten Gegenstände in Besitz zu nehmen und sie zu genießen. Dies alles geschieht in einer Sekunde.

Etwas, das in einem Augenblick für euch angenehm und erfreulich ist, bringt in einem anderen Augenblick das Gegenteil dieser Empfindungen hervor, wie jeder in dieser Welt der Gegensätze erfahren kann. Gegenstände, nach denen man sich sehnt, sind erfreulich. Verlangt man nicht nach ihnen, werden sie bitter. So sind die Vasanas Ursache der sinnlichen Freuden. Sie hören auf, wenn du befriedigt bist. Wenn aber Vasana endet, vergeht auch der Gedanke und alles andere wird zerstört. So solltest du die Vasanas, die Feinde des Atma-Jnana oder der Unsterblichkeit vernichten.

Die Gedanken bringen Bindung oder Freiheit hervor. Ein Denken, das mit unreinen Vasanas erfüllt ist, schafft Fesseln, während ein Denken ohne Vasanas Freiheit bringt. Es gibt kein Denken mehr, wenn die Vasanas zerstört sind. Wenn du frei von Gedanken bist, erwacht die Intuition und du empfängst das Auge der Weisheit. Dann genießt du unbeschreiblichen Frieden.

Das Denken gleicht einem Leinentuch. Färbst du es mit gelber Farbe, erscheint es gelb; mit roter Farbe rot. Es trägt jede Farbe, die du ihm auflegst. Ebenso nimmt das Denken jede Farbe an, die ihm von den Vasanas dargeboten wird. Sattvahafte Vasanas geben dem Denken eine weiße, rajahafte Vasanas eine rote und tamashafte eine dunkle Farbe. Wie die Vasanas, so das Denken.

Solange die Gedanken nicht durch Meditation über das Selbst zerstört sind, werden dich die Vasanas nicht verlassen. Sie werden dich immer von neuem angreifen. Sie werden einen Guerillakrieg mit dir führen. Manchmal werden sie durch die Vordertür (die Sinnenwege) kommen, manchmal durch die Hintertür (Samskaras) und wieder ein anderes Mal durch die Fenster (Augen). Du mußt wachsam sein, um ihre Gegenwart wahrzunehmen und den Weg, durch den sie eintreten.

Wenn deine Gedanken vollkommen frei sind von unreinen Vasanas, wirst du trotz vieler Hindernisse oder widriger Umstände ausgeglichen sein. Die Gedanken werden ruhig und heiter, wenn die Vasanas ausgerissen sind. Sie vergehen durch Leidenschaftslosigkeit, Unterscheidung, Beherrschung der Sinne und die Frage: »Wer bin ich.« Ebenso durch Meditation.

Die unreinen Vasanas dauern an und leisten Widerstand. Sie verstecken sich in den Ecken des Denkorgans auf geheimnisvolle Weise und ändern ihre Form wie ein Chamäleon. Unter dem Druck von Yogaübungen werden sie eine Zeitlang beherrscht. Wenn deine Meditation aber nicht regelmäßig ausgeführt wird und deine Aufmerksamkeit abnimmt, werden sie dich wieder – und nun mit verdoppelter Kraft – angreifen. Die Reaktion setzt ein. Du mußt einen scharfen Intellekt haben, um ihre Gegenwart zu bemerken. Diese unreinen weltlichen Vasanas sind durch Genuß in vielen tausend Lebensformen entstanden. Darum haben sie eine große Macht. Nur durch andauernde geistige Übungen wie Japa, Kirtana, Meditation, Selbsterforschung, Unterscheidung, Enthaltsamkeit, Beherrschung der Gedanken und Atemschulung können sie umkommen. Zu Beginn der geistigen Übungen herrscht Kampf zwischen den reinen und unreinen Vasanas. Die Natur der Gedanken hängt von der Art der Vasanas ab. Entstehen böse Gedanken in dir, dann sind unreine Vasanas in deinem Denken. Sind die reinen Vasanas mächtiger, werden sie den Sieg davontragen oder umgekehrt. Darum muß man bei Beginn alle Anstrengungen darauf richten, die reinen Vasanas mit allen Mitteln zu stärken.

Wenn sich Schüler beklagen, daß sie schon jahrelang meditieren, ohne gute Konzentration oder Frieden erlangt zu haben, dann haben sie die Vasanas nicht vernichtet, die Feinde von Frieden und Meditation sind. Bei einem Sadhaka werden die unreinen Vasanas nur gelegentlich aufsteigen. Sie werden durch die Macht seiner geistigen Übung und seine starke Willenskraft beherrscht. Bei einem Jivanmukta sind sie in einem verdorrten Zustand, bei einem Hausvater sind sie noch in Fülle vorhanden. Bei einem Sadhaka befinden sie sich in einem abgeschwächten oder dünnen Zustand und können keine Verwüstung mehr anrichten.

Eine Unterdrückung der Vasanas wird euch keineswegs helfen. Sie müssen insgesamt ausgerottet werden, so wie man die giftigen Zähne der Kobra ausreißen muß.

Durch nie ermüdende Anstrengung müssen die unreinen Vasanas in reine umgewandelt werden. Der Strom der unreinen Vasanas muß geändert werden, damit sie im Kanal oder Fluß der reinen weiterfließen. Man kann eine Fülle von reinen Vasanas haben, aber auch diese sind goldene Fesseln. Wie man einen Dorn mit Hilfe eines anderen ausreißt und dann beide fortwirft, so muß man die unreinen Vasanas mit Hilfe der reinen zerstören. Dann aber sind auch die reinen aufzugeben. Der Wunsch nach Befreiung, die Moksha-Vasanas, müssen einmal vergehen. Erst dann wirst du »Das«.

Wessen Herz frei ist von allen Vasanas, der ist der glücklichste Mensch in dieser Welt. Er ist ein Jivanmukta. Alle Devas beten ihn an und die Menschen dieser Welt verehren ihn.

Prahlada, der Selbsterkenntnis erlangt hatte und durch Samadhi in Brahman versunken war, kehrte bei der Berührung des Gottes Hari durch einen Rest reiner Vasanas in sein körperliches Bewußtsein zurück. Im Jivanmukta (dem schon im Leben Befreiten) existieren diese reinen Vasanas wie verdorrte Samenkörner. Sie können keine Wiedergeburten mehr bewirken. So wie Vasanas während des Tiefschlafs in einem Samenzustand bestehen, sind diese reinen Vasanas, verbunden mit dem sattvahaften Jnana reiner Meditation über das Selbst, weiter im Jivanmukta vorhanden. Ein Rest bleibt latent im Herzen zurück, solange der Körper besteht. Allmählich schwinden die reinen Vasanas, mit denen der Befreite die Gegenstände dieser Welt wahrnimmt.

Durch rechte Fragen und Unterscheidung solltest du dich von den Gegenständen absondern. Ohne diese gibt es kein »Ich« und in Abwesenheit des »Ichs« keine Gegenstände. Sei mit voller Gewißheit überzeugt, daß das »Ich« nicht zu den Objekten und diese nicht zum »Ich« gehören. Identifiziere dich mit dem unendlichen Selbst – Satchitananda Brahman – und gib die Last des Körpers auf. Wenn du körperlos (Videha) geworden bist, vergehen alle Vasanas.

In Brahman oder dem Selbst gibt es keine Vasanas. Das Selbst ist immer rein, ohne Geschlecht, ohne Leidenschaft, ohne Körper und Gedanken. Auch ohne Sinne und ohne Prana. Durch immerwährende Meditation über diesen Brahman vergehen alle Vasanas. Unreinheit kann vor Reinheit nicht bestehen. Das Positive besiegt das Negative. Das ist das unveränderliche Gesetz der Natur.

Töte dieses Denkorgan durch Zerstören der Vasanas und bleibe unbeweglich auf Satchitananda Brahman konzentriert. Erlange und genieße den unsterblichen Brahma höchsten Friedens, nie endender Freude und ewiger Glückseligkeit.

Von allen Werkstätten der Welt ist der Körper die wunderbarste. Denn er ist die Werkstatt Gottes und nicht von Menschen gemacht. In dieser erstaunlichsten Werkstatt werden Vasanas in Wünsche verwandelt, werden unreine Vasanas zerstört, reine bewirkt und Gedanken erzeugt. Am Ende wird der kostbarste

Artikel (Vastu) von unberechenbarem Wert, die »Butter« der Brahma-Erkenntnis (Jnana), gewonnen.

Es ist schwer, die Vasanas zu zerstören. Eher kann der Sumuru-Berg entwurzelt werden. Ein Mensch von dynamischer Bestimmtheit und eisernem Willen aber kann sie im Augenblick ausreißen.

Die Vasanas üben einen ungeheuren Einfluß auf die Gedanken des Menschen aus. Sie überwältigen ihn und machen ihn zu einem hilflosen Opfer und Sklaven. Sie sind stärkere Rauschmittel als Likör und Opium, deren Wirkung nur einige Stunden anhält, während die Wirkung der Vasanas zahllose Jahre dauert. Sie werden von Geburt zu Geburt getragen und bleiben solange bestehen, bis Selbsterkenntnis gewonnen ist.

Unter dem Einfluß der Vasanas läuft man in der Welt wie ein Betrunkener umher. Man kann nicht zwischen dem Wirklichen und Unwirklichen unterscheiden. Das Verständnis ist beschattet und man sehnt sich wahllos nach sinnlichen Gegenständen. Der Mensch vergißt alle Folgen unter dem übermächtigen Einfluß der Vasanas. Er hat keine Erinnerung, sondern wiederholt schamlos die gleichen sinnlichen Handlungen. Im Griff der Vasanas kann der Intellekt nicht richtig arbeiten.

Die Vasanas werden dick oder dicht, wenn man die sinnlichen Vergnügungen wiederholt, das heißt, sie werden immer stärker. Dadurch nimmt die Täuschung und Verblendung zu.

Wer den Vasanas unterworfen und von ihnen irregeführt wird, begeht unreine Handlungen, ist selbstsüchtig und stolz. Schlechte Entschlüsse wachsen in seinem Kopf; sinnliche Vergnügungen sind sein einziges Lebensziel. Solche Menschen suchen mit unlauteren Mitteln reich zu werden, um ihre Sinnlichkeit zu befriedigen, und sind in einem Netz zahlloser Hoffnungen und Erwartungen verstrickt. Geld ist ihr einziger Gott. Sie sind gierig und reizbar. Sie neigen zu Heuchelei, Ärger, Betrug und Unehrlichkeit und suchen Anerkennung in der Welt.

Niemand aber kann der Welt gefallen. Einige werden dich loben, andere verurteilen. Niemals wirst du die Münder der vielzüngigen Welt schließen. Darum solltest du ausgeglichen und über Anerkennung wie Kritik erhaben sein. Du solltest Lob der Welt wie den Dünger eines Schweines ansehen. Nur wenn du den Zustand des Nirvana erlangt hast, wirst du wirklich voller Frieden und Freude sein. Die Menschen reden Böses selbst über die Gottheiten. Wenn sie dies tun, was kann dann von ihrer Behandlung eines gewöhnlichen Menschen erwartet werden.

Ein Weißer lehnt einen Schwarzen ab und umgekehrt. Ein Protestant mag keinen Katholiken und umgekehrt. Dem Menschen ist das Bestreben eingeboren, seinen eigenen Geburtsort, sein eigenes Land, seine Familie, Verwandten, Religion und Sprache zu loben und die anderen zu kritisieren. Dies ist eine Engstirnigkeit, die Unwissenheit entstammt. Wenn sich das Herz des Menschen durch geistige Entwicklung ausweitet, wenn er Selbsterkenntnis gewinnt, dann werden diese bösen Vasanas vergehen. Auch wenn ein Mensch sieht, wie beklagenswert und elend sein Zustand durch die Vasanas wird, versucht er doch nicht, diese zu zerstören. Er hängt an ihnen wie ein Blutegel und glaubt sich dank der Täuschung, die von den Vasanas geschaffen wird, stets auf dem rechten Pfad. Obgleich er im Körper eines menschlichen Wesens lebt, vollbringt er Handlungen eines vierbeinigen Geschöpfes.

Zu genaues Studium heiliger Bücher ist auch ein unreiner Vasana. Denn Atma und Gott ist gewiß nicht in Büchern zu finden. Man muß einen praktischen geistigen Weg gehen. Das Leben ist kurz, die religiösen Bücher sind endlos lang. Man sollte das Wesentliche aus ihnen herausnehmen und sich anpassen. Wenn man Atma verwirklicht hat, können die Veden nicht mehr von Nutzen sein. Man kann sie aber jahrzehntelang und durch viele Geburten hindurch studieren, ohne Atma zu erlangen.

Einst kam Pandit Durvasa mit einem Stapel religiöser Bücher zum Gott Shiva. Narrada erzählte ihm die Parabel des Esels: So wie ein Esel, der ein Bündel Sandelholz trägt, sich nur dieser Last bewußt ist, nicht aber des süßen Geruchs, so trägt der Bücherwurm-Pandit das Bücherbündel wie eine Last, kennt aber nicht ihren wahren Inhalt, obwohl er sie alle studiert hat. Da gingen Darvana die Augen auf und er warf alle Bücher ins Meer. Gott Shiva gab ihm nun die Einweihung in die Mysterien der Selbsterkenntnis.

Lernstolz ist ein unreiner Vasana, der dem Erlangen der Erkenntnis im Wege steht. Er versteift die Selbstsucht und verdichtet den Schleier der Unwissenheit.

Die sexuellen Vasanas sind mächtiger als alle anderen. Darum muß man alle Anstrengungen machen, um sie und zuerst das Geschlechtsorgan zu beruhigen.

Das Tragen von Blumengirlanden, das Benutzen von Wohlgerüchen für das Haar und Salben für das Gesicht, Ringe auf den Fingern und anderes mehr sind Vasanas, die sich auf den Körper beziehen.

Beherrschung der Gedanken

Du mußt die Gewohnheiten und Wege deiner Gedanken kennen. Nur dann wirst du sie mit Leichtigkeit beherrschen und Willen, Gedächtnis und Denkschulung entwickeln. Eine der wesentlichsten Angewohnheiten der Gedanken ist ihr Herumwandern. Sie können nicht an einem Punkt bleiben. Darin gleichen sie der Luft. Das Denken ist voller Unruhe. Es ist ungestüm, stark und schwer zu bändigen.

»Es schwankt der innere Sinn,
Krishna ist ungestüm, gewaltsam, hart;
Zu zügeln ihn, acht' ich so schwer
als des Windes Zügelung.«
(Bhavagad Gita, Kap. 6,34)

Sri Krishna beschreibt mit doppelsinnigen Begriffen die Art, wie die Gewohnheit der wandernden Gedanken gezügelt werden kann. Zerstörung von Begierden und Beherrschung der Indriyas sind die wesentlichen Stufen der Gedankenkontrolle. Das Begehren macht die Gedanken ruhelos. Die Indriyas laufen den Gegenständen nach und das Denken folgt den Indriyas wie der Hund seinem Herrn. Die Gedankenschwingungen zerstreuen sich in die Objekte. Alle mentalen Strahlen verteilen sich auf Erwerb, Besitz und Genuß von Sinnenfreuden. Dieser kleine hoffnungslose Mensch (Jiva) fällt in die Maschen und Netze der Gedanken und der trugvollen Indriyas. So gibt er allen Einflüsterungen und Gedanken nach, die ihm erfreuliche Empfindungen anbieten, ob dies Genuß für die Zunge oder sexuelle Befriedigung ist.

Wenn du dieses Herumwandern der Gedanken einstellen willst, mußt du allem Verlangen entsagen und die Indriyas beherrschen. Erst dann wirst du in der Übung der Konzentration und Meditation, in Willens-, Gedächtnis- und Gedankenschulung erfolgreich sein. Rechte Meditation kann nur nach innerer Reinigung geschehen. Man muß den Begierden dieser Welt entsagen und die Gedanken in Zucht halten. Will man anders meditieren, gleicht man einem Menschen, der einen wilden Elefanten mit einem dünnen Seidenfaden anbindet. Sri Krishna zeigt die Art, wie man die wandernden Gedanken zurückhält. »Gib ohne Einschränkung alles Verlangen auf, das vom Denken aus der Phantasie geholt wird und zügele auf jeder Seite die Ansammlung der Sinneswahrnehmungen. Mit Hilfe der Vernunft, die von Standhaftigkeit beherrscht wird, wird dein Sinnenleben immer ruhiger. Wenn dein Denken im Selbst ruht, sollte es sich mit nichts anderem beschäftigen. Sooft die schweifenden und wandernden Gedanken auftreten, zügele sie und bringe sie unter die Kontrolle des Selbst.« Die Früchte, die aus dieser Übung hervorgehen, sind höchste Freude und Frieden. Merke dir gut die Worte Sri Krishnas: »Alles Verlangen sollte ohne Einschränkung aufgegeben werden.« Die meisten Sadhaks und Schüler behalten noch einige Begierden, deren Erfüllung sie erstreben. Diese verstecken sich im Denkorgan. Weiter heißt es: »Auf jeder Seite.« Beherrschung eines Indriya allein genügt nicht. Alle Indriyas müssen von jeder Seite beherrscht werden. Auch dies ist ein lebenswichtiger Punkt. Da diese Übung schwer und mühsam ist, darfst du nicht entmutigt werden, sondern mußt geduldig auf die Ergebnisse warten. Manche Menschen üben stoßweise, etwa drei Monate lang, sechs Stunden am Tag. Wenn sie finden, daß sie keine greifbaren Erfolge in Gestalt von Kräften (Siddhis) erlangt haben, geben sie die Übung auf. Dies ist äußerst falsch. Deshalb sagt Sri Krishna: »Übe nach und nach und bleibe standhaft in der Übung.« Abhyasa (Übung) bedeutet, daß man die Gedanken immer wieder zu dem einen Punkt zurückbringt, auf den sie fixiert und konzentriert sind. Dharana ist Konzentration der Gedanken auf einen Punkt. Wenn du dies erreicht hast, ist der Zustand der Konzentration (Ekagrata) erlangt. Nur noch ein Gedanke ist vorhanden.

Für den Anfänger ist das Thema der Konzentration unerfreulich und ermüdend. Dennoch ist es das wichtigste und segensreichste der Welt. Wenn man in der Konzentration vorankommt, wenn man sich wirklich dafür interessiert und einige Wohltaten erfahren hat, kann man die Übung nicht mehr aufgeben. Selbst nicht für einen Tag kann der Mensch ohne Konzentration bleiben; er wird unruhig, bis er sie übt. Konzentration bringt höchste Freude, innere geistige Kraft, nie endende Glückseligkeit und ewigen Frieden. Sie führt zu tiefer Erkenntnis und Innenschau, zu Intuition und Vereinigung mit Gott. Dies ist ein wunderbares Wissen in den drei Welten.

Konzentration auf einen Stuhl bedeutet, daß man den Stuhl, seine verschiedenen Teile, das besondere Holz, aus dem er hergestellt ist, seine Verarbeitung, seine Haltbarkeit, seine Kosten, die Behaglichkeit beim Sitzen und anderes mehr genau kennenlernt. Bei dieser Konzentration richten sich alle Gedanken auf den Stuhl. Meist aber wandert das Denken willkürlich von einem Gegenstand zum nächsten, zum dritten und so fort, einem Affen gleich. Immer arbeitet das Gesetz der Assoziation. Du magst an ein Buch denken, dann fällt dir das Bücherbord ein, von dem es genommen wurde, dann der Freund, den du auf dem Rückweg trafst. Nun denkst du an die Bahn, mit der du gefahren bist, dann weiter an Reisen, Alpen, Pinien und so fort. Dies alles geschieht in einem Augenblick. Die Gedanken arbeiten und bewegen sich mit unvorstellbarer Schnelle. Sie fangen einen Gegenstand, stellen etwas fest, verlassen dann diesen Gegenstand, und springen zu anderen über. Es mag auch hierin eine Art von Konzentration liegen, wenn diese auch keine Kontinuität besitzt. Wirkliche Konzentration herrscht erst, wenn die Gedanken in einem Strom unaufhörlich über ein einziges Thema laufen, wie Öl von einem Gefäß zum anderen oder der anhaltende Klang einer Kirchenglocke. Der Schüler sollte seine Gedanken zurückholen, sobald sie ausweichen, und wieder in den gleichen Strom, in den gleichen Denkvorgang bringen, der sich mit einem einzigen Subjekt und einer einzigen Idee beschäftigt. Dies ist der geistige Weg (Sadhana). Dies ist Konzentration und Meditation. Der Erfolg führt zu Samadhi, dem Zustand des Überbewußtseins, der vierten Dimension, Tureeya.

Zunächst ist das Hauptziel, die Bewegungen der Gedanken zu begrenzen und sie auf einen Punkt, einen Gegenstand, immer wieder und wieder zu lenken. Wenn auch dieser eine Gedanke vergeht, ist Samadhi erreicht. Das Mentale ist rein, leer, unbewegt. Über diesen Zustand der Gedankenlosigkeit mußt du dich noch erheben und mit dem höchsten Purusha oder Brahman identifizieren. Er ist der schweigsame Zeuge des Mentalen, der diesem Kraft und Licht gibt. Erst jetzt erlangst du das höchste Ziel des Lebens. Nun hat das Mentale keine Empfindungen mehr.

Die westlichen Psychologen und Okkultisten verstehen dies nicht. Sie tasten in äußerster Finsternis umher und meinen, daß es nichts jenseits von Denken und Überlegen gibt. Mögen sie diese Überzeugung behalten. Früher oder später werden sie die Wahrheit zugeben müssen. Einige meinen sogar, das Denken sei eine Sekretion des Gehirns. Welche wilde, absurde Idee! Sie sind dennoch so weit, die Gegenwart des Unbewußten zuzugeben, die den Hindu-Weisen seit undenklichen Zeiten bekannt war. Das Mentale ist nicht selbst-leuchtend wie Atma oder der höchste Geist, aus dem das Selbst hervorgeht. Es erscheint in geborgten Federn. Es gleicht einem Glühwurm in der Regenzeit. Atma ist die Sonne der Sonnen, das Licht der Lichter. Er ist das höchste Licht, das ewige Licht, der Glanz aus eigener Quelle.

Noch einmal zurück zur Konzentration: Wenn du an einen Gegenstand denkst, mußt du alles bedenken, was mit ihm in Verbindung steht, nicht aber andere Objekte einbeziehen. Zuerst kannst du jeden Gegenstand zur Konzentration nehmen, der dir angenehm ist. Später einen unerfreulichen, für den du immer und immer wieder Interesse wachrufen mußt. Vergiß niemals den Grundsatz: Ein Ding zu seiner Zeit und dieses gut getan, ist eine wichtige Regel. Bei jeder Arbeit, die du beginnst, sei mit ganzem Herzen, mit ganzem Denken und ganzer Seele beteiligt.

Verrichte sie mit vollkommener Konzentration. Wozu andere sechs Stunden brauchen, das kannst du in einer halben Stunde verrichten. Dies ist die Tätigkeit eines Yogi. Du wirst dieses nach andauerndem, nicht nachlassendem Bemühen erreichen. Werde nicht entmutigt. Es ist eine Frage der Zeit, aber gib die Übung nicht einen einzigen Tag auf, selbst wenn du krank bist. In deinem Versagen liegt das Geheimnis deines Erfolges, in deiner Schwachheit das Geheimnis deiner Stärke. Gehe weiter, gürte deine Lenden, sei kühn, voller Mut und heiter. Eine herrliche Zukunft erwartet dich.

Yoga der Selbstzucht

Für einen Weisen ist es natürlich, die Sinne zurückzuhalten. Er braucht niemals die Abstraktion der Sinneswahrnehmungen zu üben, da die Sinne immer abgesondert bleiben. Nur der Schüler muß zu Anfang die Sinne unter Kontrolle halten. Da diese nichts unabhängig ausführen können, ist Beherrschung der Gedanken notwendig, wenn du vollkommenen Erfolg in der Zucht der Sinne erlangen willst. Wenn du die Gedanken nach deinem Willen von den Sinnen zurückziehen kannst, dann bist du in der Absonderung der Sinne festgegründet.

Selbst als Unwissender kannst du die Sinne von den Gegenständen abziehen, wenn du strenge Enthaltsamkeit von allem Sinnlichen übst. Du mußt dies auch als Kranker tun, wenn deine Sinne geschwächt sind. Denn der Geschmack oder die Neigung, das Verlangen nach diesen Dingen schwinden nicht. Bei einem Weisen aber, der das Selbst verwirklicht hat, ist auch das Verlangen ausgerottet.

Selbst wenn die Schatzkammer eines Königs von Wächtern wohlbewacht ist, kann sie auf erstaunliche Weise von klugen

Räubern ausgeplündert werden. Ebenso können die gefährlichen Sinne die Gedanken eines Weisen gewaltsam fortziehen, auch wenn dieser die Fähigkeit der Unterscheidung besitzt und das bestmögliche tut, um seine Sinne zu beherrschen. Obgleich Viswamitra strengste Enthaltsamkeit übte, wurde er von seinen stürmischen Sinnen fortgetragen, als er der von Indra gesandten himmlischen Nymphe begegnete.

Ein König genießt Frieden, wenn er zuerst die äußeren Tore seines Palastes und dann die inneren schließt. Nun können ihm die Diebe keinen Schaden und keine Sorgen mehr zufügen. Auf gleiche Weise schließt der Yogi die äußeren Tore seines Körper-Palastes, indem er sich von den Sinnen abwendet. Dann schließt er das innere Tor, das niedere Denken, das mit vielfältigen Eindrücken von Handlungen erfüllt ist. Dies geschieht durch Gelassenheit und Verzicht. Nun ruht er in seinem eigenen seligen, unsterblichen Selbst und genießt den höchsten Frieden.

Wie ein Kind im Schoß der Mutter vollkommene Geborgenheit und Frieden empfängt, ebenso wie ein Untergebener, der sich ganz den Händen eines mächtigen Herrn unterstellt, vollkommene Sicherheit erlangt, so kann auch der Schüler bleibenden Frieden und vollkommene Herrschaft über seine Sinne finden, wenn er sich ganz Gott unterworfen hat. Aus diesem Grund sagt Sri Krishna zu Arjuna in der Gita: »Im Zurückhalten aller Sinne sollte der Mensch standhaft auf mich gerichtet sein. Ein festes, ausgeglichenes Wissen hat, wer seine Sinne beherrscht.«

Die Sinne haben nach außen gehende Neigungen. Darum drängen sie den Unwissenden zu den äußeren Gegenständen. Der Schüler aber, der über Unterscheidung und Leidenschaftslosigkeit verfügt, zügelt dieses Bestreben, holt die stürmischen Sinne wieder zurück und gelangt zum Ort der Unsterblichkeit. So gleicht er dem Wagenlenker, der seine wilden Pferde zügelt und seine Bestimmung sicher erreicht. Wenn der Heilige seine Sinne vollkommen von den Objekten der Sinneswahrnehmung zurücknimmt – so wie die Schildkröte von allen Seiten ihre Glieder wieder zurückzieht –, wird seine Erkenntnis fest gegründet und sein Wissen ausgerichtet und ausgeglichen sein.

Ungezügelte Sinne richten viel Schaden an. Der Gedanke an Sinnesfreuden ist die Quelle des Übels. Beherrschung der Sinne führt zu Frieden und Glück. Der Mensch, dessen Sinne sich aufbäumen, kann nicht einmal eine Minute lang meditieren. Dagegen wird der Yogi, der sie unterworfen hat, unendlichen Frieden und Glückseligkeit empfinden.

Übungen der Konzentration

Richte die Gedanken fest auf ein Objekt, innerhalb oder außerhalb des Körpers. Halte sie dort einige Zeit lang unbeweglich. Dies ist Konzentration, die du täglich üben mußt.

Zuerst reinige dein Denken durch rechtes Verhalten, dann beginne mit der Konzentration. Ohne Reinheit des Mentalen ist diese nutzlos. Es gibt Okkultisten, die starke Konzentration, aber keinen guten Charakter besitzen. Das ist der Grund, warum sie im geistigen Leben nicht vorwärtskommen. Wer eine feste Haltung einnimmt, wer seine Nerven und seinen Körper durch beständige Übung der Atemkontrolle gereinigt hat, wird sich leicht konzentrieren können. Die Konzentration wird verstärkt, wenn man alle Zerstreuungen forträumt. Ein keuscher Mensch, der seine Energie bewahrt hat, wird wunderbare Konzentration besitzen. Einige törichte, ungeduldige Schüler versuchen Konzentration zu üben ohne vorbereitende moralische Schulung. Dies ist ein ernsthafter Fehler. Vollkommenheit im Ethischen ist von höchster Bedeutung.

Du kannst dich innerlich auf jedes Zentrum geistiger Energie konzentrieren. Aufmerksamkeit spielt hierbei eine sehr große Rolle. Wer die Fähigkeit der Aufmerksamkeit entwickelt hat, wird sich gut konzentrieren. Ein Mensch, der von Leidenschaften und allen Arten von Fantasiewünschen erfüllt ist, kann sich kaum auf einen Gegenstand oder einen Menschen auch nur für einen Augenblick konzentrieren. Seine Gedanken springen wie ein Affe umher.

Ein Wissenschaftler entdeckt durch Konzentration seiner Gedanken viel Neues. Er öffnet die Tore des grobstofflichen Denkens und dringt in die höheren Ebenen des Mentalen ein. Hier empfängt er tiefere Erkenntnis. Alle geistigen Energien konzentriert er auf einen Brennpunkt und verlegt diesen auf die Dinge, die er analysiert. So findet er ihr Geheimnis.

Du mußt imstande sein, den Gegenstand deiner Konzentration sehr klar, auch während seiner Abwesenheit, zu erblicken. Im Augenblick mußt du das mentale Bild aufrufen können. Dies wird dir bei guter Konzentration ohne Schwierigkeit gelingen. Im Anfangsstadium der Übung kannst du dich auf das Ticken der Uhr, auf das Licht einer Kerze oder auf jeden anderen Gegenstand konzentrieren, der dir angenehm ist. Dies ist konkrete Konzentration, die sich auf ein Objekt bezieht. Zu Beginn ist die Konzentration auf einen Gegenstand, den du nicht magst, sehr, sehr schwer.

Setze dich in Lotushaltung (Padmasana) mit gekreuzten Beinen. Richte den Blick fest auf die Nasenspitze. Dies heißt: nasaler Blick. Mache keine gewaltsamen Anstrengungen, sondern gehe sanft vor und übe am Anfang dies nur eine Minute lang. Allmählich verlängere die Zeit auf eine halbe Stunde oder mehr. Diese Übung festigt die Gedanken und entwickelt die Kraft der Konzentration. Selbst beim Gehen kannst du diese Übung weiter ausführen.

Setze dich in den Lotussitz und übe, deine Gedanken auf die Stelle zwischen den Augenbrauen zu fixieren. Tue dies ohne Gewalt eine halbe Stunde lang, vielleicht noch länger. Auch diese Übung beseitigt die Unruhe der Gedanken und entwickelt die Konzentration. Man nennt sie den frontalen Blick. Die Augen sind auf den Mittelknochen der Stirn gerichtet. Man kann zwischen dem nasalen und frontalen Blick wählen, entsprechend Geschmack, Temperament und Fähigkeit.

Wenn du diese Konzentrationskraft verstärken willst, mußt du deine weltliche Aktivität vermindern. Du mußt auch das Gelübde des Schweigens jeden Tag zwei Stunden oder länger beachten.

Übe Konzentration, bis die Gedanken ganz fest auf den Gegenstand der Konzentration gerichtet sind. Wenn sie diesem entlaufen, bringe sie wieder zurück.

Ist die Konzentration tief und intensiv, dann können alle anderen Sinne nicht arbeiten. Wer täglich drei Stunden lang Konzentration übt, wird ungeheure psychische Kräfte erwecken und eine starke Willenskraft haben. Ein Arbeiter, der Pfeile herstellte, war so tief in seine Arbeit versunken, daß er eine große Gesellschaft nicht bemerkte, die vor seinem Laden vorbeizog. So tief muß die Konzentration sein, wenn die Gedanken auf Gott gerichtet sind. Dann darf es nur den Gedanken an Gott und Gott allein geben. Zweifellos braucht es einige Zeit und manchen Kampf, bis die Konzentration auf einen einzigen Gedanken erreicht ist.

Errege dich nicht, wenn die Gedanken während der Übung der Meditation fortwandern, sondern bringe sie langsam zur Konzentration zurück. Nach wiederholter Übung werden sie endlich in deinem Herzen, deinem Selbst, ihren Brennpunkt finden. Vielleicht laufen sie zu Anfang achtzigmal fort. Innerhalb von sechs Monaten werden es siebzigmal, nach einem Jahr fünfzigmal, nach zwei Jahren dreißigmal sein. Nach fünf Jahren werden sie vollkommen fixiert sein auf das göttliche Bewußtsein. Dann werden sie niemals mehr fortlaufen, selbst wenn du dein Äußerstes versuchst, solches zu bewirken. Dies erinnert an einen herumlaufenden Bullen, der gewohnt war, Gras von Wiesen verschiedener Bauern zu fressen. Nun aber kaut er ruhig Heu und Leinsamen an seinem Platz.

Zielgerichteter Blick

Ständiges Blicken auf einen bestimmten Punkt oder Gegenstand ohne zu blinzeln wird Tratak genannt. Dies ist eine der sechs Reinigungsübungen, soll aber vor allem die Konzentration und Zielgerichtetheit der Gedanken entwickeln. Sie ist sehr nützlich für Schüler der verschiedenen Yogas. Es gibt keine wirksamere Methode, um die Gedanken zu beherrschen. Sri Ramana Maharshi, der bekannte Jnani aus Tiruvanamalai, führte täglich diese Übung aus, indem er, auf seinem Sofa sitzend, fest auf die Wand starrte oder auf der Veranda unbeweglich auf die Hügel oder den Himmel blickte. Dies befähigte ihn, seine Gedanken im Gleichgewicht zu halten, ohne jemals zerstreut zu sein, auch wenn neben ihm gesungen oder gesprochen wurde.

Übungen der Schau

1. Stelle ein Bild vor dich hin – am besten das Bild eines Heiligen oder Weisen. Blicke beständig ohne zu blinzeln darauf. Zuerst blicke auf den Kopf, dann auf den Körper und die Beine. Wiederhole diesen Vorgang immer von neuem. Wenn sich deine Gedanken beruhigen, dann blicke nur

noch auf einen einzelnen Punkt. Bewege dich nicht, bis Tränen deine Wangen herunterlaufen. Erst dann schließe die Augen und stelle dir das Bild in Gedanken vor.

2. Starre auf einen schwarzen Fleck an einer weißen Wand. Oder mache ein schwarzes Zeichen auf ein weißes Stück Papier. Blicke unverwandt eine Zeitlang auf diesen schwarzen Fleck.
3. Zeichne OM auf ein Papier und halte es vor dich. Vollführe Tratak hierauf.
4. Lege dich auf eine offene Terrasse und blicke fest auf einen hellen Stern oder auf den Vollmond. Nach einiger Zeit siehst du verschiedene Lichtfarben. Noch etwas später wirst du nur noch ein bestimmtes Licht sehen; alle anderen Sterne im Umkreis schwinden. Wenn du starr auf den Mond blickst, wirst du nur den hellen Mond auf einem dunklen Hintergrund sehen. Zeitweilig aber wirst du eine ungeheure Menge Licht um dich herum erblicken. Wird dein Blick noch fester, kannst du zwei oder drei Monde von gleicher Größe sehen. Manchmal wirst du überhaupt keinen Mond sehen, wenn deine Augen auch weit offen sind.
5. Suche dir am Morgen oder Abend nach Belieben irgendeinen Punkt im Freien und blicke starr darauf. Es werden dir neue Einfälle kommen.
6. Blicke in einem Spiegel ganz fest auf die Pupille deines Auges.
7. Manche üben Tratak auf den Zwischenraum zwischen den beiden Augenbrauen oder auf die Nasenspitze. Man kann selbst beim Gehen Tratak auf die Nasenspitze üben.
8. Fortgeschrittene Schüler können Tratak auf die inneren Chakras oder Padmas (Lotusblüten) lenken. Muladhara, Anahata, Ajna und Sahasrara sind die wichtigen Zentren für Tratak.

9. Stelle eine Öllampe vor dich hin und blicke auf die Flamme. Astrale Wesenheiten geben Darshan (Einsicht) mit Hilfe der Flammen.
10. Sehr wenige Yogis verrichten Tratak auf die Sonne. Sie müssen hierbei einen erfahrenen Lehrer zur Seite haben. Dann beginnen sie, den Blick fest auf die aufsteigende Sonne zu konzentrieren. Nach stufenweiser Übung können sie Tratak auf die Sonne selbst zu Mittag üben. Sie erlangen besondere psychische Kräfte (Siddhis). Nicht alle sind für diesen geistigen Weg (Sadhana) geeignet.

Belehrungen

Zu Beginn übe Tratak nur zwei Minuten. Dann kannst du vorsichtig die Zeit vermehren. Sei nicht ungeduldig. Eine fortschreitende und beständige Übung ist notwendig. Selbst wenn man drei volle Stunden ununterbrochen auf einen Fleck blickt, bedeutet dies nichts, wenn die Gedanken wandern. Auch dein Denken muß auf diesen Fleck konzentriert sein. Erst dann wirst du Fortschritte in dieser Übung erreichen und viele geistige Kräfte erwerben.

Wer nicht einmal eine Sekunde lang trotz mehrerer Versuche fest auf etwas zu blicken vermag, soll sich nicht beunruhigen. Man kann die Augen schließen und auf einen vorgestellten Punkt zwischen den Augenbrauen blicken.

Menschen mit sehr schwachen Augen-Kapillarien sollten – nachdem sie die Augen geschlossen haben – Tratak auf einen inneren oder äußeren Punkt verrichten. Die Augen dürfen nicht überfordert werden. Fühlst du dich ermüdet, dann schließe sie und halte die Gedanken auf dem Gegenstand des Tratak. Wenn du sitzend Tratak ausführst, darf dein Körper nicht schwanken.

Tratak verstärkt das Augenlicht. Viele, die an Augenbeschwerden litten, haben die Wohltat erfahren. Das unbewegte Blicken auf die Sonne, das deine Kräfte überfordern kann, darf nur mit Hilfe eines Guru geschehen. Er wird dir ein Öl verschreiben, das du in deinen Kopf einreiben sollst, um den Organismus zu kühlen und ernste Beschwerden zu vermeiden, die auftreten könnten. Nach dem Blick in die Sonne solltest du nachts Honig auf deine Augen reiben.

Durch die Übung von Tratak werden Augenbeschwerden geheilt und das Sehen verstärkt, so daß man die Augengläser fortlassen kann. Willenskraft wird zu einem wunderbaren Ausmaß entwickelt, und die Gedanken werden gefestigt. Vikshepa (Herumwandern der Gedanken) vergeht. Hellsehen, Gedankenlesen und andere Kräfte werden durch Tratak erworben.

Vernachlässige diese Übung nicht, auch wenn sie nur zum Hatha-Yoga gehört. Alle Formen von Yoga vertragen sich miteinander. Tratak ist zweifellos Vorbereitung für den kommenden Zustand des Samadhi. Du solltest Stufe für Stufe die Leiter des Yoga aufsteigen. Von den Übungen des Tratak kannst du jene auswählen, die dir am geeignetsten erscheint. Vollbringe sie regelmäßig, um ihre Wohltat zu empfangen.

Übungen der Meditation

Konzentration ist das Festlegen der Gedanken auf einen Punkt. In der Yoga-Philosophie heißt dies Dharana. Konzentration ist Sammlung der Gedanken. Dieser Zustand, der die Kraft hat, die Denkfähigkeiten auf einen geeigneten und rechten Gegenstand zu lenken, ohne daß sie umherwandern und schweifen, heißt Konzentration. Die Meditation folgt der Konzentration. Bei ihr ist nur ein Gedanke in ständigem Fluß.

Du mußt die Übung der Meditation regelmäßig ausführen und dich täglich am Morgen und Abend zur gleichen Stunde hinsetzen. Die Stimmung der Meditation oder das sattvahafte Bhava wird sich von allein einstellen, ohne daß besondere Anstrengung gefordert wird. Du mußt immer am gleichen Ort, im gleichen Zimmer sitzen. Ohne Regelmäßigkeit ist Meditation nicht möglich. Sie kann zu schnellem Fortschritt und großem Erfolg führen. Aber auch wenn du keinen greifbaren Erfolg siehst, mußt du mit Ernst, Geduld und Ausdauer weiter in dieser Übung fortfahren. Nach einiger Zeit wird dich starker Erfolg krönen. Dies ist ohne Zweifel. Du darfst unter keinen Umständen, selbst nicht bei Krankheit, auch nur einen Tag aufhören. Meditation ist das beste Stärkungsmittel. Die Meditationswellen werden alle Arten von Krankheiten fortziehen und geistige Kraft, neue Lebensenergie und Vitalität einflößen. Meditation erneuert und überholt den Organismus und die körperliche Beschaffenheit. Sie bringt den Körper in wahre Ruhe. Wenn sich die meditative Stimmung zeigt, dann höre sofort mit jeder Arbeit auf und beginne mit Aufrichtigkeit und Ernst zu meditieren.

Stolz, Selbstgenügsamkeit, Hochmut, Selbstsicherheit, Leidenschaft, Unruhe, Neugier für die Angelegenheiten anderer und Heuchelei sind Hindernisse bei der Meditation. Feinstoffliche Formen dieser Vrittis lauern im Denken und arbeiten unterschwellig. Der Druck von Yoga und Meditation preßt Schmutz aus den Gedanken heraus, so wie der Schmutz in einem Zimmer durch sorgfältiges Wischen beseitigt wird. Die Schüler sollten mit Einsicht ihre Gedanken beobachten und sich durch wirksame Methoden von ihnen befreien. Stolz ist fest eingewurzelt. Seine Zweige breiten sich nach allen Richtungen im leidenschaftlichen Menschen aus. Immer wieder tritt er zutage, auch wenn die Wellen zeitweilig geglättet scheinen. Es braucht nur die Gelegenheit zu kommen, dann treten sie wieder hervor.

Wenn der Schüler leicht durch Kleinigkeiten verletzt wird, kann er keinen Fortschritt in der Meditation machen. Er sollte ein freundliches, liebendes Wesen entwickeln und sich anpassen. Dann wird diese schlechte Angewohnheit schwinden. Manche Schüler werden schnell beleidigt und aufgebracht, wenn ihre schlechten Eigenschaften und Nachteile herausgefunden werden. Sie meinen, daß der Mensch, der ihnen diese Fehler zeigt, eifersüchtig und voller Haß sei. Das ist falsch, denn andere können viel leichter unsere Fehler herausfinden. Wer keine Einsicht hat, wessen Gedanken nur nach außen gehen, kann seine eigenen Fehler nicht erkennen. Der Selbstgefällige befleckt seine Gedanken und Einsicht. Wenn ein Schüler Fortschritte machen will, muß er seine Fehler zugeben, sobald ein anderer ihn darauf hinweist. Er muß sein Bestes versuchen, um sie auszurotten und dem Menschen danken, der ihn aufmerksam gemacht hat. Erst dann kann er sich in Geistigkeit und Meditation entwickeln.

Es ist eine schwere Aufgabe, die Anmaßung zu eliminieren. Jeder hat von undenklichen Zeiten her seine Persönlichkeit ausgebildet. Er hat der Raja-Natur ein langes Seil gelassen, um ihren Weg zu gehen. Diese Persönlichkeit ist sehr stark geworden. Es ist schwer, sie zu beugen und beweglich und geschmeidig zu machen. Ein anmaßender Mensch will andere beherrschen. Er will deren Meinung und Argumente nicht hören, auch wenn sie ernsthaft und nicht anfechtbar sind. Er meint, daß alles, was er sagt und tut, fehlerlos ist, während die Worte und Taten der anderen falsch sind. Er wird niemals seine Fehler einsehen und das Möglichste tun, um seine absonderlichen Meinungen durch krumme Argumente und Urteile aufrechtzuhalten. Wenn seine Worte nicht ankommen, wird er zu Angriffen übergehen. Wenn er nicht geachtet und geehrt wird, fällt er in einen Zustand der Wut. Für Schmeicheleien ist er äußerst empfänglich. Er scheut sich nicht, Lügen in Fülle zu erfinden, um sich zu rechtfertigen.

Selbstgerechtigkeit geht mit Anmaßung zusammen und ist eine gefährliche Gewohnheit. Ein Mensch, der anmaßend und selbstgerecht ist, wird keinen Fortschritt in Meditation und Geistigkeit machen. Der Anmaßende sollte seine mentale Haltung ändern und die Gewohnheit entwickeln, die Dinge vom Standpunkt anderer anzusehen. Er muß einen neuen Blick für Recht und Wahrhaftigkeit gewinnen. Ein Schüler sollte Anerkennung und Ehrung als Abfall ansehen und Kritik und Unehre als Schmuck tragen.

Es ist schwer für den Menschen, sich den Wegen und Gewohnheiten anderer anzugleichen. Die Gedanken sind voller Vorurteile der Kaste, des Glaubens, der Farbe. Er ist unduldsam in der Annahme, daß nur seine Ansichten, Meinungen und Lebensart richtig und die Ansichten der anderen falsch sind. Stets ist er auf dem Sprung, Fehler der anderen herauszufinden. Durch seine verdunkelten Augen kann er das Gute in anderen nicht sehen, die verdienstvollen Handlungen anderer nicht schätzen und prahlt nur mit eigenen Fähigkeiten und Taten. Darum sind seine Gedanken niemals in Frieden, und er kann keine Freundschaft für lange Zeit aufrechthalten, sondern ist immer in Opposition zu anderen. Schüler, die zu einem gewissen Grad diese Fehler haben, kommen nicht voran. Sie sollten sie vollkommen ausreißen, indem sie Duldsamkeit, reine Liebe und andere sattvahafte Eigenschaften entwickeln.

Wenn Hindernisse auf dem Pfad des Yoga entstehen, ist es schwierig und unerfreulich, die Übung der Konzentration und Meditation wieder fortzuführen. Leichter haben es die Schüler, die solche Widerstände nicht kennen. Hindernisse können fortgeräumt werden durch ernsthaftes Gebet, durch Singen von OM oder irgendeines anderen Mantras, durch göttliche Gnade oder Hilfe eines Gurus.

Wenn ein Schüler in Kashmir über seinen Guru oder geistigen

Führer im Himalaya meditiert, wird ein festes Band zwischen ihm und dem Lehrer geknüpft. Der Guru strahlt als Antwort auf die Gedanken des Schülers Kraft, Frieden, Freude und Seligkeit zu ihm hin, und dieser ist eingetaucht in die mächtige Kraft der Anziehung. Der Strom geistiger Elektrizität fließt ohne Unterbrechung vom Lehrer zum Schüler. Der Schüler kann nach dem Maß seines Vertrauens zum Lehrer Kräfte von ihm abziehen und sich aneignen. Je größer das Vertrauen, um so mehr nimmt er auf. Sobald der Schüler ernsthaft über seinen Lehrer meditiert, fühlt dieser den Strom des Gebetes (geistiger Gedanken), die von dem Schüler ausgehen und das Herz des Guru berühren. Wer das innere astrale Licht besitzt, kann deutlich einen dünnen Lichtstrahl zwischen Schüler und Meister sehen, der durch die Bewegung der sattvahaften Gedankenschwingungen im Meer des Chitta (mentale Substanz) entsteht.

Wenn du aus dem höheren geistigen Bereich auf die Erde blickst, wirst du die Welt deutlich sehen. In diesem höchsten kosmischen Bewußtsein wirst du das ganze Universum erkennen. Dies beschreibt Arjuna in der Gita:

> Wie Schmetterlinge in ein flammend Feuer
> In voller Hast zum Untergang eilen,
> So eilen auch die Menschen zum Untergang
> In voller Hast hinein in deine Rachen.
> Du leckst und züngelst ringsumher, verschlingend
> Die Menschen alle mit dem Flammenrachen;
> Die ganze Welt mit ihrem Glanz erfüllend
> Glühn deine fürchterlichen Strahlen, Vishnu!
>
> (Bhagavad Gita Kap. 11, 29 u. 30)

So wie Insekten oder kleine Fische in Tümpeln sich tummeln oder Ameisen auf einer Hauswand klettern, so bewegen sich diese kleinen menschlichen Wesen im Körper Gottes hin und her. Diese Vision ist ergreifend und furchterregend. Du siehst Millionen unentwickelter Seelen mit zahllosen selbstsüchtigen Begierden herumlaufen ähnlich Leukozyten und roten Blutkörperchen, die – unter dem Mikroskop betrachtet – in frischem Blut sich bewegen. Unter dieser Menge unwissender, nicht entwickelter menschlicher Wesen findest du einige wenige vollkommen entwickelte Jivanmuktas oder Yogis verstreut in verschiedenen Teilen der Welt, die wie große heilige Flammen oder Lichter herausragen, um die unwissenden Babyseelen und Schüler zu leiten. Du wirst auch einige ernsthafte, halb entwikkelte Schüler auf dem Weg des Fortschritts finden, die eine kleine göttliche Flamme ausstrahlen. Sie glitzert wie die Sterne in einer Neumondnacht.

III. Kapitel

ENTWICKLUNG GUTER EIGENSCHAFTEN

Bildung der Persönlichkeit

Im allgemeinen Sprachgebrauch versteht man unter einer auffallenden Persönlichkeit eine starke, mächtig-große Gestalt mit gutem Aussehen, einer feingeschnittenen Nase, strahlenden Augen, mit einer breiten Brust, einem muskulösen Körper, symmetrischen Gliedmaßen, lockigem Haar und so fort. In Wirklichkeit aber ist die Persönlichkeit, die einen Menschen vom anderen unterscheidet, mehr als dies. Sie umfaßt Charakter, Intelligenz, edle Eigenschaften, sittliches Benehmen, gewisse auffallende Fähigkeiten, besondere Züge oder charakteristische Merkmale und so weiter. Eine Persönlichkeit besteht aus diesem allem, nicht nur aus körperlichen Qualitäten.

Wenn ein Mensch fähig ist, andere zu beeinflussen, sprechen wir von einer magnetischen Persönlichkeit. Ein vollkommen entwickelter Yogi oder Jnani ist die stärkste Persönlichkeit auf Erden. Er mag klein sein, häßlich aussehen, in Lumpen gekleidet gehen – dennoch ist er eine mächtige Persönlichkeit, ein großer Mahatma. Die Menschen laufen zu Tausenden ihm nach und bringen ihm ihre Verehrung dar.

Ein Mensch, der ethische Vollkommenheit durch andauernde Übung rechter Zucht (Yama und Niyama) erlangt hat, ist auch eine magnetische Persönlichkeit. Er kann Einfluß auf Millionen ausüben, aber er ist einem Jnani oder Yogi unterlegen, denn dieser hat vollkommene Selbst-Erkenntnis.

Auch Menschen mit großer Intelligenz, barmherzige Menschen, ehrliche, ernsthafte, wahrhaftige, freundliche oder weitherzige Menschen sind Persönlichkeiten und gebieten Achtung und Einfluß. Selbst reiche Menschen sind dank ihrer Geldmacht Persönlichkeiten, aber sie können lasterhaft sein. Das Geld hat seinen eigenen Anteil an der Bildung einer Persönlichkeit: Es gibt dem Menschen eine gewisse Färbung. Sattvahafte Tugenden aber machen den Menschen heilig. Wer die Wahrheit spricht und Enthaltsamkeit übt, wird eine große und dynamische Persönlichkeit. In jedem Wort liegt Kraft und die Menschen werden magnetisiert. Charakterschulung ist von wesentlicher Bedeutung, wenn ein Mensch seine Persönlichkeit entwickeln will. Enthaltsamkeit ist die Wurzel einer magnetischen Persönlichkeit. Die Entwicklung einer starken Persönlichkeit ist nicht möglich ohne Keuschheit.

Persönlichkeit kann entwickelt werden. Hierfür ist die Übung der Tugenden unerläßlich. Man sollte versuchen, stets fröhlich zu sein. Ein finsterer, unfroher Mensch kann keine Menschen anziehen und beeinflussen. Er ist ein krankhafter Parasit in der Gesellschaft und breitet überall Dunkelheit aus. Das Gesetz: »Gleiches zieht gleiches an« wirkt auf der physischen und mentalen Ebene. Eine starke Persönlichkeit braucht Menschen nicht herbeizuholen, sondern zieht die Schwächeren an wie die Blüte die Bienen. Eine machtvolle Stimme, Kenntnis auf vielen Gebieten, gutes Benehmen, Anpassung, freundliche Worte machen großen Eindruck. Du mußt freundlich, höflich, umgänglich sein und andere mit Achtung und Rücksicht behandeln. Demut ist eine Tugend, die von selbst zu Achtung zwingt und als starker Magnet wirkt.

Du mußt Wege und Mittel kennen, wie du anderen begegnest, mit ihnen sprichst und dich ihnen gegenüber benimmst. Ein hochmütiger, eigensinniger und eigenwilliger Mensch kann niemals eine starke Persönlichkeit werden. Niemand wird ihn mögen.

Sei freundlich und bescheiden, schreibe dir auf, was du in einer geschäftlichen Unterhaltung sagen willst. Merke dir die wichtigen Punkte gut, sprich leise, langsam, ohne Erregung oder Nervosität. Habe ernsthaft Achtung vor dem Menschen, mit dem du redest, stelle dich nicht hochmütig vor ihn hin. Dann wird man dich gern empfangen und dein Gespräch wird erfolgreich sein. Sprich zuerst über die wichtigen Punkte und überlege, ob du alles gesagt hast, was du wolltest. Im Westen legt man auf die Persönlichkeit Wert, in Indien auf die Individualität. Dort heißt es: »Aham Asmi«. Dies bedeutet: »Ich existiere.« Dort versucht man die Persönlichkeit zu zerstören, um das Selbst zu verwirklichen.

Wenn du die überwältigenden Geheimnisse des persönlichen Einflusses verstehst, kannst du die Fähigkeit steigern, Geld zu verdienen und ein breiteres, glücklicheres Leben führen.

Eine starke Persönlichkeit ist ein wertvolles Aktivum für dich. »Wo es einen Willen gibt, da ist auch ein Weg.« Dieser Grundsatz ist heute noch so wahr wie seit altersher. Du mußt eine Persönlichkeit werden.

Suggestionskraft

Du mußt die Suggestion verstehen und ihre Wirkung auf die Gedanken kennen. Gehe sorgfältig in der Anwendung von Suggestionen vor. Gib niemals falsche, die zerstörend auf irgend jemanden wirken können. Damit richtest du großen Schaden an.

Denke gut nach, bevor du redest. Lehrer und Unterweisende müssen sehr eingehende Kenntnis von der »Wissenschaft der Suggestion« und der »Autosuggestion« haben. Dann können sie ihre Schüler in wirksamer Weise erziehen und bilden. Suggestionen, die Angst – etwa vor dem »schwarzen Mann« – hervorrufen, sind sehr schlecht und schüchtern ein Kind ein. Die Gedanken der Kinder sind geschmeidig, zart und biegsam. In der Jugend werden die Samskaras unauslöschlich eingeprägt. Man kann sie als Erwachsener unmöglich verändern oder ausradieren. Ein solches Kind wird, wenn es zum Mann gereift ist, schüchtern bleiben. Eltern sollten deshalb in die Gedanken ihrer Kinder Mut einflößen. Wenn sie heranwachsen, werden sich diese Samskaras verstärken, indem man äußere Anreize hinzufügt.

Ärzte sollten Suggestivkraft besitzen. Sonst richten sie mehr Schaden als Gutes an und beunruhigen den Patienten. Wenn eine beängstigende falsche Diagnose gestellt wird, kann der Patient tatsächlich aus Angst und Sorge die vermeintliche Krankheit bekommen.

Man kann durch Suggestion heilen. Dies ist eine medizinlose Behandlung, die der Arzt lernen und ausüben muß. Mit dem eigenen Behandlungssystem verbunden, kann die Suggestion eine große Praxis schaffen.

Lasse dich nicht zu leicht von Suggestionen beeinflussen, sondern behalte deinen eigenen Sinn für Individualität. Wenn eine starke Suggestion auch nicht unmittelbar den Menschen beeinflußt, so geschieht dies doch nach einer gewissen Zeit.

Wir alle leben in einer Welt der Suggestion. Unser Charakter wird täglich unbewußt durch Verbindung mit anderen verändert. Wir machen unbewußt die Handlungen derer nach, die wir bewundern und nehmen die Suggestionen unserer Umwelt auf. Ein Schwacher unterliegt den Suggestionen des Starken. Fast jeder steht unter dem Einfluß der Suggestion eines anderen. Die Gewohnheit ist ihre Frucht.

Alle Propheten und geistigen Führer riefen mit ihren machtvollen Worten hypnotische Suggestionen hervor und waren von magischer Kraft und einem besonderen Zauber, die ihre Hörer in Bann hielten.

Auch Worte sind von suggestiver Kraft. Sie können in Wut versetzen oder unmittelbares Wohlwollen auslösen. Darum rede Menschen freundlich und ehrfurchtsvoll an.

Charakterstärke

Ein Mensch mag sterben, aber sein Charakter bleibt. Seine Gedanken bleiben. Der Charakter gibt dem Menschen Kraft und Macht. Charakter ist Macht. Man sagt »Wissen sei Macht«, aber ich sage mit allem Gewicht: »Charakter ist Macht«.

Ohne Charakter ist es unmöglich, Wissen zu erlangen. Wer keinen Charakter hat, ist praktisch tot für diese Welt. Er wird von der Gemeinschaft ignoriert und verachtet. Willst du Erfolg im Leben haben, willst du Einfluß auf andere ausüben, willst du auf dem geistigen Pfad voranschreiten, Selbstverwirklichung und Gotteserfahrung erlangen, mußt du einen fehlerfreien und makellosen Charakter haben. Das Wesentliche des Menschen ist sein Charakter. Er überlebt ihn oder lebt über ihn hinaus. Sankara, Buddha, Jesus und andere Meister frühester Zeiten sind heute noch in lebendiger Erinnerung, weil sie einen wunderbaren Charakter hatten. Sie übten großen Einfluß auf Menschen aus und verwandelten sie durch die Kraft ihres Charakters.

Geld bedeutet nichts gegenüber Charakterstärke. Diese ist eine mächtige Seelenkraft. Sie gleicht einer weithin duftenden Blume. Ein Mensch, der edel und von gutem Charakter ist, besitzt eine ungeheure Persönlichkeit. Diese ist nichts anderes als Ausdruck des Charakters. Selbst einem begabten Dichter oder Wissenschaftler, der keinen Charakter hat, fehlt die richtige Stellung in der Gesellschaft: Die Menschen werden ihn verachten.

Charakter ist ein umfassender Begriff. In beschränkterem Maß bedeutet er moralische Haltung. In weiterem Sinn erwartet man von einem charaktervollen Menschen, daß er freundlich, barmherzig, großzügig, vergebend, tolerant ist und daß er sattvahafte Tugenden besitzt. Er mag sehr moralisch sein – eine große Auszeichnung –, wenn er aber die Unwahrheit sagt, wenn er selbstsüchtig und gierig ist, wenn er die Gefühle anderer verletzt, hat er dennoch einen schlechten Charakter. Ein Mensch von vollkommen fehlerlosem Charakter hat die Eigenschaften, die im 13. und 16. Kapitel der Bhagavad Gita erwähnt werden. Er sollte folgende Tugenden besitzen: Demut, Unvoreingenommenheit, Harmlosigkeit, Kraft der Vergebung. Dienstbereitschaft, Reinheit, Standhaftigkeit, Selbstkontrolle, Gleichgültigkeit gegenüber den Sinneswahrnehmungen, Selbstlosigkeit, Einsicht in Leiden und Übel, die Geburt, Tod, Alter und Krankheit bewirken, Furchtlosigkeit, Sauberkeit. Er muß Almosen geben, die Schriften studieren, nüchtern, offen sein, ohne Zorn, bereit zu Verzicht, er muß ein Mensch des Friedens sein, dem alles Krumme zuwider ist, der Mitleid hat mit den lebenden Wesen, der ohne Geiz, voller Milde und Bescheidenheit, beständig, stark, kräftig erscheint und weder Neid noch Stolz besitzt.

Du säst eine Handlung und erntest eine Gewohnheit. Du säst eine Gewohnheit und erntest einen Charakter. Du säst einen Charakter und erntest ein Schicksal. Die Eindrücke von Gedanken, Gefühlen und Handlungen werden unauslöschlich in das Unbewußte eingeprägt. Auch wenn du stirbst, werden sie bleiben. Diese Eintragungen bringen dich in das Weltall zurück. Die Eindrücke von Gedanken und Handlungen verbinden sich und entwickeln eine Gewohnheit. Die Gewohnheiten verbinden sich und formen einen Charakter. Du bist der Urheber dieser Gedanken und Gewohnheiten. Was du heute bist, ist das Ergebnis deiner Vergangenheit. Alles ist Gewohnheit. Du kannst sie durch Gedanken und Handlungen schaffen und wieder auflösen.

Ein Landstreicher bleibt nicht immer Landstreicher, eine Prostituierte nicht immer Prostituierte. Bringe diese Menschen in die Umwelt eines Heiligen, dann werden sie neu geformt und in Heilige mit tugendhaften Fähigkeiten verwandelt. Es liegt in der Macht eines jeden Menschen, daß er seinen schlechten Charakter und seine häßlichen Gedanken verändert. Werden gute Gedanken und Ideale lasterhaften Gedanken und falschen Gefühlen aufgepropft, dann wird dieser Mensch auf dem Pfad der Tugend vorankommen. Ein Lügner wird zu einem wahrhaftigen Menschen, ein Schurke zum Heiligen.

Die Methoden von Pratipaksha Bhavana (an das Gegenteil denken) können die Gewohnheiten, Eigenschaften und den Charakter eines Menschen ändern. Denke an Mut und Wahrhaftigkeit, dann wirst du mutig und wahrhaftig. Furcht und die Gewohnheit zu lügen werden automatisch vergehen. Denke an Entsagung und Zufriedenheit, dann werden Gier und Lust schwinden. Diese Methode ist ganz wissenschaftlich. Gewöhnlich meinen unwissende Menschen, die nichts vom Unbewußten und von der yogahaften Methode der Veränderung von Gewohnheiten und Charakter wissen, daß sie ihr ganzes Leben lang die gleichen schlechten Züge behalten. Der Charakter aber ist Sproß der Gedanken, Ideale und mentalen Bestrebungen. Wenn diese geändert werden, wandelt sich auch der Charakter.

Hier möchte ich dir eine Übung und Unterweisung geben:

Nimm an, du wolltest Mut entwickeln. Ich habe schon erwähnt, daß das Unbewußte euer gehorsamer Diener ist und ihr wissen müßt, wie ihr es einschaltet. Es wird einen neuen Charakter, neue Ideale und neue mentale Bestrebungen und Gewohnheiten bilden. Zuerst müßt ihr ein starkes Verlangen nach einer Tugend – hier dem Mut – haben. Nur dann ist der Erfolg leicht. Hilfe kann erst kommen, wenn nach ihr verlangt wird. Dies ist ein Gesetz.

Wenn kein Verlangen nach Entwicklung der Tugend vorhanden ist, muß dieses erst geschaffen werden. Nach dem Verlangen muß der Wille eingesetzt werden. Empfinde das Gefühl, daß du tatsächlich diese Eigenschaft besitzt. Wiederhole in Gedanken und mit aller Festigkeit: »OM, Mut.« Erwecke das Gefühl: »Ich besitze diese Eigenschaft.« Empfinde sie immer wieder, wenn du meditierst oder an diese Tugend denkst. Setze auch deine Einbildungskraft ein. Bilde dir ein, du habest diese Eigenschaft und versuche sie im täglichen Benehmen auszudrücken. Mache dir ein genaues Bild von dieser Tugend und denke immer von neuem an die riesigen Vorteile, die du durch Mut erwerben kannst. Wiederhole diese Übung oft. Dann wird sich die Tugend langsam entwickeln. Warte ohne Erregung ab, verliere nicht die Geduld. Es dauert eine gewisse Zeit, eine Tugend zu entwickeln, weil die Kraft der alten falschen Samskaras, Schüchternheit und Furcht, vorhanden sind. Es wird ein innerer Kampf zwischen den alten und neuen Samskaras stattfinden. Immer aber wird, nach dem großen Gesetz der Natur, das Positive das Negative überwinden. Vertraue und glaube unerschütterlich, daß du bald mutig sein wirst. Bleibe achtsam. Du wirst in Kürze Erfolg haben. In dieser Weise kannst du jede Tugend und deinen Charakter entwickeln. Du mußt ein klares Bild von dem haben, was du ausbilden oder entwickeln willst. Die neue Gewohnheit wird sich um dieses Bild formen.

Das Verändern des Charakters wandelt die Gewohnheiten. Yoga sucht euch zu diesem Ziel zu führen. Im 17. Kapitel der Gita werden die Eigenschaften gezeigt, die den Weg dorthin pflastern.

Wenn es euch schwer fällt, den Charakter zu formen, dann bleibt in der Begleitung von Heiligen und Weisen. Ihre starken geistigen Ströme werden euch verwandeln. Beklagt euch nicht, wenn ihr solche Meister nicht findet. Dies ist euer Fehler. Seid demütig und aufrichtig und ihr werdet sie finden. Ihr könnt auch in unserem Ashram nachfragen.

Forme deinen Charakter. Dies wird dir Erfolg im Leben geben. Bemühe dich jeden Tag, alte schlechte Gewohnheiten fortzuräumen. Richte täglich tugendhafte gesunde Gewohnheiten auf. Dies wird dir helfen, das Ziel des Lebens zu erlangen.

Anpassungsfähigkeit

Anpassung an andere, in welcher Form dies auch sein mag, ist eine edle Eigenschaft, die Erfolg im Leben bringt. Man sollte sie langsam entwickeln. Die große Menge weiß nicht, wie man sich auf andere einstellt. Anpassungsfähigkeit ist eine besondere Kunst, um die Herzen der anderen und damit letztendlich den Kampf des Lebens durch ein wenig Biegsamkeit und Hinwendung zu gewinnen.

Die Frau kann diese Anpassung an ihren Mann, der Schüler an seinen Guru, der Geschäftsmann an seine Kunden, der Untergebene an seine Vorgesetzten lernen, um in dieser Welt vorwärtszukommen und unter allen Lebensumständen glücklich zu sein.

Der Mensch muß geschmeidig sein, wenn er sich anpassen will. Er braucht hierfür nicht einmal sehr weise und erfindungsreich zu sein. Wenn der Angestellte Art, Gewohnheit und Temperament seines Vorgesetzten versteht, und sich ihm dementsprechend anpaßt, wird dieser sein Freund. Mit etwas Einfühlung, Freundlichkeit und im gehorsamen Ausführen der Befehle, wird der Vorgesetzte eine weiche Ecke in seinem Herzen für dich finden. Vergiß nicht den Grundsatz: »Gehorsam ist wichtiger als Dienst«. Ein egoistischer, stolzer Mensch wird sich nur ungern anpassen.

Wenn ein Student nicht fähig ist, sich seinen Mitstudenten anzupassen, die im gleichen Zimmer wohnen, entsteht Spannung und die Freundschaft ist gefährdet. Anpassungsfähigkeit ist ein starkes Band, das Menschen in ungebrochener Freundschaft und Liebe zusammenhält.

Wer sich anpassen will, muß gewisse Opfer bringen und Opfergeist entwickeln. Er muß die Selbstsucht töten und das Seine mit anderen teilen. Er muß Beleidigungen und harte Worte ertragen und ein Gefühl für die Einheit des Lebens entwickeln. Anpassungsfähigkeit ist eine unschätzbare Hilfe auf dem geistigen Weg. Wer sie übt, muß Gefühle der Verachtung (Ghrina) und den Gedanken der Überlegenheit vernichten. Er muß sich mit allen abgeben und alle umfassen. So entwickelt die Anpassungsfähigkeit universale Liebe und tötet das Gefühl des Hasses. Ein Mensch, der diese Fähigkeit besitzt, muß mit den unfreundlichen Worten seiner Mitmenschen fertig werden, Geduld und Ausdauer üben. Diese Tugenden entstehen von selbst, wenn er versucht, sich nach anderen zu richten. Ein Mensch, der anpassungsfähig ist, kann in jeder Umgebung leben und alles ertragen. Denn er ist ausgeglichen und vermag unter Umständen auch höchste Erkenntnis zu erlangen. Er ist ein Großer in allen drei Welten, stets glücklich und erfolgreich.

Keinen Schaden zufügen

In Gedanken, Wort und Tat keinen Schaden zuzufügen, heißt Ahimsa. Dies ist das bedeutsamste Anliegen in der Yogaschulung des Patanjali Maharshi. Darum steht es dort am Anfang. Wenn man Nicht-Gewaltsamkeit ausübt, kommen alle anderen Eigenschaften von selbst. Hierfür muß man die Selbstsucht zerstören. Man muß sich selbst abtöten und ein Felsblock werden, man muß seine Erregungen und Impulse beherrschen. Der Mensch ist schlimmer als eine Kobra oder ein Skorpion. Er hat ein Schwert in seiner Zunge, mit dem er die Gefühle anderer verletzen kann. Er hat Freude daran, anderen Schaden zuzufügen.

Wer Ahimsa übt, hat einen starken Willen. In seiner Nähe hört jede Feindschaft auf. In seiner Gegenwart vertragen sich feindliche Tiere und leben in Eintracht zusammen.

Keinen Schaden zufügen (Ahimsa Paramo Dharmah) ist die höchste aller Tugenden. Ein Sannyasin sollte sich nicht verteidigen, wenn er angegriffen wird. Er sollte zu seiner Abwehr keine Waffen bei sich tragen. Ein Sannyasin sagt: »Ich bin nicht der Körper, sondern der unsterbliche Atma.« Ein Hausvater kann sich verteidigen, wenn er in Gefahr ist. Wenn er aber Ahimsa in Gedanken, Wort und Tat übt, sollte er sich auch wie ein Sannyasin benehmen. Es liegt eine verborgene Kraft im Ahimsa, die alle beschützt, die sich diesem Gelöbnis anvertrauen. Die unsichtbare Hand Gottes schützt. Man braucht sich nicht zu fürchten. Was können Pistolen und Schwerter tun? Zuerst beherrsche deinen Körper. Bleibe ruhig, wenn ein Mensch dich schlägt.

Unterdrücke deine Gefühle. Folge den Befehlen Jesu Christi in der Bergpredigt. Jesus spricht: »So dir jemand einen Streich gibt auf deinen rechten Backen, dem biete den anderen auch dar.

Und so jemand mit dir rechten will und deinen Rock nehmen, dem lasse auch den Mantel.« (Math. 5; 39,40) Zuerst ist dies sehr schwer. Die alten Samskaras der Rache: »Zahn für Zahn und Auge für Auge« oder: »Zahle mit derselben Münze«, wollen dich zwingen, das Unrecht zu vergelten. Du mußt dich abkühlen und warten, nachdenken und meditieren. Dann triff Unterscheidungen. Die Gedanken werden ruhig und auch dein wütender Gegner wird sich beruhigen, weil du ihm keinen Widerstand bietest. Er wird staunen und sich entsetzen, weil du wie ein Weiser dastehst. Langsam wirst du eine ungeheure Kraft empfangen. Halte dir dieses Ideal vor und versuche, wenn auch mit strauchelnden Füßen, Stufe um Stufe zu erreichen. Mache dir ein klares mentales Bild von Ahimsa und seinen unschätzbaren Vorteilen.

Erinnere dich an die Handlungen großer Weiser aus alten Zeiten. Jayadeva, der Autor der Gita-Govinda, machte seinen Feinden, die ihm die Hände abschnitten, große und reiche Geschenke und erflehte die letzte Befreiung für sie im Gebet. Er betete: »Oh, Herr, du hast die Befreiung deinen Feinden Ravana und Kamsa gegeben. Warum kannst du sie nicht auch meinen Feinden schenken?« So ist das großzügige Herz der Heiligen und Weisen. Pavhari Baba brachte einen Sack mit Geschirr dem Dieb, dem er nacheilte und meinte: »O Dieb Narayana, ich wußte gar nicht, daß du meine Hütte aufgesucht hattest. Bitte nimm diese Dinge mit.« Der Dieb war tief erstaunt. Er gab von gleicher Stunde seine schlechte Gewohnheit auf und wurde Schüler von Pavhari Baba. Wenn du dich an die edlen Handlungen solcher Heiligen erinnerst, mußt du ihren Grundsätzen und Idealen nachfolgen.

Nachdem du deinen Körper beherrscht hast, zügle deine Rede. Fasse den harten Entschluß, von heute an nie mehr einem Menschen ein unfreundliches Wort zu sagen. Zahllose Male wirst du versagen, aber wenn dein hundertster Versuch erfolgreich ist, hast du schon dein Ziel erreicht. Zügle die Impulse des Redens. Beobachte Schweigen, übe Vergebung (Kshama). Sage zu dir selbst: »Er ist eine ganz kindliche Seele, er ist unwissend. Darum hat er dies getan. Ich möchte ihm verzeihen. Was habe ich davon, wenn ich ihn beschimpfe. Irren ist menschlich, aber vergeben ist göttlich.« Gib langsam den Wahn des Ichbewußtseins (Abhimana) auf. Denn dieses ist die grundlegende Ursache von allem. Denke niemals daran, einem anderen weh zu tun. Du solltest nicht Tiere töten, sondern deine Selbstsucht, deine »Ichheit« und »Meinheit«. Wer den armen stummen Tieren das Leben nimmt, wird fürchterliche Qualen in den Höllen erleiden. Er wird in den Feuersee geworfen und dort geröstet. Aktion und Reaktion sind in gleicher Stärke einander entgegengesetzt. Es gibt Menschen, die meinen, Gott habe Vögel und Tiere ihnen zur Nahrung geschaffen. Wenn aber die Tiger aufstehen würden mit der Behauptung, Gott habe den Menschen ihnen zur Beute erschaffen, welche Antwort können wir törichten unwissenden Menschen ihnen geben? In der vegetarischen Kost liegt bessere Ernährung, auch für den Intellekt. Selbst heute noch gibt es Menschen, die keiner Fliege und Ameise etwas zuleide tun. Diese sind von sanftem Herzen und werden das geistige Ziel erlangen.

Wahrhaftigkeit

In den heiligen Schriften steht: »Sprich die Wahrheit (Satyam Vada). Sie allein triumphiert, nicht die Falschheit (Satyameva Jagate Naunritam).« Wahrheit allein triumphiert, nicht Falschheit. Gott ist Wahrheit und diese muß durch das Sprechen der Wahrheit verwirklicht werden. Ein wahrhaftiger Mensch ist vollkommen frei von Sorgen und Ängsten und wird von Menschen geachtet. Das wahre Wort hat Kraft, die Tausende beeinflußt.

Deine Gedanken sollten mit deinen Worten übereinstimmen, deine Worte mit deinem Tun. In dieser Welt aber denken die Menschen über eine Sache, sprechen von einer anderen und tun etwas drittes. Das ist unerfreulich und unehrlich. Du mußt sorgfältig deine Gedanken, Worte und Handlungen beobachten. Der geringe Gewinn, den ihr durch Lügen erringt, bedeutet nichts. Ihr verschmutzt nur euer Gewissen und infiziert euer Unbewußtes. Auch wird die Gewohnheit der Lüge in euere nächste Geburt hineingetragen und ihr müßt von Geburt zu Geburt leiden.

Schreibt in großen Buchstaben die Worte: »Sprecht die Wahrheit« auf eine Pappe auf und hängt sie an einem wichtigen Platz in eurer Wohnung auf. Dies wird euch erinnern, wenn ihr eine Lüge sprecht. Ihr werdet euch im Augenblick zusammennehmen. Es wird die Zeit kommen, da ihr in der Wahrheit fest verwurzelt. Straft euch mit Fasten, wenn ihr eine Lüge sagt und schreibt die Lügen in euer Notizbuch. Langsam nimmt die Zahl der Lügen ab, und ihr werdet wahrhaftige Menschen.

Selbstvertrauen

Selbstvertrauen ist eine wesentliche Tugend. Sie gibt innere Stärke und befähigt zu materiellem wie geistigem Erfolg. Die meisten Menschen lehnen sich an andere an, weil sie ihr Selbstvertrauen verloren haben. Die Gewohnheiten des Wohlbehagens haben die Menschen sehr geschwächt. Jeder läßt sich bedienen und verliert die physische Vitalität, die Menschen früherer Zeiten besaßen, weil sie die meisten Arbeiten selbst ausführten.

Heute hängt der Mensch in allem von anderen ab. Er hat keine Ahnung von den großen Reserven an Kraft und Wissen in ihm. Seine Gedanken gehen nach außen und es fehlt das innere Leben. Der Hausvater erwartet eine magische Pille, die ihm der Sannyasin für seinen geistigen Fortschritt gibt. Er will keinerlei geistige Übungen machen. Jeder von euch sollte seine Füße auf die geistige Leiter stellen. Jeder ist sein eigener Erlöser und Retter. Merkt euch dies gut. Niemand kann einen anderen erretten. Stellt euch auf eure eigenen Beine und werdet erfolgreich in dieser Welt und auf dem geistigen Pfad. Zapft die Quelle an und holt mit geschlossenen Augen Kraft aus ihr.

Geduld und Ausdauer

Geduld und Ausdauer sind edle Eigenschaften, die aus Sattva geboren sind. Ohne diese ist kein Erfolg weder in der materiellen Welt noch auf dem geistigen Pfad zu erlangen. Sie entwickeln die Willenskraft. Auf jeder Stufe erscheinen Schwierigkeiten, die durch geduldige Anstrengungen und Ausdauer überwunden werden müssen. Mahatma Gandhi dankt diesen Eigenschaften seinen Erfolg. Fehlschläge haben ihn niemals entmutigt. Alle Großen der Welt haben Größe, Erfolg und hohe Stellung durch Geduld und Ausdauer erlangt. Ihr müßt diese Tugenden langsam lernen.

Ein geduldiger Mensch bewahrt immer einen klaren Verstand und einen ausgeglichenen Sinn. Er hat keine Angst vor Fehlschlägen und Mißgeschick. Viele werden entmutigt, wenn sie Widerstand begegnen und geben ihre Arbeit als hoffnungslos auf. Dies ist ganz falsch. Schüler sollten ihren geistigen Weg nicht verlassen, wenn sie Hindernissen begegnen.

Man nehme sich ein Beispiel an der Geduld der Ameisen. In

den Sprüchen Salomons steht: »Gehe hin zur Ameise, du Fauler; sieh ihre Weise an und lerne (6,6).« Ebenso geduldig und ausdauernd wie die Ameisen sind die Bienen, die geduldig von jeder Blüte den Honig einholen und in ihren Waben aufspeichern. Geduldig sind auch die Ingenieure, die Dämme und Brücken bauen, die Wissenschaftler, die ihre Experimente machen, die Heiligen, die in den Höhlen des Himalaya leben. Ihre Geduld ist größer als die, die von Menschen bei ihren Übungen der Gedankenzucht gefordert wird.

Ein geduldiger Mensch wird nicht im geringsten beunruhigt. Geduld hilft dem Menschen bei der Besiegung schlechter Laune. Geduld gibt ungeheure Stärke. Mach deine alltägliche Arbeit geduldig und stelle dir in Gedanken das Wort: »OM, Geduld« vor. Langsam wird sich diese Gewohnheit entwickeln. Meditiere über sie am Morgen. Versuche alles mit Geduld zu verrichten. Murre und klage nicht, sondern denke an die Vorteile der Geduld. Dann versichere ich dir, daß du am Ende eine Verkörperung der Geduld wirst.

Aufrichtigkeit und Ehrlichkeit

Ein aufrichtiger und ehrlicher Mensch wird stets erfolgreich in seiner Arbeit sein und beliebt bei seinen Vorgesetzten. Dies sind sattvahafte Tugenden. Ehrlichkeit ist die beste »Diplomatie« im Westen, in Indien aber ist sie eine heilige Tugend. Menschen mit diesen beiden edlen Eigenschaften werden überall in der Welt mit offenen Armen empfangen. Denn es gibt nur wenige von ihnen. Ein aufrichtiger Mensch sucht die Leiden und Sorgen der anderen so gut wie möglich zu mildern und ist warmen Herzens. Er ist frei von Geiz und kennt keinen Betrug, kein doppeltes Spiel, keine Verstellung. Man kann seinen Worten vertrauen. Er ist zuverlässig und nicht voreingenommen, ohne Heuchelei offen und ehrlich. Man wird einen solchen Menschen gern in Dienst nehmen. Denn der Aufrichtige hat immer das Wohl seines Vorgesetzten vor Augen. Aufrichtigkeit ist eine wichtige Tätigkeit auf dem Pfad der Geistigkeit. Durch die ganze Bhagavad Gita zieht sich der eine Klang: Der Schüler auf dem Pfad der Selbstverwirklichung muß diese wichtige Eigenschaft, die Aufrichtigkeit, besitzen. Der Sanskritausdruck hierfür ist »Arjava«.

Ein aufrichtiger Freund, ein aufrichtiger Frommer; Mann, Frau, Sohn, Diener, die aufrichtig sind, verkörpern göttliche Eigenschaften. Es gibt keine größere Tugend. Darum sollte sie unter allen Umständen entwickelt werden.

Zufriedenheit

Ich möchte jetzt zu euch von dem lebenswichtigen Thema Zufriedenheit sprechen. Ihr alle kennt den Grundsatz: »Ein zufriedener Sinn ist ein immerwährendes Fest.« Die Gedanken sind stets unruhig, weil sie nach etwas begehren. Begierde ist eine Art inneren Feuers, das einen Menschen langsam verzehrt. Zufriedenheit ist ein mächtiges Gegenmittel gegen das Gift der Begierde. Ebenso wie ein Mensch, der von einem langen Marsch in der Sonne zurückkehrt, durch ein Bad im Ganges erfrischt wird, findet ein gieriger Mensch, der vom Feuer der Lust verbrannt wird, unmittelbar Freude und Erleichterung, wenn er tief eintaucht in die ambrosischen Wasser der Zufriedenheit. Diese Tugend bewacht noch besser den Bereich der höchsten Befreiung als Heiligkeit, Umgang mit heiligen Männern und Unterscheidung. Wenn du Zufriedenheit erlangt hast, wird anderes nachfolgen.

Der Friede, den der Zufriedene genießt, kann mit Worten nicht umschrieben werden. Wer ihn erfährt, ist ein mächtiger Fürst auf Erden. Der Mensch ergreift ein Ding und läßt es im nächsten Augenblick wieder liegen. Der Mensch bewegt sich ruhelos umher und spricht: »Das gehört mir, jenes gehört mir und dies will ich auch noch besitzen.« Dieser ruhelose Sinn zieht zu den unreinen Begierden und sinnlichen Gegenständen hin. So sollte der Mensch um Ruhe und Begierdelosigkeit und um Gedankenkonzentration auf die Wahrheit bitten. Zufriedenheit ist ein wichtiger Punkt in der Raja-Yoga-Philosophie. Auch in der Gita heißt es, daß der Mensch mit allem zufrieden sein soll, das ihm zufällt und daß er mit leidenschaftslosem Sinn meditieren soll. Sokrates hat in hohen Tönen von dieser Tugend gesprochen.

Wenn auch die Menschen wissen, daß Zufriedenheit eine Tugend ist, die den Gedanken Ruhe gibt, versuchen sie doch nicht, diese zu entwickeln. Denn sie haben die Kraft der Unterscheidung und der Selbsterforschung durch Leidenschaft und Begierde verloren. Durch die Begierde bewölkt sich das Verständnis, verkehrt sich der Intellekt und das Gedächtnis wird verwirrt. Darum finden es die Menschen schwer, die Tugend der Zufriedenheit zu entwickeln.

Ein Einwand meint, daß durch Zufriedenheit aller Ehrgeiz vergeht und der Mensch gleichgültig und träge wird. Hierauf ist zu antworten, daß Zufriedenheit niemals faul machen kann. Sie ist eine sattvahafte Tugend, die die Menschen zu Gott führt. Sie gibt den Gedanken Stärke und Frieden. Sie zügelt unnötige und selbstsüchtige Bemühungen, öffnet das Auge des Menschen und führt ihn zu göttlicher Kontemplation. Seine Energie wird in die inneren sattvahaften Kanäle geführt und die grobstoffliche Energie, das heißt die Begierde, die den Menschen zur Selbstsucht zwingt, wird in geistige Kraft umgeformt. So wird er energischer als zuvor. Er lebt nach innen, im Atma. Er ist in stetem Frieden und kann mehr Arbeit in Ruhe und mit zielgerichteten Gedanken ausführen. Alle zerstreuten Gedankenschwingungen werden gesammelt.

Die Kraft der Zufriedenheit ließ die Rishis und Weisen frühester Zeiten sorglos in der Welt herumwandern. Sie gibt den Schülern die Möglichkeit, auf dem Pfad der Selbstverwirklichung zu bleiben und furchtlos den dornigen, rauhen Weg der Geistigkeit zu gehen. Zufriedenheit läßt den Schüler auf die wertlosen, vergänglichen Dinge der Welt hinabsehen. Zufriedenheit öffnet die Tore der Befreiung und die Bereiche ewiger Glückseligkeit und ist eine göttliche Tugend. Wer vollkommen zufrieden ist, bekommt einen ausgewogenen Sinn und nichtendenden Frieden.

Swami Pattinathu, ein großer Weiser Südindiens, war in früheren Zeiten ein sehr gieriger Mensch. Obwohl er sehr reich war, wollte er noch mehr Besitz horten. Gott Shiva nahm die Gestalt eines kleinen Jungen an und brachte ihm ein Bündel von Nadeln ohne Köpfe. In ihnen lag eine Nachricht mit folgenden Worten: »Was ist der wirkliche Nutzen der Schätze dieser Erde? Selbst diese Nadeln ohne Köpfe können dir nicht folgen, wenn du stirbst.« Dies öffnete die Augen des gierigen Kaufmanns. Er verließ sein Heim, seinen Besitz, Frau und alles andere und lebte von Almosen. So entwickelte er vollkommene Zufriedenheit und fand Selbstverwirklichung.

Zufriedenheit ist Segen, ist Nektar. Sie gibt Unsterblichkeit, unendlichen Frieden. Deshalb solltest du diese Tugend entwikkeln, ein frohes Leben führen und in nie endendem Frieden leben. Du mußt dir in Gedanken ein Bild dieser Tugend machen. Wiederhole schweigend: »OM, Zufriedenheit.« Die mentale Gewohnheit der Zufriedenheit wird sich entwickeln.

Regelmäßigkeit und Pünktlichkeit

Niemand kann Erfolg im Leben und Selbstverwirklichung erwarten, wenn er diese beiden Fähigkeiten nicht besitzt. Vollkommene Disziplin kann nur durch Regelmäßigkeit und Pünktlichkeit aufrechterhalten werden. Disziplin ist ein Feind des Gedankens, der sich über die Worte: Regelmäßigkeit, Pünktlichkeit, Ordnung, Verzicht, geistiger Weg etc. tief erschreckt.

Der Mensch entwickelt sich schnell durch regelmäßige Übungen. Wer regelmäßig meditiert, tritt bald in Samadhi ein. Er findet leicht die meditative Stimmung. Wer regelmäßig körperliche Übungen ausführt, entwickelt schnell seinen Körper. Wer dagegen unregelmäßig, stoßweise seine Handlungen ausführt, wird die Erfolge seiner Bemühungen nicht ernten.

Lernt von der Natur. Seht wie sich die Jahreszeiten regelmäßig ablösen, wie die Sonne auf- und niedergeht, wie der Monsun kommt, wie die Blumen blühen, die Früchte und Gemüse wachsen, wie die Drehung des Mondes und der Erde sich vollzieht und Tag und Nacht, Wochen, Monate und Jahre abrollen. Die fünf Elemente sind eure Lehrer. Öffnet die Augen, nehmt ihre Lehren auf und folgt ihnen.

Regelmäßigkeit, Pünktlichkeit und Disziplin gehen zusammen; sie sind unzertrennlich. Ein Europäer hält viel von der Pünktlichkeit. Sie wird dort stärker eingehalten als in Indien. Der westliche Arbeitgeber mag nicht, wenn seine Angestellten unpünktlich sind. Der regelmäßige und pünktliche Arbeiter wird mit Sicherheit in allen Lebenssituationen Erfolg haben. Die Eigenschaft, die mir Erfolg im Leben brachte, war Pünktlichkeit. Ich machte auf die Europäer großen Eindruck, weil ich jede Verabredung pünktlich einhielt. Ich habe niemals Züge verfehlt und habe alles pünktlich ausgeführt.

Sei regelmäßig in allen Gewohnheiten des Lebens. Gehe zur gleichen Zeit schlafen und stehe früh am Morgen auf. Nimm ganz regelmäßig deine Mahlzeiten ein, führe regelmäßig deine Studien, deine körperlichen Übungen, deine Meditation aus, und du wirst ein sehr erfolgreiches und auch glückliches Leben führen. Regelmäßigkeit sollte deine Losung sein.

Vorwärtsdrängende Natur

Vorwärtsdrängende Natur ist das Gegenteil von Schüchternheit. Ein aktiver Mensch versucht überallhin zu dringen wie die Luft. Der Scheue kann noch so intelligent sein, aber wenn er seine Schüchternheit nicht verliert, kann er keinen Einfluß auf andere ausüben. Mit einer überströmenden Natur ist ein Mensch voller Abenteuer, sehr mutig, überaus kühn. Er ist aktiv und vermag anderen mit freundlicher Rede zu gefallen und ihre Herzen zu gewinnen. Er weiß, wie man in das Vertrauen der Menschen eindringt und ihnen dient. Er kann niemals träge sein, arbeitet für sich, macht Pläne, spekuliert und will auf der Leiter des Glücks und in der Achtung der Welt aufsteigen. Er ist sehr fröhlich, sehr freundlich und kann sich mit allen einlassen, auch mit Menschen verschiedenster Temperamente. Eine vorwärtsdrängende Natur ist notwendig, um Erfolg im Leben und in der Selbstverwirklichung zu erlangen. Man sollte sie zum höchsten Grad ausbilden. Wünsche dir inbrünstig diese Gewohnheit und versuche das Beste, um sie zu deinem vertrautesten Freund zu machen. Dann werden deine anderen nahen Freunde, das Unterbewußte und der Wille für dich arbeiten. Mache dir ein klares gedankliches Bild von dem, was du willst.

Die Europäer haben diese vorstoßende Natur in großem Maße bei ihren Kolonisationen, ihren Entdeckungen, bei ihren industriellen und kaufmännischen Unternehmen. Auch die Japaner verfügen über eine solche Kraft.

Die vorwärtsdrängende Natur gibt dem Menschen Aktivität und ist auch für den Religiösen von Nutzen. Geschäftsleute sollten sie in reichem Maße entwickeln. Sie ist von großer Bedeutung für alle.

Geschick und Geschicklichkeit

Diese Eigenschaft ist sehr wesentlich für einen Geschäftsmann, auch für jeden anderen. Wenn ein Mensch in seinem Beruf und Geschäft Glück hat, spricht man von einem guten Geschick. Fähigkeit ist ein anderer gleichartiger Begriff. Höflichkeit, Liebenswürdigkeit, gutes Benehmen sind in diese Eigenschaft mit eingeschlossen. Ein roher, unfreundlicher Mensch wird keinen Erfolg in seinen Geschäften haben.

Ein geschickter Geschäftsmann ist sehr sorgfältig in seinen Berechnungen. Er hat ein gutes Gedächtnis, weiß Bescheid über Geld und Wirtschaftsdinge, ist geistesgegenwärtig und wird Mißgeschick und Fehler bald wieder wettmachen. Er ist voller Einfälle und sehr intelligent.

Auch Ärzte und Juristen brauchen Geschicklichkeit, um Erfolg zu haben. Mancher ist mit dieser Eigenschaft geboren, aber man kann sie auch, wenn der Wille vorhanden ist, sehr schnell entwickeln. Selbst religiöse Prediger müssen Geschicklichkeit besitzen, um Menschen zu beeinflussen. Ein geistiger Mensch kann einen kämpferischen Geist haben und verschiedene Methoden – Umstand und Notwendigkeit entsprechend – mit Geschicklichkeit anwenden.

Redebegabung

Demosthenes war ein großer Stotterer. Er tat Kieselsteine in seinen Mund und versuchte, Reden zu halten. So wurde er einer der größten Redner Griechenlands. Wenn ein Stotternder zu einem Redner werden kann, vermagst du es auch, vorausgesetzt, daß du mit großem Eifer vorgehst. Probiere das Reden an einem einsamen Ort und vor einem großen Spiegel. Beobachte deine Handhaltungen, deine Gesten und den Ausdruck deines Gesichts vor dem Spiegel.

Wenn du auf dem Podium stehst, halte dich nicht für unwürdiger als die anderen. Mancher wird nervös, wenn er bedenkt, daß sein Auditorium aus gelehrten Menschen besteht. Halte dich selbst für einen großen Lehrer und glaube, daß die Menschen gekommen sind, um etwas von dir zu lernen. Nimm an, daß die Hörer nichts wissen. Das wird dir am Anfang Kraft und Kühnheit geben.

Zu Beginn erinnere dich an die aufgeschriebenen Punkte. Dann rede über jeden einzelnen mit Kraft und Betonung. Sei nicht schüchtern, überlege nicht, daß du eine gute, eindrucksvolle, fließende Rede halten und einen guten Eindruck machen mußt. Wenn du solches denkst, wirst du die Hauptpunkte vergessen und eine klägliche Figur abgeben.

Übe Atemschulung und singe an einem einsamen Ort laut OM. Dies wird dir eine laute und geschmeidige Stimme geben. Du mußt ein moralischer Mensch sein, der die Wahrheit spricht. Übe Japam und Meditation. Nur dann kannst du mächtig, feurig und beeindruckend sprechen. Sonst werden deine Reden sich in Luft auflösen. Sie können keinen Eindruck bei den Hörern hinterlassen.

Anregungen für Vorträge

1. Zu Beginn sollte ein gemeinsames Gebet gesungen werden.
2. Bete in Gedanken zum Herrn, ehe du redest. Denke an deinen Guru.
3. Übe regelmäßig am Morgen Japam, Meditation, Asanas, Pranayama und füge keinem Schaden zu. Sei wahr und keusch. Dann wird deine Rede stark sein und Eindruck erwecken.
4. Zuerst gib eine allgemeine Linie deines Themas an. Dann diskutiere mit klaren logischen Beweisen. Beende deinen Vortrag mit beredsamen, erregenden Worten. Gib in der Mitte geeignete Illustrationen und Analogien aus dem täglichen Leben und kurze Parabeln.
5. Sei überzeugt von der Wahrheit, die du deinen Hörern verkündest.
6. Denke klar und unabhängig. Drücke deine Gedanken deutlich aus, sprich überzeugend aus der Tiefe deines Herzens und wende deine Worte an Vernunft und Gefühl. Du mußt dein Auditorium ganz in Bann halten, so daß es einen unauslöschlichen Eindruck gewinnt.
7. Beherrsche die Sprache, rede deutlich, benutze gutgewählte Ausdrücke. Betone, wo es notwendig ist und sei unmittelbar in deinen Worten.
8. Übe zuvor an einem stillen Ort vor einer Zuhörerschaft, die du dir einbildest, und beobachte deine Bewegungen.
9. Wähle einen anziehenden Titel für deinen Vortrag.
10. Springe nicht temperamentvoll umher, sondern wende dich nach allen Seiten des Raums und moduliere deine Stimme.
11. Sprich fließend und gebrauche keine Wiederholungen.

12. Sei überzeugt, daß du ein guter Redner bist. So wirst du Nervosität und Scheu überwinden.
13. Mache dir einige Stichworte, die du weiter ausführst. Zu Anfang kannst du die ganze Rede auswendig lernen. Später wirst du Erfahrung haben und frei sprechen.
14. Stelle fest, wer deine Zuhörer sind und rede dem Typ der Menschen entsprechend. Ermüde sie nicht. Deine Worte sollten sich der vorhandenen Zeit, dem Interesse der Zuhörer und den Punkten, die zur Diskussion stehen, anpassen.
15. Halte die Kontinuität der Rede aufrecht. Wenn du Illustrationen oder Gleichnisse gibst, bleibe im Zusammenhang.
16. Es muß Ernst und Gewichtigkeit in deiner Rede liegen. Die Zuhörer sollten nicht viel zu lachen haben, damit nicht die Feierlichkeit unterbrochen wird.
17. Gib nur einige Gedanken, diese aber in bedeutsamer, anziehender, belehrender und nutzvoller Weise. Benutze einfache Worte und sei nicht extravagant und hochtrabend in deinen Gedanken und Ausdrücken.
18. Nur wenn du wahr bist, kannst du Menschen beeindrukken.
19. Benutze keine Ausdrücke, die die Menschen erregen, sondern sprich freundlich mit ein wenig Humor. Wende keine gewöhnlichen Worte an, greife nicht persönlich, auf mittelbare oder unmittelbare Weise, Religion, Kult, Glauben oder deinen Vorredner an. Setze dich auf dem Podium nicht Auseinandersetzungen mit anderen aus. Bleibe ruhig und aufrichtig. Es ist besser, nach dem Vortrag Zweifel oder Angriffspunkte mit den Beteiligten zu klären, sonst wird der Fluß der Gedanken in dir und den Zuhörern während des Vortrages unterbrochen.
20. Ordne die Punkte des Vortrags zuvor und sei klar in deinen

Folgerungen und deinem Ausdruck. Dein Stil sollte leicht, deine Gedanken tief sein.

21. Bereite deine Rede von verschiedenen Standpunkten und für verschiedene Typen von Zuhörern vor. Zitiere nicht oft, damit deine Rede originell bleibt. Du brauchst deine Bildung nicht durch Zitate zu beweisen. Das würde die Zuhörer langweilen. Ein guter Redner muß den kleinsten Verlust an Interesse bemerken. Wenn man an Aufmerksamkeit verliert, werden die Zuhörer untereinander reden, unruhig werden und einige werden den Saal verlassen. Wird deine Rede gut aufgenommen, herrscht Schweigen und das Auditorium wird sehr aufmerksam sein.
22. Gib am Ende eine kurze Zusammenfassung des Gesagten, damit die Zuhörer sich an die Hauptpunkte deiner Rede erinnern.
23. Zum Schluß danke denen, die das Zusammentreffen organisiert haben und auch den Zuhörern.
24. Wenn du häufig Reden hältst, solltest du beachten, daß dein Magen nicht überlastet ist. Fruchtsaft und Butter werden dich schnell erfrischen. Am Ende meditiere mit allen gemeinsam, ehe sich die Menge zerstreut. Dann werden vollkommene Stille, Frieden und Ruhe herrschen.

IV. Kapitel

AUSROTTEN UNGUTER EIGENSCHAFTEN

Schüchternheit

Schüchternheit ist ein großes Hindernis auf dem Weg zum Erfolg. Es ist eine Form von Scheu oder Furchtsamkeit, eine weibliche Eigenschaft. Schüchternheit zeigt sich, wenn man auf dem falschen Pfad ist. Ein scheuer Junge oder Mann kann seine Gedanken nicht frei vor anderen ausdrücken. Er kann auch nicht direkt in die Augen eines anderen blicken. Er wird beim Sprechen auf den Boden schauen. Einem Fremden wird er nicht frei begegnen können. Ein schüchterner Mensch wird in keinem Geschäft oder Büro gut vorwärtskommen. Bescheidenheit ist nicht Scheu, sondern entspringt Höflichkeit und Freundlichkeit. Die Schüchternen sollten lernen, mit anderen mutig zu sprechen und direkt dem anderen in die Augen zu blicken. Scheu ist eine große Schwäche. Man sollte sie ausrotten, indem man Mut entwickelt.

Ängstlichkeit

Ängstlichkeit ist eine andere Schwäche. Sie stammt aus Kleinmut und ist mit Schüchternheit verwandt. Ein ängstlicher Mensch kann keine öffentliche Tätigkeit ausführen und wird nichts wagen. Er gleicht einer Kröte, die in einem kleinen Brunnen lebt. Er wird niemals Erfolg im Leben haben. Mit seinen Vorgesetzten vermag er nicht mutig zu reden, auch nicht mit seinen Kunden. Er hat auch Lebensangst. Er hängt sehr an Familie und Besitz. Vor der öffentlichen Meinung fürchtet er sich. Ein ängstlicher Mann hat etwas Weibisches. Ängstlichkeit muß ausgerottet werden, indem man Mut entwickelt. Sie schwächt den Menschen, hält ihn von seiner Entwicklung ab, hindert seinen Erfolg im Leben. Sie ist ein Fluch.

Pessimismus

Pessimismus ist eine andere unerwünschte negative Eigenschaft. Es ist eine Stimmung, die zu stark auf die dunkle Seite der Dinge blickt. Es ist die Lehre von der schlechten Welt, eine niederdrückende Lebensansicht. Die Buddhisten predigen Pessimismus, die Schüler der Vedanta aber sind wunderbare Optimisten, auch wenn sie lehren, daß die Welt unwirklich sei. Sie sprechen von Vairagya, um den Menschen einen Geschmack des unsterblichen, glücklichen Lebens in Brahman zu geben und Abneigung vor dem wertlosen, materialistischen Leben dieser Welt. Das Gegenstück zum Pessimismus ist Optimismus. Er blickt immer nur auf die helle Seite der Dinge. Der Pessimist ist stets finster, niedergedrückt, träge und lethargisch. Fröhlichkeit kennt er nicht. Er steckt andere mit dieser Stimmung an wie eine

Epidemie. In der Welt kann der Pessimist keinen Erfolg haben. Werde ein kräftiger Optimist und freue dich an dem alles durchdringenden Atma. Versuche fröhlich unter allen Lebensumständen zu sein. Dies mußt du üben.

Leichtgläubigkeit

Manche Menschen sind leichtgläubig. Auch dies ist von Übel. Sie werden sehr leicht von anderen betrogen. Man muß einen Menschen von allen Seiten her prüfen, bevor man ihm Vertrauen schenkt. Du mußt ihn beobachten, auf alles achtgeben und dir Auskunft von anderen verschaffen. Kein Mensch kann lange sein wahres Gesicht verbergen. Sein Gesicht ist sein Aushängeschild, das seine inneren Gedanken aufzeichnet. Erst nach strenger Beobachtung und Prüfung solltest du zu anderen Vertrauen gewinnen.

Argwohn

Eine zu argwöhnische Natur ist ebenso schlecht. Sie ist der Gegensatz zur Leichtgläubigkeit. Der Mensch denkt immer in Extremen. Überall wogt Kampf und Besorgnis. Wie kann man dann in Ruhe seinen Geschäften nachgehen? Geschäfte können nur in Vertrauen abgewickelt werden. Wenn Menschen zu argwöhnisch sind, entstehen Spannungen und Trennung. Bleibe im Abstand und prüfe deine Mitarbeiter oder Mitmenschen. Sei nicht leichtgläubig, aber auch nicht zu mißtrauisch. Gehe den goldenen Mittelweg.

Unduldsamkeit

Nun eine andere unerfreuliche negative Eigenschaft: die Unduldsamkeit. Diese herrscht in der Religion, in der Gemeinschaft und bei vielem anderen. Unduldsamkeit ist nicht weit entfernt von Engherzigkeit. Es ist die unvernünftige Abneigung kleinen Dingen gegenüber. Ein Sikh zum Beispiel darf Alkohol trinken. Er sieht nichts Schädliches darin. Aber er wird unduldsam, wenn er jemand rauchen sieht. Ein indischer Brahmane kann alles in einem Restaurant essen, aber er wird unduldsam, wenn er einen Bengalen Fisch essen sieht. Alle Unruhe und aller Kampf in dieser Welt wurzeln in der Unduldsamkeit. Wie aber kann ein Mensch, der in allem Atma erblickt, intolerant sein? Die kleinen Unterschiede, denen man unduldsam begegnet, sind reine Schöpfung des Mentalen. Weite dich immer mehr aus, umfasse alle, schließe alle ein und liebe sie. Diene allen und sieh den Herrn in allem. Vereine dich mit allem, erkenne Gott auf jedem Antlitz. Erblicke überall die einwohnende Gegenwart. Verändere deinen Gesichtswinkel, zerstreue alle Schranken, die dich von den anderen trennen. Trinke den ewigen Atma der Glückseligkeit. Werde vollkommen duldsam und entschuldige die Kleinkinderseelen, die auf dem Pfad der Lebensreise straucheln und Fehler machen. Vergiß und vergib ihnen. Dann wirst du Erfolg im Leben haben und schnell Selbstverwirklichung erlangen. Es gibt keinen anderen Weg.

Minderwertigkeitsgefühl

Der Gedanke von Unterlegenheit und Überlegenheit ist nur eine Schöpfung des Denkens. Der Unterlegene kann ein Überlegener werden, wenn er sich bemüht, wenn er kämpft und Tugenden entwickelt. Der Höherstehende kann der Unterlegene werden, wenn er seinen Besitz verliert oder auf schlechte Wege gerät. Halte dich niemals für überlegen oder unterlegen. Hältst du dich einem Menschen überlegen, wirst du ihn mit Mißachtung behandeln. Beides ist Ausdruck der Unwissenheit. Erkenne dich und lebe im wahren Geist der Gita, in der es heißt, daß die Weisen mit gleicher Demut auf einen Brahmanen mit höchster Bildung, auf eine Kuh, einen Elefanten, selbst auf einen Hund oder Ausgeworfenen blicken. Wo gibt es Überlegenheit oder Unterlegenheit, wenn man in allen und allem das eine Selbst erblickt? Verändere deinen Gesichtswinkel oder deine geistige Einstellung und bleibe in Frieden.

Depression

Eine andere üble Eigenschaft ist die Depression. Diese Menschen sind finster und mit verdrießlicher und mürrischer Miene. Depression ist eine Epidemie und krankhafte Infektion. Ein finsterer Mensch verbreitet überall Dunkelheit und Depression. Er kann sich nicht für eine bestimmte Arbeit entscheiden, ist faul und träge. Depression nimmt alle Energie. Denke an das Gegenteil: an Fröhlichkeit. Stelle dir in Gedanken Freude vor. Dann wird sich die Gewohnheit der Fröhlichkeit um dieses Bild formen. Lächle und lache aus vollem Herzen. Wer lacht und eine fröhliche Miene hat, strahlt Freude auf andere aus.

Unentschlossenheit

Manche Menschen sind nicht fähig, in wichtigen Dingen etwas Endgültiges zu entscheiden. Ihnen fehlt die unabhängige Kraft des Urteils. Sie werden die Frage in die Länge ziehen und nie zu einer bestimmten positiven Entscheidung kommen. So verflüchtigt sich die Gelegenheit. Es ist zu spät, Honig im Winter zu gewinnen. Du mußt eine Zeitlang tief über eine Angelegenheit nachdenken und dann imstande sein, eine Entscheidung zu fällen. Dann mußt du sofort deinen Willen einsetzen und versuchen, die Entscheidung unmittelbar auszuführen. Erst dann wirst du Erfolg haben. Zuviel Nachdenken wirft alles um. Bei wichtigen Problemen kannst du Menschen fragen, die in solchen Dingen Erfahrung haben und dir Gutes wünschen. Durchschneide den »gordischen Knoten«.

Sorglosigkeit, Vergeßlichkeit

Sorglosigkeit und Vergeßlichkeit sind zwei andere schlechte Eigenschaften, die dir auf dem Weg zum Erfolg entgegenstehen. Ein sorgloser Mensch kann nichts sauber und richtig ausführen.

Beide Eigenschaften sind aus Trägheit geboren. Einem sorglosen Menschen sind Aufmerksamkeit und Zähigkeit unbekannt. Vorgesetzte mögen keinen vergeßlichen, unzuverlässigen Untergebenen. Diesem fehlt die Achtsamkeit. Er verliert Schlüssel, Regenschirm, Füllfederhalter und so fort. Er kann zur rechten Zeit seine Papiere nicht finden und vorlegen.

Übe Gedächtnisschulung und du wirst in Kürze ein gutes Gedächtnis haben. Dein Verlangen muß stark sein, diese Eigenschaften auszurotten und ihr Gegenstück zu entwickeln. Dies ist notwendig. Dann werden Wille und Unbewußtes für dich arbeiten. Tue die Dinge immer wieder an die gleiche Stelle und zähle sie nach, ehe du fortgehst. Gib dir regelmäßig Rechenschaft.

Mangelndes Selbstvertrauen

Vielen Menschen mangelt Selbstvertrauen. Sie haben Energie, Fähigkeiten und Leistungsvermögen, aber es fehlt ihnen das Vertrauen auf ihre Kräfte und Möglichkeiten und auf ihre Erfolgschancen. Dies ist eine Schwäche, die Mißgeschick in allem hervorruft. Sobald dieser negative Gedanke auftritt, wird der Mensch nervös und irritiert. Man kann wenig Leistungsfähigkeit besitzen und doch das Selbstvertrauen haben, keine Fehler zu machen. Selbstvertrauen ist eine Kraft. Sie entwickelt den Willen. Man sollte immer denken: »Ich werde Erfolg haben. Ich bin meines Erfolges ganz sicher.« Gib niemals dieser negativen Eigenschaft mangelnden Selbstvertrauens Raum. Vertrauen ist schon der halbe Erfolg. Du mußt genau deinen Wert kennen. Ein Mensch mit Selbstvertrauen ist erfolgreich in allen seinen Versuchen und Unternehmungen.

Unehrlichkeit

Unehrlichkeit ist eine andere schlechte Eigenschaft. Fast alle sind in gewisser Weise unehrlich. Es gibt sehr wenig ehrliche Menschen. Unehrlichkeit ist die Zubringerin von Gier und Geiz. Wo immer Unehrlichkeit herrscht, besteht Doppelzüngigkeit, Diplomatie, Betrug, List, Spitzfindigkeit. Diese sind Gefolge der Unehrlichkeit. Gier ist der Führer der Leidenschaften. Um Lust zu befriedigen, werden alle unehrlichen Versuche eingeschaltet. Wenn Lust und Gier ausgerottet sind, wird der Mensch ehrlich. Ein unehrlicher Mensch kann in keinem Beruf Glück haben; früher oder später wird seine Unehrlichkeit herausgefunden. Alle Menschen werden ihn in der Gesellschaft meiden. Er wird sich nicht im geringsten scheuen, Bestechungen anzunehmen und zu lügen. Um eine Unwahrheit zu verdecken, wird er zu zehn Lügen greifen. Um zehn Lügen zu begründen, braucht er deren fünfzig. Er wird selbst nicht die Wahrheit sprechen, wenn er sich dazu zwingt. Entwickle Ehrlichkeit, indem du Unehrlichkeit ausrottest. Sei mit deinem Schicksal zufrieden. Suche nicht nach mehr. Führe ein einfaches Leben, denke an Höheres. Fürchte Gott. Sprich die Wahrheit, liebe alle und erkenne dein Selbst in allem. Dann wirst du nichts Unehrenhaftes unternehmen und bereit sein, selbst das wenige, was du besitzt, zu opfern. Du wirst ein weites Herz entwickeln und eine großzügige Natur. Genau dies wird von dir verlangt, wenn du Erfolg im Leben und in der Selbstverwirklichung haben willst.

Bestechung

Bestechungen anzunehmen ist sehr verbreitet. Wenn du dich bestechen läßt, wirst du nach dem Gesetz der Aktion und Reaktion für dieses falsche Tun bestraft werden, und das Samskara des Bestochenwerdens wird dich sogar im nächsten Leben zwingen, Bestechungen anzunehmen. Selbst in der nächsten Geburt wirst du ein unehrlicher Mensch sein. Deine Gedanken und Handlungen sind in dein Unbewußtes eingeschrieben. Du wirst deine Unehrlichkeit von Geburt zu Geburt tragen und größte Leiden erdulden müssen. Vermindere deine Wünsche und lebe ehrlich mit deinen Mitteln. Dann hast du ein gutes Gewissen und wirst stets ohne Angst und Sorgen sein. Du wirst in Frieden sterben. Ich hoffe, daß du die Schwere des Gesetzes von Handeln und Empfangen verstehst. Werde ein ehrlicher Mensch und sei von dem Augenblick an, in dem du diese Zeilen liest, wahrhaftig. Halte dich fern von allen Versuchungen. Dann gibt es wenig Möglichkeiten, Bestechungen anzunehmen oder Sünden zu begehen. Du kannst ein ruhiges Leben führen und dich auf den geistigen Weg vorbereiten.

Haß

Haß ist eine andere schlechte Eigenschaft. Diese Welt ist voller Haß. Es gibt keine wahre Liebe. Selbst in Familien herrscht Haß. Wie aber kann ein Mensch, der in allen das gleiche Selbst findet, einen anderen Menschen hassen oder nicht mögen? Man sollte die Grundsätze der Vedanta überall lehren. Von frühester Jugend an sollten gesunde Samskaras gesät und alle im Dienst an der Menschheit geschult werden. Die Notwendigkeit der universalen Liebe muß betont werden. Nur dann wird Liebe entwickelt und Haß ausgerottet. Versucht von jetzt an, ernsthaft und aufrichtig Haß durch Liebe, Eifersucht durch Liebe, Unduldsamkeit durch Liebe zu überwinden. Dann werdet ihr Erfolg im Leben haben.

Eifersucht, Stolz, Heuchelei

Eifersucht ist ein anderer Schaden, der den Menschen auffrißt. Sie ist nichts anderes als Engherzigkeit. Selbst Gebildete und auch Sannyasins sind von dieser furchtbaren Geißel nicht frei.

Alle Unruhe, alle Kämpfe zwischen einer Gemeinschaft und der anderen, zwischen dem einen und dem anderen Menschen, zwischen einer Nation und der anderen kommen aus dieser üblen Eigenschaft. Das Herz eines eifersüchtigen Menschen brennt tatsächlich, wenn er sieht, daß sein Nachbar mehr besitzt als er. Das gleiche gilt für Gemeinschaften und Nationen. Eifersucht kann ausgerottet werden, wenn man die entgegengesetzte Eigenschaft, daß heißt Vornehmheit und Großzügigkeit entwikkelt. Stolz kann durch die Entwicklung der Demut, Heuchelei durch Offenheit und Einfachheit fortgeräumt werden. Sie alle überwindet, wer in der Liebe und im Geist des Dienstes lebt.

Ärger

Man muß zugeben, daß jeder von uns ohne Ausnahme Opfer dieser Krankheit ist. Ärger beherrschen führt zu höchstem Frieden und zu unschätzbarer Freude. Deshalb möchte ich Ärger in allen Einzelheiten beschreiben, seine verschiedenen Arten, seinen schlechten Einfluß auf das Nervensystem, seine enge Verwandtschaft mit der Leidenschaft, und möchte zuletzt die verschiedenen praktischen Methoden angeben, die man anwenden kann, um wirksam und sicher Wurzel wie Zweige des Ärgers auszurotten. Mein inbrünstiger Wunsch an euch alle ist, daß ihr mit Herz und Gemüt daran geht, diese böse Krankheit durch die folgenden wertvollen Übungen zu überwinden.

Ärger ist ein Vritti (Gedankenschwingung), eine Bewegung, die auf dem See des Denkens entsteht, wenn die Urelemente, die Gunas: Tätigkeit und Trägheit (Rajas und Tamas) vorhanden sind. Es ist eine Welle unerfreulicher Gefühle, die sich erhebt, wenn man mit etwas nicht einverstanden ist. Es ist mit anderen Worten eine Abart des Verlangens. Ebenso wie Milch sauer wird, kann ein Wunsch zum Ärger werden. Er ist der größte Feind des Friedens, der Erkenntnis und Hingabe, der geradeste Weg zur Hölle.

Ärger ist eine Manifestation von Shakti. So betet man: »Ich beuge mich wieder und wieder vor dieser Göttin, die in allen Wesen vorhanden ist unter der Form des Ärgers.«

Arjuna fragt Krishna:

> »Was treibt den Mensch zur Sünde, o Krishna,
> trotz seiner Selbst, gewaltsam getrieben,
> wie es scheint?
> Allein von wem denn angespornt,
> begeht der Mensch die sünd'ge Tat,
> Auch wenn er selbst es gar nicht will,
> als trieb' ihn irgendeine Macht?«

Der göttliche Herr antwortet:

> »Das ist die Gier, das ist der Zorn,
> der aus der Leidenschaft entspringt.
> Das ist der Böse, der verschlingt!
> Ja wisse, dieser ist der Feind.
> Wie's Feuer wird vom Rauch verhüllt
> und wie der Spiegel durch den Schmutz,
> Wie von der Haut der Embryo,
> so ist von dem umhüllt die Welt.«
>
> (Bhagavad Gita, Kap. 3,36f.)

Und wieder heißt es in der Gita (Kap. 16,21):

»Dreifältig ist das Höllentor,
wodurch die Seele geht zugrund:
Begierde, Zorn und Habsucht sind's –
darum laß fahren diese drei!«

Ärger hat seinen Sitz in Linga Sharira (dem Astralkörper), er sickert in den physischen Körper hinein wie Wasser durch die Poren eines tönernen Topfes. So wie Hitze Blei schmilzt, wie Hitze und Borax Gold schmelzen, so schmelzen Kama und Krodha (Begierde und Zorn) die hitzigen Gedanken.

Ärger bringt acht Arten von Lastern hervor. Alle schlechten Eigenschaften und Handlungen entstehen aus Ärger. Wenn du einen Ärger ausrotten kannst, werden alle schlechten Eigenschaften von allein vergehen. Die acht Laster sind: Ungerechtigkeit, Übereilung, Verfolgung, Eifersucht, Besitzergreifen des Eigentums anderer, Töten, scharfe Worte, Grausamkeit.

Wenn das Verlangen eines Menschen nicht erfüllt wird und jemand auf dem Weg zur Erfüllung im Wege steht, wird man ärgerlich. Das Verlangen wird in Ärger umgewandelt. In der Gewalt des Ärgers begeht man alle Arten sündhafter Taten. Man verliert seine Erinnerung, das Verstehen umwölkt sich, der Intellekt wird verkehrt.

»Aus dem Zorn die Betörung kommt,
dann tritt Gedächtnisstörung ein,
Dann geht zugrund die Einsicht ihm,
und endlich geht er selbst zugrund.«
(Bhagavad Gita, Kap. 2,63)

Ein Mensch kann im Ärger einen Mord begehen und er weiß selbst nicht, was er tut. Er wird erregt und impulsiv. Wenn er sich ärgert, spricht und tut er, was ihm gerade einfällt. Ein heißes Wort führt zu Kampf und Stechereien. Der Mensch steht unter einem Rausch. Er verliert seinen Verstand und ist nur Beute des Ärgers.

Erregbarkeit, Unwille, Entrüstung, Wut, Zorn sind Abarten des Ärgers in verschiedenen Graden. Es gibt einen »gerechten« oder »geistigen« Ärger. Dann nämlich, wenn ein Mensch eines anderen Laster korrigieren oder ausreißen will und dabei einen leichten, selbstlosen Ärger zeigt als eine Kraft, zu zügeln und zu bessern. Nur wenn der Ärger gierigen oder selbstsüchtigen Motiven entspringt, ist er schlecht. Wenn ein Mann eine Frau belästigt oder beschimpft und ein neben ihm Stehender ärgerlich wird, kann man von einer »gerechten Entrüstung« oder einer »edlen Wut« sprechen. Manchmal hat ein religiöser Lehrer ein wenig Ärger zu bekunden, um seine Schüler zu bessern. Dann ist dies nicht von Übel. Dies muß geschehen, aber er sollte innerlich kühl und nur nach außen heiß und impulsiv sein. Der Ärger darf keine tiefen Wurzeln in seinem Inneren fassen, sondern im nächsten Augenblick wieder vorübergehen wie eine Welle im Meer, die zur Ruhe kommt.

Wenn ein Mensch sich über nichtige Dinge sehr oft erregt, ist dies ein sicheres Zeichen mentaler Schwäche. Wenn dich dagegen ein Mensch ausnutzt, dir etwas fortnimmt und du trotzdem ruhig bleibst, dann ist dies Zeichen einer inneren Stärke. Selbstzucht oder Selbstbeherrschung sind Zeichen großer mentaler Kraft. Ein leicht erregbarer Mensch ist immer ungerecht. Er wird von Impulsen und Emotionen getrieben.

Der Ärger wird stärker durch Wiederholungen. Wenn er hier oder dort gezügelt wird, gewinnt der Mensch eine ungeheure Willensstärke. Ärger, der beherrscht wird, verwandelt sich in geistige Energie und vermag die drei Welten zu bewegen. Ebenso wie Hitze oder Licht in Elektrizität verwandelt werden, wird Ärger in geistige Kraft (Ojas) transmutiert. Die Energie nimmt eine andere Form an. Sie wird in ungeheurem Maße verschwendet, wenn man ärgerlich wird. Das ganze Nervensystem wird beim Ausbruch von Ärger durcheinander geschüttelt. Die Augen werden rot, der Körper zittert, Beine und Hände beben. Niemand kann einen wütenden Menschen beruhigen. Er gewinnt eine riesige Kraft. Nachher aber fällt er in der Reaktion zusammen.

Durch Ärger wird das Blut vergiftet. Feurige Pfeile schießen aus dem astralen Körper, wenn der Mensch voller Wut ist. Man kann sie hellseherisch wahrnehmen. Viele Krankheiten entstammen diesem Laster. Das Nervensystem braucht Zeit, bis es wieder ausgeglichen ist.

Die Hauptursache der Erregbarkeit und des Ärgers ist zuviel Samenverlust. Leidenschaft ist die Wurzel, Ärger der Stamm. Du mußt die Wurzel, die Leidenschaft, zuerst zerstören, dann wird der Stamm, der Ärger, von allein sterben. Ein Mann, der seine Samenkraft verschwendet hat, wird sich selbst über kleine Dinge schnell erregen. Wer Entsagung übt, wird immer ausgeglichen sein. Er hat zu allen Zeiten einen klaren Kopf.

Die Hauptwurzel des Ärgers ist Unwissenheit und Selbstsucht. Durch Selbsterforschung kann der Egoismus entfernt werden. Erst dann ist der Ärger vollkommen zu beseitigen. Der Ärger kann auch durch Entwicklung der Gegenkräfte wie Liebe, Freundschaft, Friedfertigkeit etc. beherrscht werden. Atma Jnana, Selbsterkenntnis, kann allein alle Samskaras (Eindrücke) des Ärgers austilgen.

Wenn ein Schüler den Ärger beherrscht, ist die Hälfte des Pfades zurückgelegt. Beherrschung des Ärgers ist Beherrschung der Lust und der Gedanken. Wer seinen Ärger gezügelt hat, kann keine bösen Handlungen mehr vollbringen. Er ist immer gerecht. Es ist schwer zu sagen, wann ein Mensch einen Wutanfall bekommt. Ganz plötzlich geschieht dies bei den geringsten

Anlässen. Wenn der Ärger eine ernste Form annimmt, ist es nicht mehr leicht, ihn zu zügeln. Darum sollte man dies schon tun, wenn erst kleine Wellen im Unbewußten (Chitta) sich zeigen. Man muß die Gedanken sehr, sehr vorsichtig beobachten. Sobald sich die geringsten Symptome oder Anzeichen leisester Erregbarkeit zeigen, ist es noch leicht, den Ärger unter Kontrolle zu bekommen. Sei sorgfältig und wachsam und beobachte die Wellenbewegungen. Nur dann bist du sicher. Wenn auch nur wenig Erregbarkeit entsteht, höre sofort mit reden auf und bewahre Schweigen (Mouna). Übe dieses am Tag ein oder zwei Stunden. Dies ist eine große Hilfe für die Beherrschung des Ärgers. Versuche immer freundlich zu sprechen. Die Worte müssen liebenswürdig und die Argumente hart sein. Das Gegenteil führt zu Unstimmigkeit und Disharmonie. In jeder Zunge liegt ein scharfes Schwert.

Wenn du es schwierig findest, deinen Ärger zu zügeln, dann gehe sofort hinaus und mache einen schnellen Lauf. Trinke gleich kaltes Wasser. Dies kühlt Körper und Geist. Rufe zehn Minuten lang wie ein Löwe »OM«, und singe dann in Gedanken oder mit Worten fünf Minuten »Om Shanti«. Denke an das Bild deiner Ishta-Devata. Bete. Wiederhole dein Ishta-Mantram zehn Minuten lang. Allmählich vergeht der Ärger.

Finde die wirkliche Ursache deines Ärgers heraus und versuche, diese auszutreiben. Wenn ein Mensch dich mit häßlichen Namen beschimpft und lästert, wirst du sofort wütend und dein Blut erhitzt sich. Warum fühlst du dich beleidigt, warum erregst du dich über kleinliche Dinge? Frage dich, ob solche Lästerung nicht einfach eine Bewegung der Luft ist. Du selbst bist Atma. Niemand kann Atma beleidigen. Atma des Lästernden und Atma des Gelästerten sind eins.

Gewinne ich wirklich etwas durch Vergeltung? Ich vergeude doch nur meine Energie und treffe die Gefühle anderer Menschen. Ich beunruhige und beschmutze die Gedankenwelt und füge ihr tatsächlichen Schaden zu, wenn ich einen Strom von Haß aussende. Diese Welt ist unwirklich. Ich werde hier nur kurze Zeit leben. Möge ich diese Beleidigung ertragen und die Beleidigungen entschuldigen. Ich werde innere geistige Kraft entwickeln und die Fähigkeit durchzuhalten. Auf diese Weise kann man sehr wirksam das Gefühl des Ärgers ausrotten. Es wird dann die Zeit kommen, daß du auch nicht ein bißchen mehr von harten Worten und Beleidigungen erregt wirst. Du wirst gar nicht mehr achtgeben, wenn ein Mensch behauptet, daß man häßliche Worte gegen dich gebraucht hat. Du wirst die ganze Angelegenheit einfach fortlachen. Ein erregbarer Mensch ist sehr schwach und hat keine geistigen Kräfte.

Du mußt selbst unter den stärksten Herausforderungen kühl bleiben. Wenn du hungrig oder krank bist, erregst du dich leichter auch über geringfügige Dinge. Die Welt ist eine bessere Schule für die Beherrschung des Ärgers als die Abgeschiedenheit, in der ein Sannyasin kaum Möglichkeiten zum Ärger hat.

Man muß achtsam sein in der Nahrung, keinen Alkohol trinken, kein Fleisch essen und nicht rauchen und auch sonst Enthaltsamkeit üben. Meditiere und bete, um diese schreckliche Krankheit auszurotten. Sei sorgfältig in der Wahl deiner Umwelt. Meide Gemeinschaft mit unguten Menschen. Rede wenig, halte dich zurück und versenke dich in den geistigen Pfad.

Meditiere am Morgen zehn Minuten lang über die Tugend der Geduld. Bedenke und wiederhole in Gedanken die Worte: »OM Geduld« täglich einige Zeit lang. Gedenke der Heiligen und ihres Lebens. Sage zu dir: »Ich bin von jetzt an geduldig. Ich will mich von heute an nie mehr erregen. Ich will die Tugend der Geduld in meinem täglichen Leben üben. Es wird besser und besser.« Du mußt das Gefühl haben, als hättest du einen großen Vorrat an Geduld. Denke nach über die Vorteile dieser Tugend und die Nachteile der Erregbarkeit. Du magst oft versagen, aber allmählich entwickelst du Geduld und wirst die Verkörperung eines geduldigen Menschen.

Zuletzt möchte ich die Worte von Sri Krishna wiederholen:

> »Wer, eh er sich vom Körper löst,
> den gier- und zorngebornen Drang
> zu bezwingen imstande ist,
> der Mann ist fromm und glücklich der.«
> (Bhagavad Gita Kap. 5,23)

Und:

> »Asketen, die den Sinn bezähmt,
> von Gier und Zorn sich ganz befreit,
> Des Atma Wesen kennen,
> die sind dem Verwehn in Brahman nah.«
> (Bhagavad Gita Kap. 5,26)

Identifiziere dich nicht mit der Gedankenschwingung (Vritti) Ärger. Wenn eine Welle des Ärgers im Gedankenmeer aufsteigt, dann stelle dich ihr prüfend entgegen und sage dir: »Ich bezeuge diese Bewegung, aber ich stehe abseits von ihr.« Sie wird absterben und dich nicht mehr beunruhigen. Die Identifizierung mit der Gedankenschwingung ist die Ursache der menschlichen Leiden. Identifiziere dich mit dem Selbst. Stelle dich hin wie ein Löwe und betrachte die Menagerie deiner Gedanken. Lebe im Geist dieser beiden Gita-Verse. Reiße den Ärger aus und bekunde innere Geisteskraft. Verwirkliche Satchitananda-Atma.

Sorgen, Ängste

Sorgen und Ängste sind Ergebnis des Nichtwissens (Avidya). Wenn die Gedanken während des Schlafes in Brahman ruhen und das Bewußtsein durch Betäubung des Körpers ausgeschaltet ist, dann gibt es keinen Schmerz. Dann bestehen keine Sorgen und Ängste. So sind diese nur Schöpfungen des Denkens. Sie bestehen überhaupt nicht im seligen Selbst. Ist die Unwissenheit, die Hauptursache, zerstört, dann gibt es diese Sorgen und Beunruhigungen nicht mehr. Die Ursache muß behandelt und der ursprüngliche Grund fortgeräumt werden, indem die Erkenntnis des Selbst oder des Atma gewonnen wird.

Das Sanskritwort für Angst ist Chinta. Sorgen, Beunruhigungen und Ängste sind ein und dasselbe. Nur die Worte sind verschieden wie Wasser und Aqua, Pni und Yal. Ein Mensch meint: »Ich habe mich um meine Kinder und um meine alten Eltern, um meine Frau, mein Haus, um mein Land und meine Kühe zu sorgen. Ich muß achtgeben auf meinen Körper.« Identifizierung oder Abhimana sind der Hauptfaktor, der Sorgen und Ängste hervorbringt. Er entsteht durch Nichtwissen. Wenn der kleine unwissende Mensch (Jiva) diesen unreinen, vergänglichen Körper für das reine, unvergängliche Selbst hält, entstehen alle Übel. Alles stammt allein aus diesem Körper. Dein erster Feind ist der Körper. Wenn dich Hunger und Durst bedrücken, gib ihm zu essen und zu trinken wie einem Tier. Das ist auch alles. Bleibe gleichgültig. Wenn du immer wieder in den Spiegel siehst und für dein Aussehen und deine Kleidung viel Zeit brauchst, dann verstärkst du deine Sorgen. Deine Identifizierung mit dem Körper dehnst du auch auf die aus, die mit diesem verbunden sind: deine Frau, dein Sohn, dein Vater, deine Mutter, Schwester etc. So nimmt dein Sorgen hundertfach zu.

Du mußt dir um alle diese Menschen Sorgen machen. Du wirst dich auch um das Spielzeug deines Sohnes sorgen, weil es zu ihm gehört. So enden deine Sorgen und Mühen nie. Der Mensch schafft sie sich selbst. Niemand anderen trifft die Schuld. Ebenso wie Seidenwurm und Spinne ein Netz zu ihrer Zerstörung aus ihrem eigenen Speichel herstellen, so schafft der Mensch sich seine Sorgen und Mühen zur eigenen Zerstörung aus seiner Unwissenheit. Wolken entstehen durch Verdampfung des Wassers bei Sonnenhitze. Dann verdunkeln sie die Sonne, die durch ihre Hitze die Wolken hervorruft. In gleicher Weise werden Sorgen und Kummer vom Menschen zu seiner eigenen Verdunkelung erschaffen. Wie aber können sie wirkliche Existenz im Atma haben, der eine Verkörperung von Seligkeit und Frieden ist? Zerstöre die Unwissenheit über den Körper. Im gleichen Augenblick werden alle Sorgen vergehen. Tue dies gleich und erlebe die Glückseligkeit. Es hat keinen Sinn, nur von einem Puddingrezept zu hören, iß den Pudding und freue dich.

Ein Geschäftsmann sorgt sich, wie er seine Schulden bezahlen kann, ein Student sorgt sich um sein Examen und um eine spätere Anstellung, in der er genügend verdient. Der Ehemann sorgt sich um seine Frau, um das kommende Kind und sein geringes Einkommen. Der Grundbesitzer hat Sorgen, Geld einzutreiben. Niemand ist in dieser Welt frei von Sorgen und Mühen. Nur ein Yogi, ein Jnani oder Bhakti (ein Yogi, der Erkenntnis oder Liebe übt) ist von diesem allen frei.

Durch Sorgen bekommt der Mensch in einem Augenblick graues Haar, sein Gehirn, seine Nerven verzehren sich, er wird erschöpft, elend, verkrampft. Tatsächlich können Sorgen das Leben verkürzen, den Willen schwächen, Sorgfalt und Aufmerksamkeit vermindern. Ein besorgter Mensch wird keine Arbeit stetig und aufmerksam verrichten. Er ist ein lebender Toter, eine Last für seine Familie und für die Mutter Erde.

Einige haben die Gewohnheit, immer voller Sorgen zu sein. Sie können sich niemals freuen. Sie haben immer ein Gesicht, als hätten sie Rizinusöl eingenommen. Es ist finster und niedergedrückt. Solche Menschen sollten nicht auf die Straße gehen. Sie verunreinigen die Atmosphäre und die Gedankenwelt und stekken andere Menschen an. Schwermut ist eine Epidemie, die unmittelbar auf andere einwirkt. Die Gewohnheit sich zu sorgen, bildet im Denken einen Teufelskreis, in dem die sorgenvollen Gedanken immer wieder und wieder sich drehen.

Sorgt euch nicht, seid fröhlich. Denkt an das Gegenteil, das heißt an Fröhlichkeit. Benutzt eure Vernunft, seid weise und vorsichtig und plant voraus, damit ihr Gefahren und Fehler vermeidet und Schwierigkeiten sich leichter abwickeln lassen. Ihr solltet immer ausgeglichen sein und lächeln. Entwickelt die Gewohnheit zu lachen. Auch in Schwierigkeiten müßt ihr kühlen Verstand bewahren. Denkt an den Satz: »Auch dies wird vorübergehen.« Denkt daran, wie stark ihr euren Willen entwickeln könnt, wie gut ihr euch eurer Umgebung anpassen werdet, wie ihr die Menschen beeinflussen und eine dynamische Persönlichkeit werden könnt. Dann braucht ihr euch niemals um etwas zu sorgen, dann könnt ihr voller Frieden und Stärke sein. Sagt: »Frau Sorge, lebe wohl. Ich bin ein anderer Mensch geworden. Ich bin jetzt aus härterem Stoff.« Dann wird sich die Sorge fürchten, euch anzublicken.

Sei nicht kleingläubig. Schau auf die Vögel, die ohne Sorgen und glücklich sind. Vertraue deinem inneren Selbst. Du bist nicht dieser vergängliche Körper, sondern das alles durchdringende, glückselige Selbst. Weiche auch im tiefsten Kummer nicht von dieser inneren Haltung ab.

Furcht

Furcht ist eine negative Eigenschaft, eine negative Veränderung des Denkens. Sie entspringt der Unwissenheit und tritt zutage, wenn man sich mit dem Körper identifiziert und den unsterblichen Atma vergißt. Furcht ist der alte Begleiter der Gebundenheit, der Maya oder Täuschung. Furcht, Sorge und Ärger nehmen dem Menschen alle Kraft, erschöpfen ihn und sind Ursache eines vorzeitigen Todes.

Niemand ist ganz frei von irgendeiner Art Furcht. Nur der Jnani- und Bhakti-Yogi hat absolut keine Furcht mehr, da er überall sein eigenes Selbst sieht. Wenn man Furcht besiegen kann, hat man die Hälfte des geistigen Pfades bestanden.

Die Furcht kann verschiedene Formen annehmen. Man kann sich vor der Kugel, vor giftigen Tieren, vor einem chirurgischen Eingriff, vor Krankheiten, Geistern oder auch vor der öffentlichen Meinung fürchten. Man kann Furcht haben vor dem Feind, dem Gegner, dem Alter, dem Partner, dem Lehrer, dem Vorgesetzten und vielem anderen.

Es gibt verschiedene Arten von Furcht: Furchtsamkeit, Schüchternheit, Zaghaftigkeit, Besorgnis, Schrecken und Angst. Wenn sie vorhanden ist, dann ist der ganze Körper in Schweiß gebadet, die Gedanken werden schwer wie ein Holzklotz. Manchmal treten Schock und Zusammenbruch unmittelbar ein. Oder der Mensch stirbt, weil das Herz in der Furcht stehenbleibt. Die Augen haben einen entsetzten Ausdruck. Eltern und Lehrer sollten in ihren Kindern und Schülern von Jugend an den Geist des Mutes einpflanzen. Sie sollten ihnen Taten von Helden und Rittern vorlesen. Die Kinder haben noch biegsamen und geschmeidigen Sinn und können in dieser Lebensperiode gut angeleitet werden. Man kann ihnen in diesem Alter die

Samskaras unauslöschlich einprägen. Enthaltsamkeit gibt ungeheure Kraft und flößt Mut ein.

In dem Kapitel über Charakter-Schulung habe ich die Methoden für die Entwicklung des Mutes angegeben. Wenn ihr an das Gegenteil von Furcht denkt, also an Mut, wird das Negative, die Furcht, langsam schwinden. Allmählich wird Mut entwickelt. Stelle dir in Gedanken das Bild: »OM, Mut« vor. Wiederhole sehr oft dieses Wort oder Mantra. Ein Wort ist Mittelpunkt eines Gedankens, ein Gedanke Mittelpunkt eines mentalen Bildes, und dieses ist Mittelpunkt einer mentalen Gewohnheit. Sie wiederum ist Zentrum eines Charakterzuges im Menschen. Stelle dir ein deutliches Gedankenbild der Eigenschaft Mut vor und diese wird sich entwickeln. Das Unbewußte wird alles für euch tun. Auch der Wille wird euch zu Hilfe kommen. Verlange, mutig zu sein und das Wollen folgt unmittelbar diesem Wunsch.

Gib die Bindung an diesen vergänglichen Körper auf. Identifiziere dich nicht mit ihm. Dieser Körper gleicht der Schale einer Kokosnuß oder dem Überzug eines Kopfkissens. Denke unaufhörlich an den Bewohner, an den unsterblichen Atma. Wenn du dich mit Atma identifizierst, wird die Furcht vergehen. Dies ist die beste Methode. Gehe nachts allein in die dichten Wälder oder an einen einsamen Ort. Wandere im Dunkeln ohne Führer. Ein Frommer wird die Furcht verlieren, wenn er sich vollkommen Gott unterwirft.

Schlechte Gewohnheiten

Wir leben im Kali-Yuga, dem Zeitalter wissenschaftlicher Entdeckungen und Erfindungen. Es ist das Zeitalter der Mode, der falschen Begriffe und der Zivilisation, das Zeitalter der Flugzeuge, der Kinos, des Radios, der illustrierten Zeitungen.

Dharma, Pflicht und Ordnung, sind gebrochen und anfällig geworden. Die Menschen handeln nach ihren eigenen Launen und Einfällen. Es gibt keine Zucht mehr. Jeder ist sein eigener Meister und legt nicht mehr Wert auf religiöse Lehren. Er ist von Leidenschaft erfüllt. Unterscheidung, rechtes Denken, geistige Erkenntnis sind Essen, Trinken und Sexualität gewichen. Endgültige Befreiung ist nur noch ein Traum. In allen haben sich schlechte Gewohnheiten jeglicher Art herausgebildet.

Der Freund grüßt den Freund nicht mehr mit dem Namen Gottes, sondern mit einem Paket Zigaretten oder mit Whisky und lädt ihn zu einem »Drink« ein. Alkohol ist ein solch gefährlicher Teufel, daß er den Menschen, in dessen Körper er einmal eingegangen ist, nicht mehr verläßt, bis dieser zum Trinker geworden ist. Selbst die Damen der Hindu-Gesellschaft, die aus den besten Familien stammen, haben sich das Rauchen und Trinken angewöhnt. Sie beginnen mit kleinen Dosen, um ihre Leidenschaft zu erregen, und greifen dann zu immer stärkeren Mengen. Alkohol ist ein tödliches Gift, das die Zellen des Gehirns und die Nerven zerstört. Man gewöhnt sich sehr schwer die Gewohnheit des Trinkens ab. Darum sollte man nicht damit beginnen und die Gesellschaft von Trinkern meiden.

Die zweite der in der ganzen Welt verbreiteten schlechten Angewohnheiten ist Rauchen. Man umgibt diese Gewohnheit gern mit philosophischen und medizinischen Ausreden. So sagt man etwa, daß Rauchen die Eingeweide sauber hält, anregend am Morgen wirkt oder die Konzentration fördert. Die Gewohnheit zu rauchen beginnt schon in der Jugend. Sie bewirkt einen kleinen Nervenreiz und man fährt mit dem Rauchen fort. Die Eltern sind verantwortlich für das Benehmen ihrer Kinder, für die das Rauchen immer mehr zum Rausch wird. Es ist äußerst schwer, diese Gewohnheit aufzugeben. Manche Krankheit und nervliche Störungen sind Folgen des Rauchens.

Für die Inder ist das Betelkauen eine weitere schlechte und stark verbreitete Angewohnheit, die nicht nur unästhetisch ist, sondern den Menschen zum Sklaven dieser Leidenschaft macht.

Reizmittel machen den Menschen unkonzentriert, gereizt und erschöpfen ihn. Sie nehmen ihm die Selbstachtung und vergiften ihn in jeder Hinsicht. Wer solche Mittel nimmt, kann niemals Fortschritte machen, sondern wird zum Sklaven der Gifte und verschwendet sein Geld. Auch das Trinken von starkem Tee und Kaffee ist eine schlechte Angewohnheit. Man wird zum Sklaven dieser Getränke. In mäßiger Form genommen, helfen sie bei der Arbeit, aber man verliert leicht die Willenskraft und kann dem Übermaß nicht mehr ausweichen. Das ist die Schwierigkeit. Wenn man Herr bleibt und die Gewöhnung an diese Getränke zu jeder Zeit aufgeben kann, schadet sie nicht.

Eine andere schlechte Angewohnheit ist das Lesen von Illustrierten und billigen Romanen. Menschen, die daran gewöhnt sind, Dinge zu lesen, die von Leidenschaft und Liebe handeln, können keinen Augenblick ohne solche Lektüre bleiben. Sie wollen ihre Nerven immerfort durch sensationelle Gefühle aufpeitschen. Diese Lektüre weckt niedere, gierhafte Gedanken, erregt die Leidenschaft und stört den inneren Frieden.

Niemand will sich klarmachen, wie das Lesen solcher Sensationen einem Volk schadet. Das Denken der Jugend wird durch wertlose Lektüre und die Aufreizung der Leidenschaft verdorben. Die ganze Atmosphäre erhält etwas Unreines. Im Yama-Loka (dem Ort der Verstorbenen) erwartet Menschen, die sich solcher Gewohnheit hingeben, harte Strafe. Auch zu intensives Zeitunglesen ist schlecht. Manche Menschen können selbst beim Essen die Zeitung nicht fortlegen. Sie wollen immer sensationelle Nachrichten bekommen und fühlen sich gelangweilt, wenn sie keine Zeitung lesen. So werden sie ungeeignet für ein Leben der Meditation und Abgeschiedenheit. Wenn du sie drei

Tage lang an einen einsamen Ort bringst, werden sie sich wie ein Fisch am Land fühlen. Das Lesen von Zeitungen führt die Gedanken immer nach außen und belebt die weltlichen Samskaras. So vergißt der Mensch Gott.

Das Kino ruft eine schlechte Neigung hervor. Mancher kann auch nicht einen Tag verbringen, ohne ins Kino zu laufen. Seine Augen wollen Bilder Halbnackter und aufreizende Farben sehen, seine Ohren Musik hören. Junge Mädchen und Jungen werden leidenschaftlich erregt, wenn sie sehen, wie die Schauspieler sich küssen und umarmen. Wer sich auf dem geistigen Weg entwickeln will, sollte jedes Kino meiden, selbst sogenannte religiöse Filme, da diese nicht wirklich fromm sind, sondern nur Menschen anziehen und Geld verdienen wollen. Geistige Menschen schreiben aus moralischen Überlegungen und wollen den Geist des Zuschauers erheben.

Eine andere schlechte Eigenschaft ist das Schlafen während des Tages. Es verkürzt das Leben und verschwendet Zeit. Man wird faul und träge. Wenn du dich schnell entwickeln willst, solltest du diese Angewohnheit aufgeben. Nutze jeden Augenblick richtig aus. Das Leben ist kurz und die Zeit flieht dahin. Der Tod erwartet euch. Wer eine dieser schlechten Angewohnheiten völlig ausgerottet hat, ist ein glücklicher Mensch und wird Erfolg im Leben haben. Er wird sich dem geistigen Weg des Yoga anpassen.

Die Mehrzahl der Menschen hat die schlechte Angewohnheit, gewöhnliche Worte und »Slang«-Begriffe zu benutzen. Wenn sie sich erregen oder ärgerlich werden, überschütten sie die Umwelt mit einer Fülle solcher gemeinen Worte. Ein kultivierter, geschmackvoller, sauberer Mensch wird diese Ausdrücke niemals anwenden. Schon die Kinder auf der Straße, die miteinander streiten, benutzen obszöne Ausdrücke. Die Eltern sollten sie dafür bestrafen und selbst keine häßlichen Worte gebrauchen, denn Kinder sprechen sie nach. Zügelt eure Gedanken, führt fromme Worte auf euren Zungen und haltet euch Menschen, die aus schlechter Angewohnheit häßliche Worte benutzen, fern. Für Eltern ist dies besonders wichtig, denn jede gute und gesunde Gewohnheit, die in das Denken der Kinder gesät wird, faßt feste Wurzeln.

Besserung einer schlechten Angewohnheit ist sehr einfach. Zuerst muß man diese erkennen und den festen Willen haben, sie sofort aufzugeben. Das ist der Anfang des Erfolgs. Du mußt mit aller Kraft wollen, daß du diese schlechte Angewohnheit vom gleichen Augenblick an aufgibst. Das langsame Aufgeben hat meist weniger Erfolg. Versuche, nicht rückfällig zu werden. Du mußt mit Entschlossenheit vor der geringsten Versuchung dein Gesicht abwenden. Die Gedanken müssen energisch mitwirken. Tue etwas, wünsch dir intensiv, ein großer Mann, ein geistiger Mensch noch in diesem Augenblick zu werden. Dann werden die schlechten Angewohnheiten unmittelbar fortgehen.

Benutze für die Ausrottung der Gewohnheiten dein Unbewußtes. Es ist dein engster Freund und ein starker Bundesgenosse. Bleibe in Kontakt mit ihm. Baue neue und gesunde Gewohnheiten auf. Entwickle auch dein Wollen. Pflege keinen schlechten Umgang, sondern gehe zu Weisen und Meistern. Ihre starken Schwingungen werden deine schlechten Angewohnheiten überwinden. Nichts ist unmöglich. Wo ein Wille ist, da ist auch ein Weg.

Leidenschaft

Im weiten Sinn bedeutet Leidenschaft starkes Verlangen. Es gibt ein Verlangen, dem Vaterland als Patriot zu dienen. Manche haben das große Verlangen nach billiger Lektüre, andere nach religiösen Büchern. Es gibt auch das Verlangen nach Selbstverwirklichung. Im allgemeinen Sprachgebrauch bedeutet Leidenschaft ein starkes Bedürfnis nach sexueller Befriedigung. Dies ist ein körperliches Verlangen, das durch die Befriedigung immer stärker wird. Ursprünglich ist der sexuelle Impuls oder Zeugungstrieb an sich auf die Erhaltung der Rasse gerichtet.

Leidenschaft ist eine Welle auf dem Meer der Gedanken, wenn das Prinzip der Bewegung (Rajas-Guna) vorherrscht. Sie ist Ergebnis des Nichtwissens (Avidya), ein negatives Produkt des Denkens. Avidya-Shakti (die Kraft der Unwissenheit) hat die Form der Leidenschaft angenommen, um das Spiel (Leela) Gottes aufrechtzuhalten. Im »Chandi-Patha« oder »Durga-Shapta-Shati« heißt es: »Ich beuge mich vor der Gottheit, die die Form der Leidenschaft in allen diesen Wesen angenommen hat.«

Leidenschaft ist als Same jungen Menschen eingepflanzt und macht ihnen keine Unruhe. Ebenso wie der Baum latent im Samen ruht, liegt Leidenschaft als Same im Kind. In alten Menschen ist dieser Same erstickt und kann keine Ernte mehr halten. Nur in jungen Männern und Frauen, die zur Reife gelangt sind, bringt diese Leidenschaft Unruhe. Die Menschen werden zu ihrem Sklaven und können sich nicht helfen.

Anregende Nahrung, erregende Kleidung und Lebensweise, Lesen von Illustrierten, Kino, Gespräche über sexuelle Dinge, schlechte Umwelt, Alkohol, Rauschmittel, Tabak und so fort erregen Leidenschaft. Selbst für die sogenannten Gebildeten ist es schwer verständlich, daß es eine übersinnliche Freude in Atma unabhängig von sinnenhaften Objekten gibt. Man erfährt die Seligkeit Atmas täglich im Tiefschlaf. Dann ruht man im eigenen Selbst, in dem die Indriyas keine Rolle mehr spielen, die Gedanken schweigen und die beiden Ströme von Anziehung und Abstoßung nicht arbeiten. Trotz dieser Seligkeit im Schlaf, in der es keine Störung gibt, sind die Menschen so vergeßlich, daß sie am nächsten Morgen das gleiche sinnliche Leben wieder beginnen.

Manche unwissenden Menschen meinen, wir sollten nicht die Leidenschaft zügeln und nicht gegen die Natur handeln. Wir sollten uns der hübschen Frauen erfreuen, die Gott geschaffen hat. Die Welt würde zu Ende gehen, wenn alle Menschen zu Mönchen würden und sich in den Wald zurückzögen. Durch Zurückdämmen der Leidenschaft würden wir krank und es gäbe keine Freude im Haus ohne Kinder.

Es gibt viele Menschen, die solches sagen. Wenn sie aber Besitz, Frau und Kinder verlieren oder unter einer unheilbaren Krankheit leiden, dann beten sie zu Gott, er möge sie von dieser Krankheit befreien und ihnen ihre Sünden vergeben.

Die Leidenschaft sollte unter allen Umständen zurückgehalten werden. Es entsteht hierdurch keine Krankheit. Du wirst im Gegenteil eine ungeheure Kraft, Freude und Frieden gewinnen. Es gibt wirksame Mittel für diese Zucht. Ebenso wie ein Fischschwarm aufwärts gegen den Strom schwimmt, so muß sich der Mensch gegen den weltlichen Fluß der schlechten Kräfte bewegen. Nur so vermag er Selbstverwirklichung zu erlangen. Leidenschaft ist eine üble Kraft und muß gezügelt werden, wenn du die unvergängliche Seligkeit Atmas genießen willst. Sexuelle Freude ist überhaupt keine Freude, sondern eine Täuschung der Sinne. Sie ist mit Gefahren, Leiden, mit Erschöpfung und Ekel verbunden. Gott will, daß du die Seligkeit Atmas durch Verzicht auf die Freuden der Welt erfährst. Schöne Frauen und Besitz sind die Werkzeuge der Maya, um dich zu täuschen und in ihre Netze zu verstricken. Wohl bist du frei, so sinnenhaft zu leben wie du willst, aber du wirst bald herausfinden, daß die Welt dir nicht die Befriedigung geben kann, nach der du verlangst, weil alle Gegenstände bedingt sind von Raum, Zeit und Ursache. Es gibt Tod, Krankheit, Alter, Sorgen, Kummer, Ängste, Furcht, Verlust, Enttäuschung, Mißerfolg, Schmähung, Hitze, Kälte, Erdbeben, Unfälle etc. Du kannst nicht einmal für einen Augenblick Ruhe finden. Da deine Gedanken von Leidenschaft und Unreinheit erfüllt, dein Verständnis verdunkelt und dein Intellekt verkehrt sind, kannst du die trugvolle Natur des Weltalls nicht verstehen und die immerwährende Glückseligkeit Atmas nicht begreifen.

Versuche mit allen Mitteln deine Leidenschaft wirksam zu unterdrücken. Kümmere dich nicht um das Weiterbestehen der Welt, sondern gedenke deiner eigenen Angelegenheiten. Gott ist allmächtig. Wenn diese Welt völlig leer wäre oder alle Menschen sich zurückziehen würden, könnte Gott im Augenblick durch seinen Willen Milliarden von Menschen neu erschaffen. Dieses ist nicht eure Angelegenheit. Findet ihr die Methoden heraus, die eure Leidenschaft ausrotten.

Die Bevölkerung der Welt vermehrt sich ohne Grenzen. Die Menschen aber sind nicht im geringsten religiös. In allen Teilen der Welt herrscht die Leidenschaft. Der Sinn der Menschen ist voller sexueller Gedanken. Die ganze Welt ist sexy. Die Geburtenkontrolle mit allen ihr zur Verfügung stehenden Mitteln hilft nichts. Man sollte durch Enthaltsamkeit die Samenkraft in geistige Energie verwandeln. Die Menschen aber sind verblendet und leben unter einem ungeheuren Sinnesrausch, während ihr Denken pervertiert ist. Der Mensch ist Sklave seiner Leidenschaft. Selbst Tiere haben mehr Selbstkontrolle. Löwen begegnen sich nur einmal in ihrem ganzen Leben oder einmal im Jahr. Nur der Mensch mit seinem hochmütigen Verstand durchbricht die Regeln der Gesundheit und leistet Verbrecherisches auf sexuellem Gebiet. Er wird in der nächsten Zukunft für die Verletzung der Naturgesetze zahlen müssen.

Wenn ein Mann – dies gilt vor allem für Indien – mit wenig

Gehalt eine große Familie ernähren muß, ist er gezwungen, Bestechungsgelder anzunehmen. Er verliert Sinn und Kraft, vernünftig zu handeln, und ist bereit, jede niedere Tat zu begehen, um Geld zu erwerben. Der Gedanke an Gott ist verloren. Er muß die Last der Familie tragen und wird ihr Sklave. Die schlechten Gewohnheiten der Bestechung, des Betrugs, der Lüge sind in seinem Unbewußten eingebettet und werden in zukünftigen Geburten jedem physischen Körper weitergegeben. Handlungen und Reaktionen sind von gleicher Kraft. Dieses Gesetz sollte man nicht vergessen. Dann wird man keine schlechten Handlungen begehen. Durch die ganze Gita zieht sich das eine Thema, das Fantasie und Gedanken der Leser in Bann hält: Es ist die Bestätigung, daß der Mensch, der seine leidenschaftliche Natur beruhigt hat, der glücklichste der Welt ist. Du kannst äußerst leicht die Leidenschaft, deinen tödlichen Feind, beherrschen, wenn du dieses Anliegen wirklich ernst nimmst und dich dem geistigen Weg mit ganzem Herzen und mit Hingabe und Konzentration widmest. Meditiere über Atma. Frage dich: »Wer bin ich?« Gedenke, daß es in Atma keine Vasanas gibt. Sie bestehen nur im Denken. Meditiere über die göttlichen Eigenschaften wie Allmächtigkeit, Allwissenheit, Allgegenwart etc. Studiere täglich die Gita, sprich niemals, auch nicht unter Todesdrohung, eine Lüge aus. Faste, wenn dich deine Leidenschaft beunruhigt. Höre auf mit Lesen von Illustrierten und gehe nicht ins Kino. Verbringe jede Minute sinnvoll. Übe Pranayama. Blicke nicht auf Frauen mit leidenschaftlichen Absichten. Blicke auf die Erde, wenn du durch die Straßen gehst und meditiere über die Gestalt deiner Gottheit. Wiederhole dein Mantra. Versuche Gott in allem zu sehen. Führe regelmäßig ein Tagebuch. Du wirst deine Leidenschaft beherrschen, wenn du diesen Belehrungen folgst. Wer seine Leidenschaft beherrscht hat, wird Gott erfahren.

Iß nicht zu viel am Abend, damit dein Magen nicht überfüllt ist. Lebe nach dem Motto: »Niedrig leben, Hohes denken.« Lies gute Bücher, die deine Gedanken erheben und begeistern. Sei mit niemandem zu vertraut. Zu starke Vertrautheit führt zur Mißachtung. Habe nicht zu viele enge Freunde. Sobald deine Gedanken sich an eine Frau mit lustvoller Fantasie hängen, stelle dir genau ihr Fleisch vor, ihre Knochen, ihre Eingeweide und alles, aus dem eine Frau besteht. Dies wird dich nüchtern machen. Dasselbe können Frauen tun. Sie müssen in gleicher Weise das Bild des männlichen Körpers sich ausmalen.

Strafe dich selbst, wenn deine Gedanken sexuelle Vorstellungen haben. Hasse die Lust, nicht aber die Frauen. Du solltest auf Salz verzichten. Dies kühlt Gedanken und Nerven. Salz erregt und stärkt die Sinnesorgane. Zuerst wird es dir schwerfallen, später aber wirst du salzloses Essen genießen. Das Wichtigste aber ist dein ernsthaftes Bestreben, den Pfad der Geistigkeit zu betreten.

Bindung

Bindung an Gegenstände ist überall vorhanden. Niemand ist von irgendeiner Bindung frei. Das Sanskritwort hierfür ist Ashakti. Das Verlangen besteht aus dreierlei: aus Bindung, Sehnsucht und Vorliebe. Bindung ist die mächtigste Waffe, mit der Maya den Menschen an das Rad von Geburt und Tod kettet. Ihr würdet niemals in die Welt kommen, wenn ihr an nichts gebunden wäret. Die erste Bindung beginnt mit dem physischen Körper. Daraus entsteht jede andere Gebundenheit. Dann kommt die Beziehung zu Eltern, Geschwistern, zu Frau, Kind und so fort. Man kann an einem Platz, an einem Menschen oder an einem Gegenstand haften. Sobald man gebunden ist, entsteht der

Gedanke des »Mein«. Der Verstand bindet sich an Objekte oder Menschen, weil er Freude daran findet. Wo Vergnügen herrscht, ist auch Bindung vorhanden.

Bindung ist die Ursache aller menschlichen Leiden und Übel. Sie entsteht aus Unwissenheit, Avidya. Jede Bindung bringt Täuschung und Furcht, weil man an diesem vergänglichen Körper und an Besitz hängt. Bindung und Furcht sind unzertrennlich wie Feuer und Hitze.

Die Bindung nimmt verschiedenste Formen an. Man muß achtsam sein, um ihre äußerst geschickten Auswirkungen zu bemerken. Selbst Sannyasins können von ihr befallen werden, wenn sie auch allem entsagt haben. So binden sie sich langsam an ihren Ashram oder ihre Schüler. Eine solche Bindung ist stärker als die weltlicher Menschen. Denn sie ist schwerer auszurotten.

Der Gedanke sucht mit äußerster Mühe sich an irgendeine Form zu binden. Er kann ohne sie gar nicht existieren. Wenn er eine Bindung läßt, greift er sofort zur nächsten. Dies ist auf seine Bewegung (Rajas) zurückzuführen. Hat sich seine Energie verzehrt, vergehen alle Bindungen von selbst. Die Menschen sind an die größten wie kleinsten Dinge gebunden und die Gedanken kehren immer wieder in die alten Gleise und Gräben zurück. Es wird eine sehr strenge und harte Zucht verlangt und ein wahrhaft geistiger Pfad, um von allen Arten der Bindung fortzukommen. Die Gedanken verlangen andauernde Schulung. Durch Bindung identifiziert man sich mit dem Objekt, an dem man hängt oder mit einem Menschen. So ist man voller Sorge und Angst.

Die Samen der Bindung sind in das Unbewußte eingegraben. Durch rechtes Denken müssen wir diese Samen völlig vertilgen oder ausbrennen. Durch das Schwert der Nichtgebundenheit müssen die trugvollen Verhaftungen abgeschnitten werden.

Vergleiche hierzu den Anfang des 15. Kapitels der Bhagavad Gita.

Die Paramahamsa-Sannyasin wandern umher und sollten nirgends länger als drei Tage bleiben, um alle Bindungen abzuschneiden. Wahrer Verzicht besteht im Aufgeben des Gedankens: »Ich bin der Körper« und im Entsagen jeder Art von Bindung an diesen Körper. Das bedeutet nicht, daß man sich von der Welt zurückziehen muß. Denn man kann auch in der Einsamkeit noch an den Körper gebunden, in der Welt aber vollkommen frei sein, selbst wenn man ein Herrscher ist.

Du mußt deine Gedanken täglich schulen und dich weder an die Familie noch an Besitz binden. Die Welt gleicht einem Wirtshaus. Menschen kommen und bleiben einige Zeit zusammen. Dann gehen sie wieder auseinander.

Bindung ist wahrer Tod; Nicht-Gebundensein ist ewiges Leben. Bindung bringt mannigfaltiges Elend; Nicht-Gebundensein vielfältigen Segen. Bindung zieht das Herz zusammen; Nicht-Gebundensein weitet es ins Übermaß. Bindung macht den Menschen klein; Nicht-Gebundensein bringt Freiheit, Unabhängigkeit, Vollendung. Bindung bringt Uneinigkeit, Bruch und Zank; Nicht-Gebundensein führt zu Eintracht und Harmonie. Bindung ist Gift; Nicht-Gebundensein ist Nektar. Bindung ist dein täglicher Feind; Nicht-Gebundensein ist dein enger Freund. Bindung zieht dich in diesen elenden Kreislauf von Geburt und Tod herab. Nicht-Gebundensein hebt dich zu den Höhen des Brahmanentums empor.

Lerne zwischen dem Wirklichen und dem Unwirklichen zu unterscheiden. Versuche, so gut du kannst, Vairagya zu entwikkeln. Sei mit keinem zu eng verbunden, lebe ein Leben des Nicht-Gebundenseins in dieser Welt. Gleiche dem Wasser auf einem Lotusblatt. Rege dich nicht auf, wenn du geringes verlierst. Denke stets, daß die vergänglichen Gegenstände dieser

Welt wertlos sind. Wiederhole in Gedanken die Worte: »Alle Gegenstände sind vergänglich.« Tue dies mehrere Male am Tag. Meditiere täglich. Wer ohne Bindung in dieser Welt lebt, ist der glücklichste Mensch. Er ist Gott selbst. Seine Freude ist unbeschreiblich. Er muß bewundert werden. Bindung ist die Wurzel allen Elends und macht die Geschöpfe unglücklich. Alle weltlichen Begierden entspringen der Bindung. Ebenso wie Feuer in einer Baumhöhle den ganzen Baum bis auf die Wurzel verbrennt, so zerstört die Bindung, auch wenn sie noch so gering ist, Ordnung und Ziel des Lebens. Wer sich von seinem Besitz zurückgezogen hat, braucht noch nicht der Welt entsagt zu haben. Dagegen kann ein Mensch, der im Kontakt mit der Welt bleibt, aber ihre Fehler und ihr Versagen sieht, wahrhaft auf die Welt verzichtet haben. Er ist frei von allen bösen Leidenschaften und hängt an nichts mehr.

Gemeinheit

Eine Fülle von Gemeinheit ist in dieser Welt zu finden. Dies ist auf die Eigenschaft der Trägheit (Tamas-Guna) zurückzuführen. Das Herz eines kleinlichen Menschen brennt, wenn er andere in glücklichen Verhältnissen sieht. Es brennt, wenn er von Erfolg oder von Tugenden anderer hört. Er schmäht sie und zielt auf ihren Untergang. Er ist äußerst neidisch und eifersüchtig. In seiner Gemeinheit wird ein Mensch nicht einmal davor zurückschrecken, verbrecherische Handlungen zu begehen. Barmherzigkeit ist ihm unbekannt. Er mag ein großer Mann in der Gesellschaft sein, aber im kleinen wird er schamlos für seinen Vorteil kämpfen und den anderen alles mißgönnen. Die besten Dinge wird er für sich behalten und anderen das Verfaulte überlassen. Sein Herz ist so hart wie Stahl. Reiche Menschen sind oft gemeiner als arme. Sie sind von zänkischer Natur, argwöhnisch, freudlos und finster. Es kommt häufig vor, daß Menschen, die ihr Geld häufen, weil sie kleinlich und engherzig sind, Söhne haben, die es später vergeuden.

Die Heilung für diese üble Eigenschaft liegt im Entwickeln der entgegengesetzten Tugend. Diese ist Würde und Großzügigkeit. Man sollte Erbarmen, All-Liebe und Opferbereitschaft entwickeln. Umgang mit weisen Menschen ist von großem Nutzen. Regelmäßige Meditation über die Tugend der Würde ist notwendig. Setze dich am Abend still in ein einsames Zimmer und schließe die Augen. Schaue nach innen und prüfe, welche gemeinen Handlungen du während des Tages begangen hast. Schreibe diese in dein geistiges Tagebuch. Beobachte auch die unguten Schwingungen, die von deinem Denken ausgehen und halte sie auf, ehe sie sich entfalten.

Hinterhältigkeit

Es gibt eine große Zahl hinterhältiger Menschen in der Welt. Diese schlechte Eigenschaft ist ebenso eine Gedankenschwingung der Trägheit (Tamas). Solche Menschen haben immer krumme Gedanken und Argumente. Sie leben von Haarspalterei und Spitzfindigkeit, ergehen sich gern in eitlen Reden und erklären mit Nachdruck, daß nur ihre Behauptungen richtig, jene der anderen aber falsch und absurd sind. Sie können nicht einen Augenblick schweigen und werden niemals mit Respekt zu einem anderen sprechen. Sie sind voller Schmähungen und Ausfälle. Entwicklung von Würde, Höflichkeit und Geradheit werden diese schlechte Eigenschaft zerstören.

V. Kapitel

GIRLANDE DES YOGA

Geistige Verbote

Auf dem Weg (Sadhana)

1. Vergiß nicht Gott.
2. Stehe früh auf und meditiere.
3. Vergiß nicht, ein tägliches Tagebuch zu führen.
4. Vergiß nicht, gute Handlungen zu begehen.
5. Vergiß nicht, Barmherzigkeit zu üben.
6. Vergiß nicht deine Pflichten den Eltern gegenüber.
7. Laß keine gute Gelegenheit vorübergehen.
8. Hänge nicht von Untergebenen ab.
9. Sei nicht Sklave deiner Sinnesorgane.
10. Umgib dich nicht mit weltlich gesinnten Menschen.
11. Vergeude nicht die Zeit.

Beherrschung der Sinne (Brahmacharya)

1. Vergeude nicht deinen Samen.
2. Zeuge nicht zu viele Kinder.
3. Wirf nicht lüsterne Blicke auf Frauen.
4. Geh nicht ins Kino.
5. Lies keine Illustrierten und billigen Romane.

Rechtes Benehmen

1. Trachte nicht nach dem Besitz anderer.
2. Übe keine Rache.
3. Hasse und verdamme nicht.
4. Sprich nicht schlecht von anderen.
5. Mache dich nicht unbeliebt.
6. Gebrauche keine häßlichen Worte.
7. Vermeide schlechte Gewohnheiten wie Rauchen, Trinken etc.
8. Argumentiere nicht unnötig.
9. Sprich kein falsches Zeugnis.
10. Übertreibe nicht.
11. Betrüge nicht.
12. Gib keine zerstörerischen Suggestionen.
13. Hab keine Geheimnisse.
14. Beneide niemanden.

Entsagung (Vairagya)

1. Vergiß nicht das Elend in der Welt.
2. Suche dir nicht Bequemlichkeiten.
3. Vergiß nicht den Tod.
4. Sorge nicht für morgen.
5. Schreibe keine Briefe.
6. Lies nicht Zeitungen.
7. Versuche nicht, deinen Schwierigkeiten auszuweichen.
8. Habe keinen Besitz.

Disziplin

1. Rede nicht zuviel.
2. Lache nicht übermäßig.

3. Verschwende auch nicht eine Sekunde.
4. Überlaste nicht deinen Magen.
5. Sei niemals träge.
6. Denke nicht zuviel an Krankheiten.
7. Mißachte nicht die Gesetze der Natur.
8. Faste nicht zuviel.
9. Überfordere dich nicht.
10. Vergiß nicht, Schweigen zu üben.

Frieden und Glück

1. Erwarte und erhoffe nichts.
2. Behalte nicht Kränkungen durch andere im Herzen.
3. Vergleiche nicht.
4. Mische dich nicht unter verwöhnte Menschen.
5. Baue keine Luftschlösser.
6. Brüte nicht über Vergangenes.
7. Plane nicht deine Zukunft.
8. Ärgere dich auf keinen Fall.
9. Erwarte keinen Lohn für deine Dienste oder Hilfen.
10. Vergrößere nicht deine Bekanntschaften.
11. Sei nicht mit jedem vertraut.
12. Bleibe nicht in schlechter Gesellschaft.
13. Verschwende nicht unnütz deinen Reichtum.
14. Denke nicht zuviel an dich.
15. Mache aus einer Mücke keinen Elefanten.
16. Sei nicht extravagant.
17. Errege dich nicht über Geringes.
18. Vergiß nicht Gott.

Pflichten eines Hausvaters

Hausväter haben eine sehr verantwortliche Pflicht in der Erziehung ihrer Kinder. Wenn sie sich dieser entziehen, hätten sie keine Kinder zeugen sollen. Wenn sie ihre Kinder nicht in dieser Welt recht unterweisen, erwarten sie in der anderen Welt ernsthafte Strafe. Sie selbst sollten ein vorbildliches Leben führen. Dann können die Kinder sie nachahmen. Auch schlechte Angewohnheiten werden die Kinder nachmachen.

Das Denken der Kinder ist biegsam und plastisch. Sie können leicht und ohne viel Anstrengung geformt werden. Die Einprägungen in das Denken der Kinder dauert bis zum Tode an. Sie werden nicht vergessen. Kinder sollten sowohl in körperlicher wie in ethischer Hinsicht und in der Achtung vor den Älteren und Vorgesetzten geschult werden.

Die Eltern sollten die Gewohnheiten und die Lebensweise ihrer Kinder beobachten und sehen, daß sie nicht in schlechte Umgebung kommen. Lügen müssen bestraft werden. Sie dürfen keine »Slangs« oder obszönen Worte gebrauchen. Sie sollten nicht rauchen und nicht ins Kino gehen oder Illustrierte lesen.

Am Abend sollten alle Mitglieder des Hauses im Kreise zusammensitzen und eine Stunde lang Verehrung dem Bild ihrer Gottheit darbieten (Kirtana). Auch Angestellte sollten hierin eingeschlossen sein. Es können sich auch Menschen am Abend zusammensetzen und aus heiligen Schriften lesen. Dies wird die Gedanken beruhigen und geistige Schwingungen verstärken. Das Denken wird rein und mit Göttlichem erfüllt sein.

Frauen, die gern sprechen und kritisieren, sollten täglich einige Zeitlang Schweigen üben. Selbst beim Kochen und Wasserholen können sie ihr Ishta-Mantra in Gedanken aufsagen.

Heute lesen die meisten Frauen Zeitungen, Magazine, Illustrierte, Modezeitschriften; sie sprechen von Kleidern, Schmuck und Vergnügen. Es gibt auch häufig Streitigkeiten zwischen Mann und Frau. Meist werfen die Frauen den Männern vor, daß sie nicht bekommen, was sie sich wünschen. Können aber schöne Gewänder und reicher Schmuck den Frauen immerwährenden Frieden und Selbstverwirklichung geben? Auch sollten die Frauen aufhören, Sklaven von Tee, Kaffee, Rauchen und anderem zu werden. Sie sollten ihre Kinder belehren und auf den rechten Pfad weisen. Die Hausväter sollten täglich in den frühen Morgenstunden nach einem kalten Bad in den heiligen Schriften lesen.

Unterweisungen für Schüler

Sei fest entschlossen und habe einen eisernen Willen. Niemals denke daran, wieder fortzugehen, wenn du den Pfad zur Befreiung gewählt hast. Schaue vor dich. Sei mutig, konzentriert und setze dir ein festes Lebensziel. Schwanke nicht. Bist du bereit, allen Besitz, einschließlich den deines Körpers und deines Lebens aufzugeben? Nur dann kannst du zum Meister gehen, Befreiung suchen und ein Mönch werden. Denke zweimal nach, ehe du diesen Schritt tust. Es ist kein rosiger Pfad, wie du vielleicht erträumst. Er ist voller Dornen, voller Schwierigkeiten. Sei demütig, geduldig und ausdauernd. Verlange keine Kräfte (Siddhis) oder ein schnelles Erwachen der Kundalini-Shakti. Sei nicht beunruhigt, nicht ängstlich, sei edel im Denken, ohne Emotionen. Dieser geistige Pfad ist nur leicht für einen Menschen, der Entschlußkraft, Geduld, Ausdauer, Opferbereitschaft, Leidenschaftslosigkeit und einen starken Willen besitzt.

Wer in die Einsamkeit gehen will, sollte schon in der Welt

Schweigen bewahren, sich nicht unter die Menge mischen, die Sinnesorgane in Zucht halten, Gedanken und Körper schulen und sich an ein arbeitsreiches hartes Leben gewöhnen. Er sollte sich trainieren, grobe Nahrung zu sich zu nehmen, auf dem Boden ohne Kissen zu schlafen, mit bloßen Füßen zu gehen und sich vor Sonne und Regen nicht zu schützen. Dann und nur dann werden solche Menschen imstande sein, die harten Entbehrungen eines asketischen Lebens zu ertragen. Scheu und Schüchternheit müssen aufgegeben werden. Enthaltsamkeit, Hingabe an den Guru und anhaltende Übung werden nach langen Bemühungen zum Erfolg führen. Die Schüler aber werden nach einiger Zeit leicht träge, weil sie nicht wissen, wie sie ihre geistige Energie ohne tägliche Arbeit ausnützen sollen und den Unterweisungen ihres Gurus nicht folgen. Intensive, ununterbrochene Meditation ist deshalb sehr wesentlich.

Wenn ein Yoga-Schüler, der Meditation übt, finster, deprimiert und elend ist, liegt in seiner Meditation ein Fehler. Denn diese macht stark, fröhlich und gesund. Wie sollen Schüler, die selbst düster, verdrießlich, ohne Lebenskraft sind, Freude, Frieden und Kraft auf andere ausstrahlen? Meistere jede Stufe des Yoga. Beginne nicht eine höhere, wenn du die niedere noch nicht vollkommen beherrschst. Dies ist der königliche Weg zur vollkommenen Meditation und zum Samadhi.

Schüler und Lehrer sollten wie Vater und hingebungsvoller Sohn miteinander leben oder wie Mann und Frau. Der Schüler sollte ernsthaft, eifrig und aufnahmebereit sein, um die Lehren des Meisters aufzunehmen. Dann und nur dann wird er geistige Wohltat erlangen. Auf andere Weise besteht nicht die geringste Hoffnung auf ein erfolgreiches geistiges Leben und auf die vollkommene Wiederherstellung seiner früheren göttlichen Natur.

Es ist besonders traurig, daß die Erziehung im heutigen Indien für das geistige Wachstum nicht vorteilhaft ist. Die Schüler werden mit zuviel materiellen Giften gesättigt. Sie kennen nicht die wahre Beziehung zwischen Schüler und Guru, die auf restlosem Vertrauen gründet, von heiliger Reinheit ist und vollkommene Hingabe verlangt. Es ist ein törichter Gedanke, daß es eine magische Pille gibt, mit deren Hilfe der Yogi den Schüler in einen Heiligen verwandeln, Kundalini erwecken und ihn in einem Augenblick ohne geistigen Weg zu Samadhi führen kann. Sie erwarten, daß der Guru alles für sie tut und sie nur anzurühren braucht – ein seltsames Ansinnen!

Wenn du Gott mit einem Teil des Eifers dienst, mit dem du dem Mammon dienstbar bist, wirst du in Kürze und mit Gewißheit Gott erfahren. Ein einziger Augenblick intensiver Liebe, brennenden Verlangens und ekstatischer Gottbegeisterung werden genügen, um dich Gott von Angesicht zu Angesicht schauen zu lassen.

Man sollte seine Arbeit ohne Bindung ausführen und ohne das Gefühl, etwas für sich selbst zu wollen. Verrichte deine Werke allein um Gottes willen; gib selbst den Wunsch auf, sie mögen Gott gefallen. Du mußt vorbereitet sein, dein Werk zu jeder Zeit aufzugeben, so interessant es auch sein mag, so sehr du es auch liebst. Sobald die innere Stimme deiner Seele dir befiehlt, dies zu tun, mußt du es sofort lassen. Verstehe gut die Geheimnisse des Karma-Yoga und gehe mutig deinen Weg.

Maya bringt ihre Ernte ein durch die Einbildungskraft der Gedanken. Die Frau ist nicht schön, sondern die Einbildung von ihr. Der Zucker ist nicht süß, sondern deine Einbildung. Das Essen schmeckt nicht an sich, sondern in der Einbildung. Der Mensch ist nicht schwach, sondern bildet sich dies ein. Verstehe die Natur der Maya und der Gedanken und du wirst weise sein. Zerstöre die Einbildungskraft deiner Gedanken durch Vichara (rechtes Denken) und ruhe in Brahman, in dem es weder Einbildung noch Gedanken (Sankalpa) gibt.

Du zeigst deinen Ärger Untergebenen und hilflos Schwachen gegenüber. Vor deinem Herrn oder Vorgesetzten oder vor starken Persönlichkeiten aber unterdrückst du ihn. Wenn du versuchst, im Untergebenen Gott zu erblicken, wirst du nicht ärgerlich ihm gegenüber sein. Ärger bringt Zerstörung. Unter seinem Einfluß begehst du Fehler und Verbrechen, beleidigst du deine Mitmenschen und redest grobe Worte. Darum solltest du unter allen Umständen deinen Ärger beherrschen.

Entwickle Geduld, Toleranz, Erbarmen, Liebe. Übe Unterscheidung und Selbsterkenntnis. Frage dich, was du durch Ärger gewinnst. Deine Energie wird geschwächt, wenn du ärgerlich bist. Es gibt nur ein Selbst in allen. Wenn du einem anderen Schaden zufügst, tust du es gegen dich selbst. In Atma gibt es keinen Ärger, in Atma ist Frieden.

Manche Menschen wollen aus Neugier den geistigen Weg beschreiten ohne wahren Durst nach Befreiung. Sie wollen Kräfte erlangen, sonst verlieren sie die Geduld und beschimpfen Yogis und Yoga. Darum soll sich jeder fragen, ob sein geistiger Hunger wahrhaft ist.

Wenn du über einen schlechten Gedanken erschrickst, ist dies Zeichen geistigen Fortschritts. Auch wenn dich die Erinnerung an frühere schlechte Handlungen quält, läßt dies geistigen Aufstieg erkennen.

Du wirst jetzt nicht mehr die gleichen Taten begehen. Deine Gedanken werden zittern, dein Körper sich schütteln, sobald eine schlechte Handlung dich durch die Kraft der eingeprägten Gewohnheit zu den gleichen Taten der Vergangenheit drängt. Fahre in der Meditation mit aller Kraft und allem Ernst fort. Alle Erinnerungen an häßliche Gedanken, alles ungute Denken, alle schlechten Eingebungen des Teufels werden von selbst schwinden. Ihr werdet festgegründet sein in vollkommener Reinheit und Frieden.

Leidenschaft schlummert in dir. Du kannst nach dem Grund fragen, warum man so oft ärgerlich wird. Die Antwort ist, daß Ärger nichts anderes ist als unerfüllte Leidenschaft. Es gibt mittelbare und äußere Anreize zum Ärger, durch die deine Sinne erregt werden. Auch wenn du ihn unterdrückst, bleibt meist ein unterirdischer Strom dieser Gedankenschwingungen bestehen. Leidenschaft und Trägheit suchen nach weiterer Beute. Erst müssen die positiven Tugenden genügend entwickelt sein. Dann verlieren die schlechten an Kraft.

Wer über das Bild Gottes meditiert (Saguna-Upasakas verrichtet), sollte sich zuerst auf einen Punkt konzentrieren (Tratak). Die Augen müssen geöffnet bleiben, bis sie ein deutliches, gutgeformtes Bild erblicken. Dann kannst du dir das Bild mit geschlossenen Augen vorstellen. Es sollte einen angenehmen Hintergrund haben. Wenn du durch andauernde Übung der Meditation über die Gestalt des Herrn ein starkes Gedankenbild erschaffen hast, solltest du es nicht durch ein anderes Bild verdrängen. Durch die Kraft der Gewohnheit wird das gleiche Bild immer wieder in deinen Gedanken auftauchen. Wenn du ermüdest, kannst du das Mantra verändern, aber nicht das Gedankenbild (Bhava).

Die Lichtvision, die in der Meditation dem Glanz vieler Sonnen gleicht, ist kein großer Erfolg auf dem geistigen Weg. Du mußt sie ignorieren, auch wenn sie plötzlich auftaucht. Du mußt dich mit dem Licht der Lichter identifizieren, das diesem Licht seinen Glanz gibt. Das ist die Wahrheit.

Die Umwelt ist nicht schlecht, sondern dein Denken ist von Übel. Die Gedanken sind nicht diszipliniert. Bekämpfe diese schrecklichen und grauenhaften Gedanken. Beklage dich nicht über eine schlechte Umwelt, sondern beklage dich zuerst über deine eigenen Gedanken. Schule zuerst dein Denken. Wenn du in ungünstiger Umgebung Konzentration übst, wirst du bald stärker und eine dynamische, willensbetonte Persönlichkeit. Siehe das Gute in allem und verwandle Böses in Gutes. Dies ist wahrer Yoga, dies ist die wirkliche Arbeit eines Yogi.

Der sexuelle Akt erschüttert das Nervensystem. Man verliert ungeheuer viel Energie, gleichgültig ob der Samenverlust unabsichtlich in der Nacht geschieht oder willentlich herbeigeführt wird. Es werden sehr starke Eindrücke durch diesen Akt geschaffen, die die Kraft der früheren Einprägungen im Unbewußten noch verstärken und intensivieren. So wird das sexuelle Verlangen aufgepeitscht. Dies gleicht einem verlöschenden Feuer, das wieder entfacht, wenn neues Öl hineingegossen wird. Es ist eine sehr beschwerliche Aufgabe, die neuen Samskaras auszulöschen. Ihr solltet das geschlechtliche Zusammensein aufgeben. Die Gedanken werden euch auf verschiedenste Weise betrügen, indem sie euch falsche Ratschläge geben. Seid wachsam. Hört nicht auf sie, sondern auf die Stimme eurer Seele, eures Gewissens, auf die Stimme der Unterscheidung.

Murrt nicht, wenn ihr Schwierigkeiten, Mühen, Krankheiten und Sorgen begegnet. Diese sind nur vorübergehende Phasen. Seid mutig, voller Hoffnung. Geht den Unannehmlichkeiten lächelnd entgegen, ertragt sie mit Geduld und Geistesgegenwart. Mutter Natur will euch formen, euch stärken und zu ihrem Werkzeug machen, das geeignet ist für ihr freies Spiel. Euer Körper, eure Hände, eure Gedanken, eure Füße sind ihre Instrumente. Mutter Natur will, daß ihr die positiv aufbauenden Eigenschaften wie Mut, Willensstärke, Geduld, Ausdauer, Barmherzigkeit, und daß ihr Liebe, Mitleid, guten Willen, weitherzige Toleranz, Güte und andere positive Eigenschaften entwickelt. Beginnt ein neues göttliches Leben und betrachtet alles von einem veränderten Blickwinkel aus. Seht das Leben umfassender an, weitet euch, entwickelt euch, nehmt zu an Wachstum und geistiger Lebensfülle.

Schmerz ist ein verkleideter Segen. Er öffnet euch die Augen, er ist euer schweigender Lehrer und wird eure Gedanken zu Gott hinlenken. Habt einen festen Stand, verwurzelt euch im inneren Selbst. Lächelt eure Sorgen und Mühen fort und entfaltet einen ausgeglichenen Gemütszustand. Entwickelt euch zu einer fröhlichen, großherzigen, geistigen Persönlichkeit.

Verhindert alle aufsteigenden Emotionen und Impulse. Lenkt eure Energie in den Kanal, der zu eurem erwählten Ideal führt. Entwickelt die Kraft der Selbstkontrolle. Haltet eure Triebe im Gleichgewicht, meistert eure Gedanken, seid aufrichtig und bewahrt eure Energie. Der Wille muß geschult, die inneren Strebungen gleichgerichtet sein. Dann werdet ihr unendlichen Frieden genießen und eine ungeheure geistige Stärke besitzen. Der Fortschritt zum Geistigen hin wird schnell erreicht.

Es genügt kein Bücherwissen. Allein erfolgreich und glücklich ist der Mensch, der freundlich, gütig, frei von Erregbarkeit, der anpassungsfähig, demütig ist und weiß, wie er die Herzen der anderen gewinnt.

Laß die Wellen der Liebe im Herzen aufsteigen, fühle die Wärme der göttlichen Umfassung und sonne dich in der Liebe Gottes. Schmecke die Seligkeit des ewigen Lebens, trinke in tiefen Zügen den Nektar der göttlichen Liebe.

Der Pfad der Liebe ist äußerst schmal. Ihn können nicht zwei beschreiten. Wo es »Ich« gibt, kann Gott nicht sein. Wo der Herr ist, hört das »Ich« auf zu bestehen.

Die Frucht, die an einem Baum reifen darf, ist voller Süßigkeit. Aber dies braucht lange Zeit. Ein Baum, der langsam jahrelang wächst, wird stark und für verschiedene Zwecke nutzbar sein. In gleicher Weise wird ein Schüler, der strengen Sadhana (geistige Übung) vollbringt und geduldig eine lange Zeit seine Übungen ausführt, ein dynamischer und vollkommener Yogi werden. Die heutigen Schüler sind sehr ungeduldig. Sie wollen innerhalb von zwei oder drei Jahren Yogi werden, indem sie ein bißchen Atemschulung, Yogastellungen und einige Meditation vollbringen.

Folge nicht zu streng einer Fasten-Diät. Sonst wirst du zu schwach, was deiner Meditation schädlich ist. Du brauchst viel Meditation und Konzentration, um dein geistiges Ziel zu erreichen.

Die Lotusblume breitet ihren Duft überallhin aus. Ebenso entfaltet der Weise seine göttliche Weisheit für alle. Die Frösche im Lotusteich wissen nichts von dem Duft der Blume und kennen ihren Honig nicht, obgleich sie in ihrer Nähe leben. So ziehen glücksuchende Menschen keinen Gewinn von einem Meister, auch wenn sie ihn in ihrer Nähe haben. Sie machen nur Lärm wie die Frösche. Ein Mann, der an dem Ufer des Teiches steht, schaut auf die Lotusblume und befriedigt seine Neugier. Aus gleicher Neugier laufen die Menschen zu einem Weisen und betrachten ihn. Nur die durstige Biene trinkt den Honig aus der Lotusblüte und freut sich in der Zufriedenheit des Herzens. Ebenso trinkt nur der ernsthaft durstende Schüler den Nektar der Unsterblichkeit aus dem Jivanmukta (dem vom Erdenleben Befreiten), der die Selbsterkenntnis erlangt hat und mit Gott oder Brahman identisch ist. Der Tropfen wird zum Meer, wenn er sich mit dem Wasser mischt.

Selbstsucht ist eine negative Eigenschaft. Sie besteht, um Selbstlosigkeit zu verherrlichen. Haß ist eine negative Eigenschaft. Er soll die Demut verherrlichen. Engherzigkeit, Eifersucht, Falschheit sind negative Eigenschaften und bestehen, um Großzügigkeit, Weitherzigkeit und Wahrhaftigkeit zu verherrlichen.

In dieser Welt der Gegensätze weichen Meinungen immer voneinander ab. Die Herzen aber müssen eins sein. Die menschlichen Typen, die Art des Denkens sind verschieden. Daher entstehen die verschiedenen Ansichten. Diese aber sollten nicht in Schmähung und Streit enden, sondern friedlich miteinander bestehen. Nehmt das Einende unter den Verschiedenheiten wahr und ruht in Frieden.

Diese Welt ist eine eigenartige, auch das Denken ist eigenartig. Von Zeit zu Zeit entsteht Disharmonie und Uneinigkeit, selbst unter engsten Freunden. Manchmal bringen Mißverständnisse das Feuer zum Aufflammen. Ihr müßt sehr aufmerksam sein, wenn ihr mit Andersdenkenden zusammen seid. Ihr müßt viel Anpassungsfähigkeit entwickeln und ein großzügiges, verstehendes Herz. Ihr müßt euch auch sehr sorgfältig durch die Lehren korrigieren, die ihr aus dem täglichen Lebenskampf lernt. Die Menschen sollten in harmonischer Einheit zusammenarbeiten, um den großen Plan des Lebens auszuführen.

Leiden wendet die Gedanken zu Gott. Leiden gibt Barmherzigkeit dem Herzen ein und besänftigt es. Leiden löst von Leidenschaft. Ebenso wie man nur durch Reiben den Duft der Walnuß oder eines Eisenkrautbaumes erfährt, wird die Wesenheit eines Menschen nur durch Leiden und Sorgen herausgepreßt.

Es ist sehr schwer, jedem zu gefallen, da die Welt eine Mischung von guten und schlechten Eigenschaften ist. Laß die Welt sagen, was sie will. Wir dürfen dadurch nicht erregt oder beunruhigt werden. Wir sollen sie nur als Zeuge beobachten und unserem Gewissen treu leben. Wir müssen wahrhaftig gegen uns selber sein. Selbst Heilige und Gottheiten werden kritisiert. Seid wachsam, wenn Erregbarkeit als kleine Welle auf dem Meer der Gedanken aufsteigt und laßt sie nicht ein großes Ausmaß gewinnen. Meditiert in Gedanken oder betet. Ihr könnt auch schweigend »OM Shanti« wiederholen.

Zuerst entsteht ein schwacher Gedanke des Hasses, der Lust oder der Eifersucht wie ein kleines Gekräusel auf dem Meer des Bewußtseins, kaum merkbar. Der Gedanke des Hasses oder der

Lust aber verbindet sich mit einem anderen von gleicher Art. Dann kommen andere Gedanken und Samskaras zusammen, so wie sich Menschen einer Partei sammeln, um gegen eine andere zu kämpfen. Nun steigern sich die negativen Gedanken, und das Gehirn erhitzt sich. Der ganze Körper kommt in Aufruhr. Der Mensch wird das Opfer der bösen Gedanken und hat keine Kontrolle mehr über sie. Er ist zu allem fähig und kann jedes Verbrechen begehen. Beobachte daher die Gedanken, schneide sie schon an der Wurzel ab, sei wachsam und bete.

Bewahrung der Energie

Die Bewahrung der Energie im Körper ist von größter Bedeutung. Meistens geht sie aus den sechs »Rattenlöchern« des Körpers heraus. Darum werden diese Menschen keine wunderbaren Heiligen oder intellektuelle Genies. Viele wissen nicht, wie man diese Energie erhalten und nach ihren Notwendigkeiten regulieren kann. Sie verstehen auch nicht die Verwandlung einer Erscheinungsform der Energie in eine andere. Dies muß wissen, wer etwas Hervorragendes leisten und geistige Güter erringen will. Man darf die Energie nicht unnötig verschwenden, wie dies auch nicht mit materiellen Gütern geschehen sollte.

Ein Yogi oder Wissender erlaubt nicht, daß die geringste Energiemenge in sinnloser Weise vergeudet wird. Er wendet alle aufgespeicherte Energie für den geistigen Fortschritt an. Aber auch große Männer der Welt vermögen diese Energie konzentriert für einen Zweck zu sammeln.

Die Energie schlüpft aus sechs Rattenlöchern des Körpers. Es gibt aber noch andere, weniger bedeutsame. Wenn diese Hauptlöcher verschlossen werden, dringt auch aus den anderen nichts mehr heraus. Ebenso wie der Aufseher eines Wasserspeichers die

Schleusentore benutzt, um Wasser über das Land zu verteilen, das fruchtbar werden soll, so schließt der Yogi alle Öffnungen, in die physische und mentale Energie hineinfließt und verwandelt sie in geistige Energie (Ojas). Die aufgespeicherte Energie wird für geistige Ziele, für Meditation und die Erforschung höherer Bereiche des Denkens und des Atmas verwendet.

Die sechs wesentlichen Rattenlöcher sind: Zeugungsorgan, Mund und die vier des Denkorganes – das ist das Loch, durch welches Energie bei unnötiger und eingebildeter Furcht und trägen Gedanken hindurchsickert. Die Energie läuft durch faule Gedanken, durch Geschwätz, Kritik, skandalöse Berichte und allerlei sinnlose weltliche Gedanken aus dem Mund heraus. Die Menschen verstehen nicht den Wert der Energie. Sie vergeuden sie wie nichts. Im Alter aber bereuen sie es und weinen ihr nach. Im Winter ist es zu spät, Honig zu sammeln.

Ihr solltet niemals in unnötige Diskussionen eintreten. Dies verschwendet nur Energie. Auch zuviel Lachen ist ein Kanal, aus dem die Energie herausfließt. Wer leicht in Lachen fällt, kann Menschen nicht beeinflussen. Das Lachen eines geistigen Menschen ist von ganz anderer Natur als jenes der trägen Menschen, die etwa in Wirtshäusern ohne Sinn und Verstand in Gelächter ausbrechen. Es ist voller Größe und Ehrfurcht, entzückt die anderen und macht sie fröhlich. Sei aufrichtig und ernst. Lache und lächle bei passender Gelegenheit. Setze nicht die Miene eines Pfarrers beim Sonntags-Gottesdienst auf. Bleibe ganz natürlich. Heuchle nicht etwas vor, was du in Wirklichkeit nicht bist. Denn dies ist gefährlich und ein abscheuliches Verbrechen.

Nur Törichte brechen in Lachen aus, der Weise lächelt mit den Augen und übt damit einen großen Einfluß auf Menschen aus. Keine Energie geht durch solches Lächeln verloren. Diese wunderbare Eigenschaft solltest du ausbilden.

Sei mäßig in deinen Worten. Sprich nicht viel. Versuche eine

Unterhaltung in Kürze zu beenden. Verstehe einen Menschen richtig, sprich freundlich und voller Achtung mit ihm und entlasse ihn bald wieder. Bewahre deine Energie, laß dich nicht in unnötig lange Gespräche ein. Der Mensch ist ein soziales Wesen und spricht gern. Er mag nicht ohne andere in Abgeschiedenheit leben. Beachtung des Schweigens erscheint ihm als Strafe. Frauen sind noch geschwätziger als Männer. Durch ihre Reden entsteht leicht Unruhe und Unfrieden im Haus. Man sollte deshalb Schweigen am Tag und mehr noch an Sonn- und Feiertagen bewahren.

Fast alle Menschen bewegen irgendeinen Körperteil, selbst beim ruhigen Sitzen. Die Materie braucht Bewegung. Meist ist diese Unruhe ganz unbewußt. Aber es geht viel Energie aus diesem Kanal oder Loch des Körpers heraus. Darum beobachte deinen Körper und zügle die unnötigen Bewegungen. Ein Yogi wird immer still dasitzen in vollendet ruhiger Haltung.

Sadhus lieben das Hin- und Herwandern. Dies vergeudet Energie und hält die Übung der Meditation auf. Ein geistiger Schüler sollte an einem Ort bleiben und hier Konzentration und Meditation üben. Zu viel Wandern erschöpft einen Menschen; es macht ihn ungeeignet für aktive Arbeit. Ebenso wie Energie durch loses Reden vergeudet wird, geschieht dies auch durch lockere Gedanken. Wenn die mentale Energie durch rechtes Denken und durch Schulung der Gedanken erhalten bleibt, steht euch ein ungeheurer Vorrat an Energie zur Verfügung, die ihr für verschiedenartige Zwecke einsetzen könnt. Ihr werdet euch sehr mächtig fühlen und nicht erschöpft sein, auch wenn ihr ein großes Werk schreibt. Ihr könnt dann mit größter Leichtigkeit und Schnelle geistige und physische Arbeit ausführen. Eure Konzentration wird äußerst stark sein. Schwäche und Müdigkeit sind euch unbekannt.

Ihr solltet euer Denken sehr sorgfältig täglich am Morgen

durch Einkehr und Meditation beobachten und möglichst gute und erhabene Gedanken aufrechterhalten. Die mentale Energie muß in neue und nützliche Kanäle geleitet werden. Zuerst fordert dies Kampf. Nach einiger Übung aber wird das Denken ganz leicht in neue Kanäle fließen. Ein anderes Loch, durch das Energie vergeudet wird, ist die Gewohnheit des unnötigen »Sich-Sorgens«. Der Mensch sollte wissen, daß alles vorausbestimmt ist und Gott ebenso Nahrung einem Frosch gibt, der verborgen zwischen den Felsritzen lebt, wie einem Kind im Schoß der Mutter. Aber der Mensch hat kein Vertrauen und sorgt sich um Besitz, Nahrung, Kleidung. Zu viele Wünsche bringen Sorgen. Sie sind Schöpfungen des Verstandes. Viele Menschen bereiten sich auch durch Minderwertigkeitsgefühle Sorgen. Ebenso kann ein falsches Gefühl der Überlegenheit zu Sorgen führen. Alle solche Empfindungen sind trügerisch. Denn es gibt keine Unterschiede. Halte dich niemals für minderwertig. Auch nicht für überlegen, weil du dann die anderen mit Mißachtung behandelst.

Jetzt kommen die eingebildeten Ängste – die Phobien. Hier mangelt es euch an Energie. Man hat Angst vor Krankheiten, vor Kritik, vor der Dunkelheit, vor Ratten und so fort. Alle diese Ängste sind eingebildet; sie haben keinen wirklichen Grund. Wenn du ernsthaft nachdenkst, werden sie vergehen wie Schnee in der Sonne. Erregst du dich, wenn man dich einen Hund nennt? Wirst du wütend und laufen deine Augen rot an? Meinst du, jetzt würden dir gleich vier Beine anwachsen? Oder brichst du in Schweiß aus bei der geringsten Prüfung? Stelle dir vor, du seist mutig; denke an Atma und an die Unsterblichkeit deines Selbst. Dann wirst du langsam an Mut gewinnen.

Übermäßiger sexueller Verkehr läßt riesige Mengen von Energie fortfließen. Junge Menschen schätzen den Wert dieses vitalen Flusses nicht, sondern vergeuden die dynamische Kraft, so daß ihre Nerven überspannt werden. Wird die Sexualenergie, die die mächtigste des Menschen ist, vergeudet, kann sie durch nichts anderes ersetzt werden. Wenn ein Mensch von Geburt an nach Geistigem strebt und eine starke Kraft der Unterscheidung besitzt, wird er das Leben eines Mönches führen. Wer seine Samenkraft beherrscht und in geistige Energie (Ojas) verwandelt, ist der glücklichste und mächtigste Mensch der Welt. Er kann den Elementen befehlen, fällt keiner Versuchung anheim und kann in jeder Lebenslage Erfolg erlangen. Er beherrscht vollkommene Konzentration.

Ich habe euch auf den vorangehenden Seiten eine ausführliche Beschreibung aller Kanäle gegeben, durch die Energie abfließt und habe euch die praktischste und leichteste Methode gezeigt, um Energie zu bewahren. Nun müßt ihr diese Belehrungen in die tägliche Praxis umsetzen. Ihr müßt alle Energie erhalten und sie für höhere geistige Ziele einsetzen. Ihr müßt wissen, wie sie beherrscht wird. Manche Menschen geben viel zuviel Energie für unwichtige Dinge aus und sind erschöpft, wenn Einsatz ihrer vollen Kraft verlangt wird.

Versteht Ziel und Zweck des Lebens. Laßt euch nicht von Versuchungen treiben. Maya ist mächtig. Lebt in Begleitung von Weisen. Sie sind eine starke Festung, um euch bei den ersten Wachstumsstufen zu beschützen. Entwickelt eure inneren Fähigkeiten, erhaltet eure Energie und sucht Selbsterkenntnis. Atma ist in sich selbst vollkommen. Hier kannst du alles empfangen. Entwickle die Tugenden. Erinnere dich an Grund und Quelle des Lebens. Erhebe dich über die Weltlichkeit. Werde eine großherzige Seele. Wünsche mit inbrünstigem Eifer, daß du die Selbstverwirklichung erlangst. Stelle dir ein bestimmtes Ziel vor. Hab Vertrauen, Interesse und Ausdauer. Dann wirst du Erfolg haben. Mögen Frieden und Freude für immer in euch bleiben.

Bedeutung des Schweigens

Mouna bedeutet das Gelübde des Schweigens. Es gibt verschiedene Arten von Mouna: körperliches Stillesein, Schweigen der Sinne und Gedanken und das große Schweigen, wenn alles Denken aufhört.

Brahman wird das Große Schweigen (Maha-Mouni) genannt, weil er eine Verkörperung des Schweigens ist. In der Schrift heißt es: »Ayam, Atma Shanto – Dieser Atma ist Schweigen.«

Das Sprachorgan zerstreut wesentlich die Gedanken. Schwatzhafte Menschen können keinen Frieden im Denken erlangen. Durch das Sprechen gehen die Gedanken nach außen. Schweigen ist für weltliche Menschen praktisch der Tod. Für einen Schüler aber ist es segensreich. Zuerst ist es schwer, Schweigen zu bewahren. Der Mensch verlangt von Natur aus immer Begleitung und Gespräch.

Energie wird durch sinnloses Reden und Schwätzen vergeudet. Dieses verstehen die Menschen der Welt nicht. Man muß die Energie durch Schweigen bewahren und für göttliche Kontemplation einsetzen. Wenn du ein oder zwei Monate lang täglich Schweigen bewahrt hast, wirst du seine Vorteile erkennen. Dann wirst du diese Übung von allein nicht mehr aufgeben. Wenn das Sinnesorgan des Sprechens (Vag-Indriya) gezügelt ist, dann können auch die Augen und Ohren kontrolliert werden.

Mouna entwickelt Willenskraft. Das Schweigen zügelt die Impulse des Redens und ist eine große Hilfe, um wahr zu sein und um Ärger in Bann zu halten. Emotionen werden kontrolliert und Erregbarkeit schwindet. Ein Mouni wird in seinen Worten Maß halten und seine Rede wird sehr beeindruckend sein. Gewöhnlich halten die Menschen ihre Worte überhaupt nicht in Zucht. Sie reden, was sie wollen. Ein Mouni aber denkt zuerst darüber nach, ob seine Rede die Gefühle anderer verwunden wird. Er geht sehr sorgfältig mit seinen Worten um und ist nachdenklich und überlegt. Er wägt jedes Wort, bevor er es ausspricht. Er kann auch lange Zeit in Abgeschiedenheit leben. Ein weltlicher, gesprächiger Mensch aber kann selbst einige Stunden nicht allein sein. Die Vorteile von Mouna sind nicht zu beschreiben. Übe Schweigen und fühle den Frieden und die Freude, die ihm entspringen.

Geschäftige Menschen sollten wenigstens eine Stunde am Tag Schweigen üben. Noch besser wäre es zwei Stunden lang. Am Sonntag muß noch länger Schweigen gewahrt werden. Benutze die Zeit des Schweigens nur für Japa und Meditation. Die Morgenstunde, in der du meditierst, sollte die Stunde des Schweigens sein.

Fünf Dinge sind unbedingt notwendig, wenn du strenge Meditation üben und Samadhi (Selbstverwirklichung) in kurzer Zeit erreichen willst: Mouna, leichte Nahrung oder Diät von Milch und Früchten, Einsamkeit in einer schönen Umwelt, persönlicher Kontakt mit einem Lehrer und ein kühler Ort.

Wenn du einmal beginnst, deine Worte zu zügeln, werden sie zuerst gegen dich ausschlagen. Du mußt kühn und mutig bleiben. Wenn du Schweigen hältst, ist eine starke Quelle der Zerstreuung geschlossen. Nun wirst du in Frieden leben und in ernster Weise meditieren können. Mouna hält die Energie zusammen, entwickelt Willenskraft und kontrolliert die Impulse der Sprache. Die Energie der Rede sollte in geistige Energie umgewandelt und für die Meditation angewendet werden.

Die Seligkeit Brahmas, die ohne Anfang und ohne Leiden ist, heißt Sushupti-Mouna. Befreiung von allen Zweifeln, nach der die trugvolle Natur dieser Welt mit allen ihren Eigenschaften

(Gunas) erkannt wird, heißt Sushupti-Mouna. Der feste Entschluß, das Weltall als die Fülle Brahmans zu betrachten, ist Sushupti-Mouna. Die Erkenntnis der Gleichheit in allem als dem ewigen Brahman heißt Sushupti-Mouna.

Während des Schweigens könnt ihr Innenschau und Selbstanalyse halten. Ihr könnt ebenso die Gedanken kontrollieren wie die Wege beobachten, die das Denken und seine Auswirkungen nehmen. Ihr könnt feststellen, wie Gedanken in Windeseile von einem Gegenstand zum anderen wechseln. Im Bewahren von Mouna werdet ihr große Wohltaten empfinden. Wahres Schweigen ist Anhalten der Gedanken. Physisches Mouna kann zum Stillstand des Denkens führen und hat einen wunderbar beruhigenden Einfluß auf Gehirn und Nerven.

Beobachte Mouna für dein eigenes geistiges Wachstum, nicht aber um nach außen herauszustellen, daß du ein großer Yogi bist. Erforsche stets die Triebfedern deiner Handlungen.

Du solltest auch Mouna während des Essens bewahren und keine unnötigen Gebärden oder Zwischenrufe machen. Wenn dir Umstände verbieten, Mouna zu üben, dann vermeide streng jede lange und weitschweifige Rede, jedes unnötige Wort, alle Art sinnloser Debatten und Auseinandersetzungen etc. und halte dich soviel wie möglich von der Gesellschaft fern. Wenn du an einem Ort bist, an dem Mouna schwer zu wahren ist, ziehe dich in die Einsamkeit zurück, wo niemand dich belästigen kann.

Man kann Mouna lange Zeit üben. Wenn es euch aber schwer fällt und wenn ihr diese Zeit nicht für Japa oder Meditation auswertet, dann brecht es sofort ab. Versucht, Menschen gemäßigter Rede zu werden. Man muß sich allmählich ans Schweigen gewöhnen.

Während des Schweigens solltet ihr ungezuckerte Milch – der Milchzucker in der Milch genügt –, Bohnen und anderes Gemüse ohne Salz zu euch nehmen. Dies ist Zucht der Zunge. Wenn diese unter Kontrolle steht, können die Sinne leicht beherrscht werden. Die Zunge richtet am meisten Unheil an. Ihre Beherrschung ist tatsächlich Kontrolle der Gedanken. Wenn eine Gedankenschwingung, die in das Bewußtsein eingeprägt ist, beruhigt wird, verstärkt sich die Willenskraft und es wird leichter, eine andere zu beherrschen.

Während des Schweigens solltet ihr keine Zeitung lesen. Sonst wachen die weltlichen Gedanken wieder auf und stören euren Frieden. Eure Meditation wird unterbrochen und ihr lebt trotz des abgeschlossenen Ortes wieder in der Welt. Ihr sollt nichts schreiben und nicht lachen, während ihr Mouna haltet. Auch eure Bedürfnisse sollt ihr während dieser Zeit verringern, euer Essen nicht ändern und nicht über die Nahrung nachdenken. Macht euch überhaupt keine Sorgen um euren Körper und das tägliche Brot. Denkt mehr an Gott und an Atma. Ihr werdet immer wieder in Versuchung geraten, in den Abgrund der Unwissenheit zu stürzen. Deshalb müßt ihr wachsam und aufmerksam sein.

Ein geistiges Tagebuch

Ein geistiges Tagebuch ist notwendig und von größter Bedeutung. Wer es schon benutzt, kennt seinen unschätzbaren Wert. Es ist euer Lehrer und Führer. Wer nach moralischer Höhe, nach Geistigkeit und schnellem Fortschritt strebt, muß seine Handlungen täglich aufschreiben.

Mahatma Gandhi wies seine Schüler auf dieses Tagebuch hin. Auch ich bin auf diesen Punkt sehr bedacht. Es verlangt sehr viel Konzentration, ein Mantra aufzuschreiben. Wenn du schwierige Worte niederschreibst, benutze ein Nachschlagewerk. Du kannst auch ähnliche Worte aneinanderreihen, damit deine Kenntnis wächst. Jede Woche solltest du sehr sorgfältig das Tagebuch durchlesen und noch ein anderes daneben führen, in das du wichtige Punkte aus deiner Lektüre aufschreibst. Du kannst auch praktische Anweisungen in ein drittes schreiben. Dies wird die Kraft des Nachdenkens steigern (Manana-Shakti). Solche Übung kann dein Wachstum fördern. Selbst Benjamin Franklin führte ein Tagebuch, in dem er die Unwahrheiten und falschen Handlungen niederschrieb, für die er während des Tages verantwortlich war. So beherrschte er in vollkommener Weise seine Gedanken. Du mußt in dein Tagebuch schreiben, wann du morgens aufstehst und abends schlafen gehst. Ferner die Stunden, die du schläfst oder religiöse Schriften studierst; auch die Zahl der Japas, der täglichen Meditation, die Fehler, die du begangen hast, und jede Art von Selbstbestrafung solltest du angeben. Weiter mußt du notieren, wieviel Lügen du am Tag gesprochen, wie oft du dich geärgert hast und wie lange dein Ärger andauerte; ebenso wie viele Stunden du in selbstlosem Dienst verbracht hast oder wie oft und wie lange dich deine Leidenschaft beunruhigte und auf welche Art du sie gezügelt hast. In deinem Tagebuch sind die Zahl der täglichen Pranayamas und Asanaübungen einzuschreiben, aber auch die vielen Stunden, die du nutzlos in Gesellschaft und sinnlosem Geschwätz verbracht hast etc. Am Ende dieses Buches habe ich einen Plan für ein solches Tagebuch aufgezeichnet. Du kannst noch die Stunden des Schweigens hinzufügen, eventuell ausgeführte Nachtwachen an einem Feiertag und die Zeit deines Fastens. Wichtig sind auch Angaben, wann du in der Beherrschung übler Angewohnheiten gefehlt hast. Sende, wenn du willst, einen Durchschlag dieses Tagebuches monatlich an den Ashram. Führe das Buch sechs Monate lang und beobachte die Ergebnisse.

Ein großer Dieb versteckt sich in deinem Gehirn. Er hat dir

deine Perle – Atma – gestohlen, macht dir sehr große Mühen und Schwierigkeiten und betrügt dich. Dieser Dieb ist dein Denken. Sei nicht nachsichtig mit ihm, sondern zermalme ihn. Töte ihn mit aller Macht. Kein Schwert ist schärfer als dieses Tagebuch. Es verhindert seine Ausreden und vernichtet ihn endgültig. Eure täglichen Fehler werden verbessert und ihr werdet mit der Zeit von Ärger, Unwahrhaftigkeit, Lust etc. vollkommen befreit sein.

Vater und Mutter gaben euch euren Körper, sie gaben euch Nahrung und Kleidung. Dieses Tagebuch aber ist euren Eltern überlegen. Es zeigt euch den Weg zu Freiheit und ewiger Seligkeit. Es ist euer Führer, der euch die Augen öffnet. Es gibt euch Trost, Zufriedenheit und Frieden. Lies es einmal in der Woche sorgfältig durch. Wenn du dich jeder Stunde deiner Handlung erinnerst, wird dein Wachstum sehr schnell vorangehen.

Das Tagebuch wird dich auch den Wert der Zeit verstehen lehren. Du wirst sehen, wieviel Zeit du für die Meditation, die Atemschulung, für Yoga und auch für religiöse Zwecke verwendet hast. Es darf sich keine Lüge in deine Aufzeichnungen einschleichen, denn du führst sie zu deinem eigenen Vorteil. Gib deine Fehler offen zu und versuche, dich in Zukunft zu bessern. Du mußt alles aufschreiben und den Fortschritt einer Woche mit der vorangegangenen vergleichen. Wenn dir dies nicht möglich ist, mußt du es alle Monate tun. Schäme dich nicht, deine Fehler, Laster und Fehlschläge zu berichten. Verschiebe das Führen des Tagebuches nicht auf morgen. Denn dieses Morgen wird niemals kommen. Beginne sofort ernsthaft mit deinem geistigen Weg. Wenn du es aufrichtig versuchst, wird Gott dir immer helfen und dich emporführen. Es bedarf eines strengen geistigen Weges, wenn du deine Natur verändern willst.

Neben diesen Fragen solltest du auch in deinem Tagebuch folgendes notieren:

1. Die Namen der Yogastellungen (Asanas).
2. Die Art der Meditation.
3. Die Bücher, die du liest.
4. Die besondere Diät.
5. Übst du Japa Mala?
6. Hast du einen gesonderten Meditationsraum?
7. Wie ist dieser gehalten?
8. Liest du die Gita mit Auslegungen?

Wenn auch die Langeweile eine milde Form des Ärgers ist, braucht ihr sie nicht im Tagebuch niederzuschreiben. Sie ist ein Gekräusel auf dem Meer der Gedanken. Du brauchst sie nicht zu übertreiben, solltest aber die Gedankenschwingungen beobachten und versuchen, diese gänzlich zu vermeiden. Tatsächliche Lügen, ernsthafter Ärger oder Ausbrüche von Wut und Zorn müssen im Tagebuch aufgezeichnet sein.

VI. Kapitel

DAS GEISTIGE TAGEBUCH

Stunden des Schlafs

Der Schlaf ist das Stärkungsmittel der Natur für ein gesundes Leben. Je tiefer du schläfst, um so gesünder bist du. Die Stunden des Schlafes hängen von deiner physischen und mentalen Fähigkeit ab, der Müdigkeit zu widerstehen. Ohne genügend Schlaf wirst du nicht leistungsfähig sein. Die Menge des notwendigen Schlafes richtet sich nach Alter, Temperament und der Art deiner Arbeit. Nach einem alten Sprichwort sind sechs Stunden notwendig für einen Mann, sieben für eine Frau und acht für einen Dummkopf. Mit zunehmendem Alter brauchen die Menschen weniger Schlaf. Zehn Stunden sind erforderlich für ein Kind. Für ältere Menschen über sechzig mögen sechs Stunden Schlaf genügen. Erwachsene, die hart arbeiten, können acht Stunden schlafen. Ärzte und Psychologen legen großen Wert auf die Bedeutung des Schlafes.

Sechs Stunden Schlaf genügen für den Durchschnittsmenschen. Gehe um zehn Uhr ins Bett und stehe um vier Uhr früh auf. Ein Sprichwort sagt: »Zu Bettgehn und Aufstehn zu früher Stund macht Menschen vernünftig, reich und gesund.« Napoleon brauchte nur vier Stunden Schlaf. Zuviel macht einen Menschen träge und lethargisch. Notwendig ist die Qualität des

Schlafes. Bei einem tiefen, traumlosen Schlaf von ein oder zwei Stunden wirst du vollkommen erfrischt sein. Es ist sinnlos, sich im Bett stundenlang zu wälzen. Zu langes Schlafen bringt verfrühten Verfall und Schwäche der Denkkraft.

Morgendliches Aufstehen

Die Hälfte eures Lebens wird durch Schlaf vergeudet. Die Schüler auf dem geistigen Pfad sollten das Schlafen allmählich verkürzen. Für sie genügen fünf Stunden. Am Tage sollt ihr euch nicht hinlegen. Wenn ihr den Schlaf überwunden habt wie Arjuna und Lakshmana, werdet ihr in den seligen schlaflosen Schlaf – den Nirvikalpa – Samadhi der Yogis eingehen.

Die morgendliche Zeit um vier Uhr ist für die Meditation sehr günstig. Die meditative Stimmung wird von allein, ohne Anstrengung, kommen. Das Gemüt ist dann wie ein unbeschriebenes Stück Papier. Man kann es leicht in jede beliebige Form gießen: Die geistigen Eindrücke werden sich unauslöschlich in das Gehirn einprägen. Meditation zu dieser Zeit ist mit einer Meditation von vier Stunden zu einer anderen Zeit gleichwertig. Darum schlafe nicht in dieser heiligen Zeit.

Ausführung des Japa

Japa ist die Wiederholung eines Mantras oder des Namens Gottes. In dem heutigen Eisernen Zeitalter (Kali-Yuga), in dem der Körperzustand der meisten Menschen nicht gut ist, fällt eine strenge Hatha-Yoga-Praxis sehr schwer. Japa ist ein leichterer Weg für die Selbstverwirklichung. Man kann das Heil erlangen, wenn man den Namen Gottes wiederholt ausspricht.

Das Japa eines Mantras kann zum höchsten Ziel führen, auch wenn der Übende die Bedeutung des Mantras gar nicht kennt. Es wird nur ein wenig länger dauern. Im Namen Gottes oder dem Mantra liegt eine unbeschreibliche Kraft (Achintya-Shakti). Wiederholst du sie mit Konzentration, wirst du bald Gott erkennen.

Du mußt stets einen Rosenkranz (Japa Mala) in deiner Tasche oder um deinen Hals tragen und unter dein Kopfkissen legen, wenn du schläfst. Er wird dich an Gott erinnern, wenn du ihn aus Unwissenheit vergißt. Laß den Rosenkranz nachts, wenn du aufstehst, ein- oder zweimal durch deine Finger gleiten. Er ist eine Waffe, um die Gedanken auszuschalten, eine mächtige Peitsche, um dich zu Gott zu treiben. Du kannst einen Rosenkranz, Rudraksha oder Tulsi-Mala mit 108 Kugeln benutzen.

Wiederhole das Mantra eine Zeitlang laut, dann einige Zeit flüsternd und zuletzt in Gedanken. Das Denken braucht Vielfalt und hat einen Widerwillen gegen monotone Übungen. Die gedankliche Wiederholung ist sehr machtvoll. Selbst das mechanische Wiederholen des Japa hat eine große reinigende Wirkung auf Herz und Gedanken. Das Gefühl wird später eintreten, wenn der Vorgang der gedanklichen Reinigung im Unbewußten weiterläuft.

Jeder wiederhole innerhalb von 24 Stunden das »Soham«-Mantra unbewußt 21600 mal am Tag. Ihr solltet euer Ishta-Mantra zumindest 21600 mal am Tag aufsagen in Entsprechung zu den 21600 natürlichen Atemzügen (Soham), die jeder einatmet und ausstößt. Dann ist die Wirksamkeit des Mantras groß.

Du mußt die Zahl des Japas von 200 auf 500 Malas (jedes Mala umfaßt 108 Kugeln) vermehren und sie viermal am Tag – am Morgen, Mittag, Nachmittag und in der Nacht – ausführen. Der Tod kann jeden Augenblick eintreten. Begegnet ihm mit einem Lächeln.

Nichts ist so wirksam wie Sankirtana, um das durch Sünde verhärtete Herz zu besänftigen. Sankirtana ist Singen des göttlichen Namens mit Prema (Liebe) oder frommen Gefühlen. Sankirtana kann Berge versetzen. Es hilft den Menschen, in einen Bereich zu gelangen, in den das Denken nicht eindringen kann. Nichts ist ihm unmöglich. Es kann eine Schnecke in eine Blumenkette, Gift in Nektar, ein Bett voll Nägel in ein Rosenbett und Feuer in Eis verwandeln.

Sankirtana zerbricht die drei Knoten der Unwissenheit, reinigt Nadis und Atem und erweckt ohne Schwierigkeit die schlafende Kundalini. Es kann auch ein Zustand frommer Ekstase hervorgerufen werden, der als Bhava-Samadhi bekannt ist. Die Gedanken werden auf ein Ziel gerichtet, das Bewußtsein wird gereinigt und die Einprägungen, wie auch die Launen, Einbildungen und wilden Fantasien, die Unreinheiten, unruhigen Gedanken und der Schleier der Maya werden zerstreut. Sankirtana reinigt die schlechten Emotionen, die Gedankenwogen und füllt das Denken mit erhabenen, die Seele erhebenden Gedanken und mit höheren Gefühlen. Das Denken wird zerstört und es tritt der segensreiche Zustand der Gedankenlosigkeit ein.

Die Wiederholung des Namens Gottes läßt den Frommen die Gegenwart Gottes, die göttliche Herrlichkeit und das göttliche Bewußtsein in sich und allem empfinden. So mächtig ist der Name Gottes.

Atemkontrolle

Pranayama ist Atemkontrolle und soll Prana und Apana (Nervenstrom) verbinden. Wenn man Pranayama (Atemschulung) übt, strömen Prana-Apana gemeinsam durch Susushumna-Nadi (Astralkanal, der die Wirbelsäule begleitet). Pranayama nimmt einen sehr wesentlichen Platz in der Hindu-Religion ein und steht mit dem Denken in Verbindung und durch dieses mit dem Willen. Durch den Willen beeinflußt Pranayama die individuelle Seele und das höchste Selbst. Wenn du die kleinen Wellen des Prana zu beherrschen vermagst, die durch die Gedanken wirken, dann kennst du das Geheimnis, wie man Prana in Dienst nimmt. Die Kontrolle des Atemvorgangs kann wirksam alle verschiedenen Nervenströme, die den Körper durchlaufen, beherrschen. Durch Prana-Beherrschung können leicht und schnell Gedanken, Körper und Seele kontrolliert werden. Setze dich in Yogahaltung nieder (Padmasana oder Siddhasana) und schließe mit dem rechten Daumen das rechte Nasenloch. Ziehe die Luft ganz langsam durch das linke Nasenloch ein. Dies ist Einatmen (Puraka). Dann schließe auch das linke Nasenloch mit dem kleinen und dem Ringfinger der rechten Hand und halte den Atem so lange an, wie es dir möglich ist. Nun nimm den rechten Daumen fort und atme sehr langsam durch das rechte Nasenloch aus. Danach ziehe die Luft durch das rechte Nasenloch ein. Halte sie so lange an, wie du es krampflos vermagst, und atme durch das linke Nasenloch aus. Das ist ein Pranayama. Beginne mit fünf solchen Pranayamas und vermehre langsam die Zahl bis zu zwanzig. Fühle, daß alle göttlichen Eigenschaften wie Barmherzigkeit, Liebe, Vergebung, Frieden, Freude etc. in deinen Körper eingehen und alle schlechten wie Lust, Ärger, Gier etc. ausgeatmet werden. Du kannst auch andere Atemübungen hinzufügen, die die Nadis (Nervenkanäle) reinigen, Krankheiten heilen und die Gedanken in Konzentration und Meditation fest verwurzeln.

Yogastellungen

Asanas und Pranayama sind hilfreiche Übungen für den Schüler des Yoga. Sie regulieren die Tätigkeit von Herz, Lungen und Gehirn. Verdauung und Blutzirkulation werden gefördert, alle Arten von Krankheit behoben. Ausdauernde und regelmäßige Übung hilft zu einem besseren Gesundheitszustand und gibt Kraft und Vitalität.

Verändere nicht oft deine Asanas. Behalte eine Haltung bei und vermehre ihre Dauer bis zu drei Stunden. Die Asanas werden Kundalini-Shakti erwecken. Du mußt die Yogastellungen einnehmen, wenn dein Magen leer oder leicht ist. Früh am Morgen und am Abend ist für diese Übungen am besten. Sie sollten in einem luftigen Zimmer oder am Flußufer ausgeführt werden. Man wiederhole hierbei das Ishta- oder Guru-Mantra.

Im allgemeinen werden es Menschen nach vierzig schwer haben, ohne Unterbrechung drei Stunden in Yogahaltung zu sitzen. Die Knochen und Muskeln sind steif geworden. Wenn ältere Menschen nach einer Stunde ermüden, können sie sich gegen eine Wand lehnen und die Beine ausstrecken. Hierfür sollte eine Zimmerecke ausgesucht werden. Beide Seiten der Mauer können als Stütze dienen. Dies ist eine angenehme Haltung. Das Schwierigste ist nur, daß beim Meditieren in dieser bequemen Lage der Schlaf den Menschen leicht überkommt. So muß man wachsam sein. Junge Menschen sollten die Padma- oder Siddhasana-Stellung für die Meditation einnehmen oder andere Stellungen, die für Entsagung und gute Gesundheit geeignet sind.

Meditation in Yogastellung

Setze dich in Padmasana- oder Sukhasana-Haltung in deinen Meditationsraum. Die beste Zeit für Japa und Kontemplation ist morgens zwischen vier und sechs Uhr. Zuerst bleibe eine halbe Stunde in Meditation versunken. Dann versuche die Zeit auf drei Stunden durch steigernde tägliche Übung zu verlängern. Bewege deinen Körper nicht und versuche einen Gedankenstrom auf Gott zu richten.

Schließe deine Augen und konzentriere dich ohne Mühen auf die Stelle zwischen den Augenbrauen (Trikuti), auf den Lotus des Herzens, die Nasenspitze oder auf den Scheitel des Kopfes.

Mache keine gewaltsame Anstrengung, um die Gedanken zu beherrschen. Laß sie eher eine Zeitlang herumlaufen und sich erschöpfen. Es kann einige Zeit dauern, bis sie gezähmt sind, aber nach jedem Versuch wird es leichter sein.

Regelmäßige Meditation

Laß keinen Tag ohne Meditation vergehen. Führe sie regelmäßig und systematisch durch. Dies ist sehr wichtig. Dann wird der meditative Zustand von allein zur gewohnten Zeit kommen. Nimm keine anregende Nahrung. Früchte und Milch werden der Konzentration der Gedanken helfen. Konzentriere dich nicht und meditiere nicht, wenn du müde bist, sondern ruhe dich ein wenig aus. Regelmäßige Meditation öffnet die Wege der intuitiven Erkenntnis und macht die Gedanken ruhig und ausdauernd. Es wird den Schüler des Yoga ein ekstatisches Gefühl überfallen, und er wird in Kontakt kommen mit dem höchsten Purusha. Alle Zweifel klären sich von selbst. Nun wirst du sicher auf dem Pfad des meditativen Yoga wandern. Du wirst selbst wissen, wie du deine Füße auf die nächste Stufe der geistigen Leiter setzen kannst. Eine geheimnisvolle innere Stimme wird dich führen.

Lesen und Auswendiglernen von Versen der Gita

Das Studium der Schriften ist Kriya-Yoga oder Niyama. In der Gita ist die Essenz aller Yogalehren und das Wesentlichste der Vedas enthalten. Ihr könnt eine halbe bis drei Stunden für diesen Zweck aufwenden, entsprechend der Zeit, die euch zur Verfügung steht.

In der Gita stehen für Männer und Frauen der ganzen Welt Vorschriften zum rechten Leben und Denken. Die Gita zeigt den geraden und rechten Weg zum höchsten Ort der Unsterblichkeit und zur ewigen Glückseligkeit. In diesem Buch wird das Leben der jungen Menschen umgeformt. Es beschreibt bestimmte positive und wirksame Methoden, um die Gedanken zu beherrschen, Prana (Lebensatem) zu bewahren, die sich empörenden und aufgeregten Sinne zu unterjochen, lasterhafte Eigenschaften auszureißen, göttliche Tugend zu erlangen, ethische Vollkommenheit zu erreichen, Frömmigkeit zu entwickeln und Freiheit des Handelns, Reinheit der Gedanken wie das höchste Heil (Moksha) zu gewinnen, während man die Pflichten in der Welt erfüllt.

Deshalb muß die Gita gründlich studiert werden. Sie ist euer Freund, euer Wohltäter und Führer. (Im abendländischen Raum werden es andere heilige Schriften sein. Anm. d. Übers.)

Umgang mit Weisen und Heiligen

Satsanga ist ein sicheres Boot, um den Schüler zum Ufer der Furchtlosigkeit zu führen, das jenseits der Dunkelheit liegt. Durch Umgang mit großen Mahatmas verliert man alle Leidenschaften. Man gewinnt die Kraft der Unterscheidung und sucht keinen Umgang mehr mit weltlichen Menschen. So wird man frei von Verblendung und Täuschung. Die Gedanken werden festgegründet, zielgerichtet und bleiben auf dem Wesentlichen ruhen. Dann ist Befreiung oder Freiheit erlangt. Die Herrlichkeit und Kraft, die Satsanga (Umgang mit Weisen, Heiligen, Yogis, Sannyasins und Mahatmas) bringt, wird in den heiligen Schriften beschrieben. Nur ein Augenblick der Begegnung genügt, um die schlechten Samskaras zu überwinden. Dienst für Mahatmas reinigt schnell von Begierden. Satsanga erhebt die Gedanken zu erhabensten Höhen.

Stunden des Schweigens

Beachte Mouna um deines geistigen Wachstums willen, nicht um nach außen dich hervorzuheben. Mouna bedeutet Gelöbnis des Schweigens. Die Energie wird durch sinnloses Sprechen und Schwätzen vergeudet. Mouna entwickelt Willenskraft und zügelt die Antriebe des Sprechens. Schweigen ist eine große Hilfe, um wahr zu bleiben und den Ärger zu beherrschen. Die Emotionen werden überwunden und die Erregbarkeit schwindet. Beobachte wenigstens ein bis zwei Stunden am Tag Schweigen. Während des Mouna sollten erhabene Gedanken an die Stelle von irdischen gesetzt und Japa geübt werden. Du kannst zu jeder beliebigen Zeit, am Morgen, Abend oder an

Sonntagen, Stunden des Schweigens einhalten. Wenn Umstände dich am Schweigen hindern, dann vermeide strengstens lange, umschweifende Reden. Vermeide alles unnötige Sprechen, alle nutzlosen Debatten und Auseinandersetzungen etc. und ziehe dich, so sehr du kannst, von der Gesellschaft zurück.

Selbstloser Dienst

Selbsterkenntnis dämmert nur in einem reinen Bewußtsein auf. Es ist der einzige unmittelbare Weg zur Freiheit. Nishkama Karma-Yoga ist der selbstlose Dienst an der Menschheit. Der wichtige Punkt ist, daß man den Menschen ohne Bindung und Selbstsucht dient. Die Hauptlehre der Gita ist Nicht-Gebundensein im Handeln. Sri Krishna lehrt, daß man unaufhörlich wirken soll, aber keine Früchte davon erwarten darf.

Wer selbstlosen Dienst verrichtet ohne irgendwelche Früchte zu erhoffen, wird ein mächtiger Yogi. Ein Karma-Yogi kennt das Geheimnis der Arbeit. Er erlaubt nicht, daß irgendeine Energie zerstreut wird. Sie muß bewahrt und reguliert werden. Er kennt das Wissen der Selbstzucht und benutzt die Energie für gute Zwecke, die einer großen Anzahl von Menschen das möglichst Beste bringen. Dies ist »Andacht« des Tuns. Von ihr spricht die Gita im zweiten Kapitel. Ein solcher Mensch entwickelt einen starken Willen und Charakter.

Almosengeben

Wenn du ausgehst, halte immer einige Münzen lose in deiner Tasche und verteile sie unter die Armen. Sei freigebig. Hab das Gefühl, daß du selbst in allen diesen Körpern Freude empfindest. Dann wird sich dein Herz ausweiten. Du wirst die Einheit, das Einssein erkennen. Gib regelmäßig ein Zehntel deines Einkommens. Das Vollbringen tugendhafter Werke ist der Beginn des geistigen Lebens.

Niederschreiben von Mantras

Führe ein Notizbuch mit Mantras. Schreibe dein Ishta-Mantra, dein Guru-Mantra oder das Maha-Mantra immer wieder, eine halbe Stunde lang, in dieses Heft. Du solltest dies tun, ehe du mit deinen Hauspflichten beginnst. Während des Aufschreibens mußt du Schweigen halten, vollkommen still und ruhig sein. Du sollst dich allein auf das Schreiben konzentrieren, Augen, Hände und Gedanken damit beschäftigen. Es gibt keine Hindernisse der Sprache. Wenn diese Übung ernsthaft durchgeführt wird, erlangt der Schüler mit Leichtigkeit Konzentration, inneren Frieden und Glück.

Schreibe das Mantra nur mit Tinte. Versuche auch deine Freunde zum Aufschreiben der Mantras – Likhita Japa anzuregen. Es wird von großem Segen für sie sein. Auch westliche Menschen sollten sich damit beschäftigen.

Körperliche Übungen

Körperliche Schulung (Entwicklung des Körpers) ist ebenso bedeutsam wie die Zucht der Gedanken, des Willens und des Gedächtnisses. Wenn der Körper nicht stark und gesund, kräftig und aktiv gehalten wird, dann ist keine Entwicklung möglich. Mens sana in corpore sano. Der weise Ausspruch meint, daß es nur einen gesunden Geist in einem gesunden Körper gibt. Dieser ist der Tempel Gottes. Er sollte durch tägliches Bad auch äußerlich ganz sauber gehalten werden.

Es gibt verschiedene Arten von Körperschulung. Ihr müßt die nehmen, die euch nach Geschmack, Temperament und Befähigung entspricht. Ein zarter Mensch sollte viel an der Luft spazierengehen. Am Morgen und Abend und immer allein. Dann kann er die Gegenwart des Allmächtigen überall spüren und in vollkommener Übereinstimmung und Harmonie mit der Natur sein. Spaziergänge am Morgen sind sehr zu empfehlen. Sport ist auch körperliche Übung, die Erfolg bringt.

Lügen und Selbstbestrafung

Du sollst immer nur die Wahrheit sprechen. Sie allein triumphiert. Ein wahrhaftiger Mensch ist vollkommen frei von Sorgen und Ängsten, hat einen ruhigen Sinn und wird von allen geachtet. Wenn du lange genug nur die Wahrheit gesprochen hast, wird alles geschehen, was du sagst. Sprich die Wahrheit. Sie ist Weisheit, Glückseligkeit und führt dich in allem, was du tust. Schreibe mit großen Buchstaben die Worte: »Sprich die Wahrheit« auf Pappe und hänge sie an verschiedenen Plätzen in deiner Wohnung auf. Dann wirst du dich sofort erinnern, wenn du eine Lüge sagst. Bestrafe dich durch Fasten und schreibe deine Lügen in dein Tagebuch ein. Langsam werden sie abnehmen und du wirst ein wahrhaftiger Mensch.

Ärger und Selbstbestrafung

Ärger ist der Feind des Friedens. Wenn ein Verlangen nicht befriedigt wird, ist der Mensch ärgerlich. Er verliert sein Gedächtnis und sein Verständnis. Beherrsche den Ärger durch Liebe und Selbstlosigkeit, durch Unterscheidung, Selbsterforschung und Meditation. Trinke kaltes Wasser, wenn Ärger aufkommt. Es wird deine Gedanken abkühlen und die erregten Nerven beruhigen. Wiederhole »OM Shanti« mehrere Male. Wenn du deinen Ärger nicht beherrschen kannst, gehe sofort hinaus und mache für eine halbe Stunde einen Spaziergang. Bete zu Gott, meditiere.

Sinnlose Gesellschaft

Die sogenannten Freunde sind in Wirklichkeit Feinde. Du wirst nicht einen Selbstlosen finden. Nimm dich in acht. Freunde wollen sinnlose Gespräche mit dir führen und deine Zeit verschwenden. Sie wollen dich herabziehen und in Weltliches verstricken. Laß dich nicht von blumigen Gesprächen solcher Freunde fortziehen. Zerschneide mit Gewalt die Beziehung zu ihnen. Lebe allein und vertraue dem unsterblichen Freund in deinem Herzen. Er wird dir geben, worum du bittest. Du kannst dich auch mit guten Büchern umgeben, die von Weisen oder Heiligen geschrieben sind.

Versagen in der Beherrschung der Sinne

Entsagung (Brahmacharya) ist Freiheit von sexuellen Gedanken und Begierden. Sie ist Beherrschung der Sinnesorgane und des Denkens, der Worte und Taten. Sie gilt für Männer wie Frauen. Brahmacharya hilft dir das Elend des weltlichen Lebens zu überwinden, Gesundheit, Stärke, Energie zu erlangen, die Gedanken zu besänftigen und den Schwierigkeiten des täglichen Lebenskampfes ins Gesicht zu sehen. Entsagung gibt dir Ausdauer, Mut, ein gutes Gedächtnis, Fülle an Energie und Unsterblichkeit. Wer seine Sexualenergie vollkommen beherrscht, erlangt Kräfte, die auf andere Weise nicht zu gewinnen sind. Es ist kein geistiger Fortschritt möglich ohne Keuschheit. Wer mit Eifer Selbstverwirklichung erlangen will, sollte diese streng halten.

Studium religiöser Bücher

Studiere regelmäßig religiöse Bücher. Wenn du dich auf fromme Gedanken konzentrierst, ist dies eine Art von niederem Samadhi. Während der Meditation kannst du Verse aufsagen. Heilige Bücher der Inder sind: Ramayana, Bhagawata, Yoga-Vasishtha, Gita, Isa-Upanishad und andere.

Schlechte Gewohnheiten und Selbstbestrafung

Einige kennen nicht ihre üblen Eigenschaften und viele halten sie nicht für schlecht. Würden sie dies tun, wäre eine Besserung leicht. Alkohol ist ein Teufel. Wenn er einmal in den Körper des Menschen eindringt, verläßt er ihn niemals mehr. Dann kommt das Rauchen, zuviel Tee- und Kaffeetrinken, Magazinelesen, Kinobesuch etc. Zuerst mußt du die schlechte Eigenschaft erkennen, dann inbrünstig verlangen, sie auf alle Fälle aufzugeben. Das ist schon der halbe Erfolg. Sofort eine schlechte Angewohnheit aufgeben, ist das Beste. Laß dir von deinem Unbewußten helfen und baue neue gesunde Angewohnheiten auf. Entwickle deinen Willen. Es ist nichts unmöglich unter der Sonne.

Konzentration auf die Gottheit

Du kannst dich nur konzentrieren, wenn du von allen Zerstreuungen frei bist. Konzentriere dich auf alles, was du für richtig hältst oder was deine Gedanken mögen. Zuerst muß sich das Denken auf grobstoffliche Gegenstände konzentrieren. Später kannst du dann mit Erfolg deine Gedanken auf feinstoffliche Dinge und abstrakte Ideen konzentrieren. Regelmäßigkeit in dieser Übung ist von größter Bedeutung.

Wenn du über eine göttliche Gestalt meditierst, mußt du das Bild vor dich stellen. Betrachte es fest, ohne mit den Lidern zu zucken. Zuerst schau auf die Füße, dann auf das Gewand, auf die Ausschmückungen, auf die ganze Gestalt und zuletzt auf das Gesicht. Wiederhole dies eine halbe Stunde lang. Wenn du ermüdest, blicke nur auf das Gesicht. Nach drei Monaten kannst du die Augen schließen, innerlich das Bild schauen und die Gedanken wie zuvor darüber hingleiten lassen.

Du kannst dich auch auf einen schwarzen Fleck an der Wand, auf eine Kerze, einen hellen Stern, auf den Mond oder auf OM konzentrieren. Wenn sich deine Gedanken auf feinstoffliche Formen sammeln, dann mußt du innerlich das Bild zwischen den Augenbrauen, im Herzen oder in einem Chakra bewahren.

Du kannst dich auch auf göttliche Eigenschaften wie Liebe, Barmherzigkeit oder auf eine andere abstrakte Idee wie Glückseligkeit, Reinheit, Vollkommenheit, Frieden konzentrieren.

Entwicklung guter Eigenschaften

Entwickle die Tugend, die dir hoffnungslos fehlt. Mut, Erbarmen, All-Liebe, Würde, Zufriedenheit, Offenheit, Ehrlichkeit müssen nacheinander entfaltet werden. Nimm jeden Monat eine Tugend und meditiere regelmäßig über diese. Dann wird sie in deinem Charakter aufscheinen. Wenn du eine wichtige Tugend entwickelst, werden sich alle anderen an dich hängen. Hast du Demut und Mut, werden die anderen Tugenden von selbst erscheinen. Du solltest täglich etwas Zeit – vielleicht eine halbe Stunde – zur Entwicklung der Tugenden verbringen.

Ausrottung schlechter Eigenschaften

Die Entwicklung tugendhafter Eigenschaften wird von selbst die negativen ausschalten. Es ist dennoch besser, auch den positiven Versuch zu unternehmen, schlechte Eigenschaften auszurotten. Dann wird der Fortschritt schnell vorangehen. Es ist ein zweifacher Angriff auf den Feind. Wenn du Lust, Ärger oder Selbstsucht forträumst, werden alle anderen schlechten Eigenschaften von allein vergehen. Sie sind Gefolgschaft der Selbstsucht. Alle Laster entstammen dem Ärger. Wenn diese beiden vernichtet sind, werden alle anderen Laster schwinden. Darum konzentriere deine Aufmerksamkeit auf das Töten von Selbstsucht und Ärger.

Aufreizende Sinnesorgane

Ohren, Augen, Zunge, Nase und Haut sind die fünf Jnana-Indriyas oder Organe der Erkenntnis. Sprachorgan, Hände, Füße, Genitalien und After sind die fünf Karma-Indriyas.

Wer seine Indriyas nicht gezügelt hat, wird Sklave dieser Organe und wird sein Ziel nicht erreichen. Eine schöne Analogie steht in der Katha-Upanishad: Der Körper wird mit einem Wagen verglichen. Jivatma ist der Herr, der in dem Wagen sitzt. Der Intellekt ist der Lenker. Die Gedanken bilden die Zügel. Die Indriyas sind die Pferde. Jener Verstand oder Mann des Verstandes, der diese ungestümen Pferde unter Kontrolle hat, erreicht das Ziel, den Bereich der ewigen Seligkeit. Der Unachtsame wird von den wilden Rossen (den Indriyas) fortgetragen, überschlägt sich und bricht sich die Beine.

Die Übung des Pratyahara besteht darin, die Sinnesorgane von den besonderen Sinneswahrnehmungen fortzuziehen. Dann werden sie in die Gedanken zurückgenommen. Das Denken muß bei dieser Übung gezügelt werden, auch wenn es sich allein um die Sinnesorgane handelt. Du mußt Wohlgerüche, Reizmittel, Leckerbissen und weiche Betten meiden.

Zucht der Sinnesorgane ist sehr bedeutsam. Wenn sie stürmisch sind, kannst du dich nicht konzentrieren. Beobachte sie sorgfältig und zügle sie durch geeignete Methoden wie Fasten, Schweigen, Tratak, Keuschheit. Das Zurückhalten der Sinnesorgane bedeutet Zügelung der Gedanken. Sie können nicht unabhängig vom Denken wirken. Keuschheit hält die Zeugungsorgane in Schach, Mouna das Sprachorgan, Tratak die Augen. Man muß eine lange Zeit üben. Dann werden die Indriyas ausgehungert.

Fasten und Schweigen

Vollkommenes Fasten hilft den Schlaf regeln. Man sollte nicht Tee trinken, um wach zu bleiben oder irgendeine Droge nehmen. Sie können keine geistige Kraft geben. Verwende deine Zeit für Yoga-Sadhana. Iß nichts Schweres, wenn du gefastet hast. Milch oder Fruchtsaft sind wohltuend.

Faste oder lebe nur von Milch und Früchten. Es heißt in der Gita, daß Yoga weder für den ist, der zuviel noch für den, der zu wenig Nahrung zu sich nimmt. Er ist nicht für den, der zuviel schläft noch für den, der zu lange Nachtwachen hält. Dem Menschen aber, der mäßig in seiner Nahrung und seiner Erholung ist, der alle seine Handlungen zügelt und Schlaf wie Wachen regelt, bringt Yoga das Ende aller Sorgen.

Zeit des Schlafengehens

Der Magen verdaut in der Nacht nur langsam. Darum solltet ihr am Abend leichte Mahlzeit zu euch nehmen und in den späten Stunden keinen starken Kaffee oder Tee trinken. Legt euch auf die linke Seite. Dann kann Surya-Nadi (Pingala, der Strom durch den rechten Nervenkanal) fließen. Nahrung wird gut verdaut, wenn der Sonnen-Nadi des Nachts fließt. Tragt leichte Kleidung und bedeckt euch nicht mit schweren Decken.

Entspannt die Gedanken, wenn ihr schlafen geht. Wiederholt Gebete oder erhabene Verse aus heiligen Schriften, ehe ihr zu Bett geht. Laßt die Kugeln zehn Minuten lang durch eure Hände gleiten und meditiert über den Herrn und seine göttlichen Eigenschaften. Baut keine Luftschlösser. Gebt das Planen auf. Vergeßt ungute Gefühle, die ihr gegen irgend jemanden fühlt.

Habt angenehme Gedanken und geht um zehn Uhr ins Bett. Haltet die Schlafenszeit regelmäßig ein.

Zeit ist äußerst wertvoll

Es gibt Menschen, die Tage und Nächte mit sinnlosen Reden, Kartenspiel und Schach, oder Wochen mit Trinken und Geschwätz vergeuden. Andere verbringen ihre Abende mit schlecht beleumundeten Mädchen oder mit Spielen. Wieder andere vergeuden Jahr um Jahr mit sinnlosem Tun, mit Kinobesuchen, Rauchen und sonstigem Treiben.

Wie tief ist dies zu bedauern! Der Mensch ist auf die Welt gekommen, um einen bestimmten Zweck zu erfüllen. Das Leben besteht nicht aus Essen, Trinken, Kleidern und Sexus. Es steht ein großes, erhabenes Ziel hinter dem Dasein, ein ewiges Leben und Glückseligkeit. Jede Sekunde muß gut genützt werden, um das Ziel des Lebens zu erreichen. Die Zeit ist sehr kostbar. Sie kehrt niemals zurück, sondern vergeht in ungeheurer Schnelligkeit. Wenn die Glocken erklingen, denke an deinen nahenden Tod. Wenn die Uhr schlägt, denke daran, daß eine weitere Stunde von der Lebensspanne abgeschnitten ist. Du mußt voller Furcht wissen: »Der Tod naht sich. Ich vergeude meine Zeit. Wann soll ich das Ziel des Lebens erringen?«

Die Hälfte deines Lebens verbringst du im Schlaf. Ein großer Teil vergeht in Krankheit, ein anderer mit Essen, Trinken, Reden. Du bist in deiner Jugend von Unwissenheit und Spiel erfüllt. In deiner Reifezeit umgibt dich ein Netz von Frauen, im Alter lebst du unter Angst und Last der Familienangelegenheiten. Wann werdet ihr, meine Freunde, die Zeit für tugendhafte Taten und Gottesverehrung finden? Seid ernsthaft und denkt jetzt nach.

Alle großen Geschäftsleute kennen den Wert der Zeit, in der sie ihr Geld verdienen. Jede Sekunde ist für sie kostbar, Zeit ist für sie Geld. Ihnen gleich sollten Schüler auf dem geistigen Pfad sehr sorgfältig mit der Zeit umgehen und diese für Kontemplation ausnutzen. Sie werden kein sinnloses Wort sprechen, weil sie jeden Augenblick im Dienste Gottes verbringen. Darum bewahren sie Schweigen und gehen in die Einsamkeit. Wenn du auf die Sekunden achtgibst, werden die Stunden für sich selbst sorgen.

Früher sang ich häufig Lieder, die den Hörern den Wert der Zeit ins Gedächtnis rufen sollten. Eines meiner oft gesungenen Lieder sei hier wiedergegeben:

Kurz ist das Leben, die Zeit flieht dahin,
  die Hindernisse sich mehren.
Zerschneide den Knoten Avidyas,
  den Nektar Nirvanas trinke.
Kurz ist das Leben, die Zeit flieht dahin,
  die Welt ist voll Not.
Den Yogapfad übe gesichert und fest.
Das Leben gleicht dem Gekräusel der Wellen.
Geboren allein, im Tode allein, wird niemand dir folgen.
In Nacktheit geboren, im Sterben verlassen,
  wird niemand dir folgen.
Verehre die Gottheit, nur dieses wird bleiben.
Was hat dich – sei ehrlich – die Welt schon gelehrt?
Verharr' in Erkenntnis, in Japa und Kirtan.
Erwarte kein Heil, wenn die Zeit du verspielst.
Verkrampft sich dein Herz im Kampfe des Todes.
Wer wird dir helfen dann, wer dich befrein?

Zucht der Sinnesorgane

Die Übung der Selbstzucht (Dama) und das Zurückziehen der Sinne von den Gegenständen (Pratyahara) sind große Hilfen bei der Beherrschung der Indriyas. Beobachte deine Sinneseindrücke sehr genau und zügle die Indriyas hier und dort. Dies gibt starke Willenskraft, Konzentration und Frieden der Gedanken. Ein solcher Mensch wird sehr stark sein und Erfolg im Leben haben. Auch auf dem geistigen Pfad wird er vorankommen. Ohne die Zucht der Sinne ist kein geistiger Weg möglich.

In der Kathupanishad heißt es, daß der aus sich selbst existierende Brahman die Sinne mit den nach außen gehenden Neigungen erschuf. Deshalb nimmt der Mensch mit ihnen das äußere Weltall und nicht das innere Selbst wahr. Wenn sich die Augen nach innen richten, erlangen die Gedanken Innenschau.

In der Gita steht:

»Wenn von sinnlichen Dingen ab
er ganz die Sinne in sich zieht,
Gleichwie die Schildkröt' in sich kriecht,
– dann steht bei ihm die Weisheit fest.

Die Sinnendinge weichen fort von dem,
der streng enthaltsam ist;
Die Neigung bleibt, doch sie weicht,
sobald er auf das Höchste schaut.

Auch dem vernünft'gen Manne,
der sich redlich müht, o Kunti-Sohn,
Rauben die Sinne den Verstand,
ihn aufregend mit Ungestüm.

Sobald der Geist sich richtet
nach der losen Sinne Wanderschar,
Dann reißt ihm das die Einsicht fort,
gleichwie der Wind das Schiff im Meer.«
(Bhagavad Gita, Kap. 2, 58, 59, 60, 67)

Man muß sich vor der Reaktion in acht nehmen. Wenn der Schüler nicht aufmerksam ist, schwindet sein Unterscheidungsvermögen; wenn er nicht regelmäßig Sadhana übt, setzen die Reaktionen ein und seine Sinne werden stürmisch. Dann ist es schwer, sie zu beherrschen, und der Schüler versagt.

Wenn die Sinne nicht mehr auf äußere Gegenstände gelenkt werden und Konzentration geübt wird, dann werden die Indriyas ausgehungert. Sie werden nicht mehr erregt, selbst wenn sie mit sinnenhaften Gegenständen in Berührung kommen. Sie gleichen dann Schlangen, denen die Zähne ausgerissen sind. Sie können keinen Schaden mehr zufügen. Es ist hierfür eine andauernde Übung notwendig. Man muß sehr geduldig sein. Pratyahara ermöglicht Konzentration an jedem Ort und für jede Zeit. Im Augenblick, in dem sich der Mensch zur Konzentration niedersetzt, werden seine Sinne zurückgezogen. Kein äußerer Ton wird ihn mehr stören. Pratyahara verlangt strenge und mühsame Übung und viel Geduld. Durch diese Abstraktion der Sinne wird Willenskraft und geistige Stärke erlangt. Auch Konzentration auf einen Punkt wird entwickelt. Der Radscha Janaka prüfte Sukadev in der Übung des Pratyahara. Er gab ihm eine bis zum Rande gefüllte Tasse mit Milch in die Hand und ließ ihn dreimal um seinen Palast gehen. Dabei durfte kein Tropfen verschüttet werden. Janaka ließ Musik spielen und Menschen sich auf dem Wege vergnügen, um die Aufmerksamkeit von Sukadev zu zerstreuen. Diesem aber gelang die Aufgabe, denn er war festgegründet in Pratyahara.

Umgang mit Heiligen

Von Sri Krishna wird berichtet, daß ihn weder Yogaübungen, das Studium heiliger Schriften, Bußübungen, Entsagung, Opfer noch Barmherzigkeit, Almosen, Fasten, Verehrung der Gottheiten, Aufsagen von Mantras oder das Besuchen heiliger Plätze, Pilgerfahrten, Regeln der Zucht und religiöse Vorschriften so stark anziehen konnten wie die Gefolgschaft der Heiligen (Satsanga). Begleitung heiliger und guter Menschen ist eins der Geheimnisse auf dem geistigen Pfad, auf dem der Schüler Gott erreicht.

Aura, geistige Schwingung und mächtige Ströme, die von Meistern ausgehen, üben einen starken Einfluß auf die weltlich Gesinnten aus. Der Dienst, den man den Mahatmas leistet, reinigt die Gedanken leidenschaftlicher Menschen in kürzester Zeit. Ebenso wie ein einziges Zündholz ein riesiges Bündel Baumwolle in wenigen Sekunden verbrennt, so verbrennt die Gesellschaft von Heiligen alle Gedanken und Samskaras der Leidenschaft in wenigen Sekunden. Wenn der Umgang mit Heiligen (Satsanga) nicht möglich ist, kann man Plätze wie Varanasi, Nasik, Prayag und Rishikesh in den Ferien aufsuchen. Studium heiliger Bücher kann ebensoviel Wert haben wie Satsanga.

Durch die Gesellschaft eines heiligen Weisen strömen Weisheit und Liebe in die Seelen der Menschen. Lebensspendende Worte guter Menschen bewirken ein reines Herz. Das Böse wird ausgemerzt und der Mensch zu den Füßen des Herrn geführt. Die Gnade der Großen – mit anderen Worten: die Berührung göttlichen Erbarmens – schenkt Liebe zu Gott.

Es können sich auch am Abend mehrere Menschen in einem Tempel oder einem ruhigen Zimmer treffen und einige Stunden heilige Schriften lesen. (Die Schriften der Inder sind: die Bhagavadgita, die Upanishaden, Ramayana, Yoga Vasishtha oder Bhagawata.) Solche Zusammenkünfte bilden eine Art Satsanga. Die Gedanken werden langsam gereinigt, der Geschmack richtet sich auf die geistige Übung. Dieser Methode können auch Frauen folgen.

Das Leben ist in unseren Tagen sehr verhetzt. Der Kampf um die Existenz ist hart. Wenn Menschen keine Zeit finden, philosophische und religiöse Bücher zu studieren, können sie eine von mir besprochene Grammophonplatte (siehe Schallplatte im O. W. Barth-Verlag, Weilheim, Obb.: Swami Sivananda, Praktische Anweisungen zu Meditation) als geistige Anregung vor dem Schlafengehen oder am frühen Morgen spielen. Solche Platten sind eine Art Studium religiöser Bücher (Swadhyaya) und Meditation. Auf diese Weise wirst du langsam ein frommes Leben führen und keine furchtbaren Träume haben. Deine Gedanken werden sich mit Harmonie füllen und du wirst ausgeglichenes Denken, geistige Kraft und starken Willen entwickeln. Dies ist Satsanga auch in der geschäftigen Welt von Lärm, Streit, Aufruhr.

Große Meister lebten bei ihren Lehrern: Vivikananda bei Ramakrishna, Jnanadeva bei Nivrittinath. Gorakhnath hatte Satsanga mit Matlsyendranath. Im Satsanga wird die göttliche Gegenwart in allem erfahren, Gott in jedem Antlitz und Gegenstand erblickt. Wie eine Flamme durch eine andere angezündet wird, so fängt ein Herz Feuer von einem anderen. Im Osten gibt man den Schülern stets den Rat, den Umgang mit Heiligen zu suchen und ihren Reden zu lauschen, damit auf diese Weise ein kleiner Funken von Liebe und Wahrhaftigkeit in ihre Flamme gegossen wird. Nur starke Menschen können in der Einsamkeit im Glühen bleiben. Der Anfänger soll die Gelegenheit wahrnehmen, um seine eigenen Bestrebungen durch Umgang mit anderen zu stärken.

Ein Wort an die Menschen unserer Zeit

Die Gedanken der heutigen Frauen und Männer sind mit materialistischem Gift gefüllt. Es ist auch nicht ein Tüpfelchen Geist in ihren Herzen. Sie haben keine Ahnung von der Macht und Wirksamkeit des Satsanga. Falsche Samskaras sind in ihr Denken eingeprägt. Sie brauchen gründliche Läuterung und Reinigung, wenn sie wirklich ewige Glückseligkeit und andauernden Frieden erlangen wollen. Die Zeit flieht, der Tod wartet darauf, alle zu verschlingen. Ein Morgen wird es nicht geben. Es ist sehr schwer, erneut diese menschliche Geburt zu empfangen. Darum nutze sie sinnvoll aus in der Verwirklichung deines Selbst. Dies ist das Ziel des menschlichen Lebens; dies ist deine höchste Aufgabe (Dharma).

Prüfungen Gottes

Ebenso wie man beim weltlichen Studium Prüfungen bestehen muß, bevor man die höhere Stufe erlangen kann, prüft Gott den Schüler, ehe er in den Bereich von Moksha, der höchsten Befreiung, zugelassen wird. Die Prüfungen sind sehr schwer und hart.

Auch Buddhas geistige Reinheit wurde geprüft, indem er Versuchungen aller Art unterworfen wurde. Er mußte Mara, dem Bösen, ins Auge sehen. Erst dann – und nicht zuvor – bekam er die Erleuchtung unter dem Bodhi-Baum (dem Baum der Weisheit) in Gaya. Ebenso wurde Jesus vom Teufel auf verschiedenste Weisen versucht. Jaimini wurde von seinem Guru Bhagawan Vyasa geprüft. Dieser nahm die Gestalt eines wunderschönen jungen Mädchens an und erschien vor Jaimini, der sich in sie verliebte. Da kehrte Vyasa sogleich in seine ursprüngliche Gestalt zurück und beschämte den Schüler. Viele versagen am Anfang, bis sie das feine Netz der Maya erkennen. Leidenschaft ist mächtig. Darum müssen Schüler achtsam sein und einen sehr hohen Grad geistiger Reinheit entwickeln. Gott wird sie in verführerische Umwelt stellen, um sie zu prüfen. Sie werden von jungen Mädchen oder schönen Frauen verführt.

Eine andere Prüfung ist die Frage, ob der Schüler sich mit seinem vergänglichen Körper identifiziert (Moha). Dies ist ein wirkungsvoller Test. Yogi Matsyendranath führte ihn mit seinen Schülern in folgender Weise aus: Er steckte einen scharfen Dreizack in den Boden und befahl seinen Schülern, auf einen Baum zu steigen und sich herabzustürzen. Ein ernsthafter Schüler, der tiefes Vertrauen zu den Worten seines Gurus hatte, kletterte auf den Baum und sprang auf den Dreizack herunter. Die geheimnisvollen Kräfte des Yogi bewahrten ihn vor dem Tod.

Guru Govindiji Maharaj unterzog seine Schüler einer ähnlichen Prüfung: Er forderte ihre Köpfe. Viele weigerten sich, nur vier von ihnen traten hervor. Diese führte er auf eine benachbarte Wiese und schlug hier vier Ziegen die Köpfe ab.

Manchmal erscheint Gott seinem Schüler in Gestalt eines Tigers. Ist dieser mutig und erblickt er auch im Tiger die Gestalt des Herrn Vishnu, wird er unmittelbar Heil empfangen. Läuft er feige fort, hat er das Spiel verloren.

Die dritte Prüfung ist der Test der einheitlichen Schau. Gott prüft die Schüler, ob sie ihn in allen Geschöpfen, in Hunden, Pferden, Schlangen und Skorpionen, in Ausgestoßenen und Brahmanen gleicherweise erkennen. Heute werden viele Schüler nicht einmal einen Tropfen Wasser einem Durstigen geben und sich dennoch für fromm halten. Wenn sie nicht den Lebenden dienen und diese lieben, wie können sie dann dem Herrn Opfer und Liebe geben?

Auch Sankaracharya wurde einer Prüfung unterzogen. Er

war nicht frei von Kastendünkel, da er Brahmane war. Gott Shiva nahm die Gestalt eines Pariers (die niederste Kaste) an und erschien vor Sankara. Dieser wollte nicht auf dem gleichen Weg wie der Ausgestoßene gehen. Da sprach der Parier zu ihm: »O, Sankara, großer Philosoph des Advaita. Wo ist jetzt deine einheitliche Schau? Wo ist Vedanta oder die Einheit des Lebens? Du mißachtest mich, weil du mich für einen Vertreter der niederen Kaste hältst und hast noch den Dünkel des Brahmanen. Wohin ist deine Philosophie der Nicht-Zweiheit entschwunden? Was ist der Unterschied zwischen deinem und meinem Körper? Hat der deine sechs Elemente? Habe ich nicht den gleichen Atma, die Quelle dieser Welt? Gibt es einen Unterschied zwischen dem deinen und meinem?« Sankara schämte sich. Er erkannte, daß dies kein wirklicher Parier war. Nur der Herr Shiva vermochte in solchen erhabenen Tönen zu sprechen. Er war gekommen, ihn wegen seines Kastengeistes zu prüfen. Da warf sich Sankara zu Füßen des Ausgestoßenen und berührte sie. Dieser nahm sogleich die Gestalt des Herrn Shiva an.

Die vierte Prüfung ist die der Ausgeglichenheit. Gott schickt dem Schüler vielfältige Sorgen. Er nimmt ihm Frau und Sohn, zerstört seinen Besitz, verstrickt ihn in unheilbare Krankheiten und macht ihn völlig hilflos. Dann beobachtet er den Frommen, ob dieser ihn in solchen Härten noch anbetet, ob er Ausgeglichenheit bewahrt und heiteren Gemütes in allem Leiden bleibt. In der Weise wurde Ramadas aus Bhadrachalam geprüft. Er verlor seinen Sohn, wurde zwölf Jahre unter größten Härten ins Gefängnis gesperrt und wich doch nicht im geringsten von seiner spontanen Zuneigung zu seinem geliebten Rama ab. Daraufhin erweckte Gott Rama seinen Sohn wieder zum Leben. Die Leiden, die er schickt, sind verkleidete Segnungen. Er will immer stärker die weltlichen Freudenquellen zerstören, um den Frommen ganz zu sich hinzuführen.

Auch du wirst von Gott auf deine Aufrichtigkeit und Geduld hin geprüft werden, so wie dieses der große Marpa aus Tibet tat. Er prüfte seinen Schüler Milarepa auf zahlreiche Weisen. Er nahm ihn bei den Haaren und warf ihn das Tal herab. Er ließ ihn Hütten bauen und sie immer wieder niederreißen, um seine Geduld und Aufrichtigkeit zu prüfen. Milarepa mußte mehrere Male sein Haus verlassen und kam doch immer wieder zurück. Die Frau Marpas war sehr gut zu ihm. Marpa aber gab Milarepa niemals die Einweihung. Kein Schüler wird diese wunderbare und außergewöhnliche Geduld und Hingabe zu seinem Guru haben, die Milarepa besaß. So wurde er zum Lieblingsschüler von Marpa und der größte Yogi, den Tibet jemals hervorbrachte. Heute können Schüler nicht einmal ein hartes Wort ihres Gurus ertragen. Sie sind völlig unabhängig und wechseln die Gurus bei jeder Gelegenheit. Darum haben sie keinerlei Erfolg auf dem geistigen Pfad.

Wenn der Schüler diese vier lebenswichtigen Prüfungen besteht, wird der Herr wirklich alles für ihn tun und ihm jederzeit zu Diensten sein. Es gibt auch noch andere Prüfungen, die aber nicht genau beschrieben werden können. Wir können nicht mit Bestimmtheit sagen, daß Gott seine Anhänger in dieser oder jener Weise prüfen wird. Ein wahrer Frommer aber hat keine Angst davor.

Du solltest leben, wirken und atmen, allein um Selbstverwirklichung zu erlangen. Du solltest auf deiner Ebene das Bestmögliche tun, um das Ziel zu erreichen und deine Gedanken, Körper und Seele auf dem Altar Gottes opfern. Die ganze Welt ist nur ein Spiel (Leela) Gottes. Es gibt nur ihn. Fühle seine Gegenwart in dir immer und überall und erfreue dich der Glückseligkeit des Atma.

VII. Kapitel

ZWEI ANEKDOTEN

Die drei Totenschädel

Einstmals erschien ein Rakshasa im Palast eines Fürsten mit drei Totenschädeln und erklärte, er würde alle Pandits seines Reiches töten, wenn sie nicht innerhalb einer Woche den besten unter den drei Köpfen auswählen würden. Vikranaditya rief die Pandits zu sich, um ihnen die Botschaft des Rakshasa zu überbringen. Sie zitterten vor Furcht, aber einer von ihnen, Pandit Rajaram Shastri, war voller Klugheit und ermunterte sie. Er erklärte dem Fürsten, er würde den besten Totenschädel ohne Schwierigkeit aussuchen.

Nach sieben Tagen kam der Rakshasa wieder zum Palast des Fürsten. Pandit Rajaram Shastri betrat den Platz und sagte: »Der Schädel, in den dieser Eisenstab von einem Ohr bis zum anderen hineingeht, ist der schlechteste und nicht einen Heller wert. Jener Schädel, in den der Eisenstab von einem Ohr zum Mund geht, ist der mittelmäßige. Der Schädel aber, in dem der Stab von einem Ohr direkt zum Herzen geht, ist der Beste von allen.« Diesen Schädel gab er dem Rakshasa, der sich tief verbeugte. Der Pandit aber wurde vom Fürsten reichlich mit Gold, mit Gewändern und Kühen beschenkt.

Die Moral dieser Geschichte ist, daß die Menschen, die religiöse Unterweisungen mit einem Ohr hören und zeitweise darüber sprechen, der Mittelklasse angehören, ebenso wie der mittlere Schädel. Jene aber, die die Belehrungen durch ein Ohr aufnehmen, sie aber tief in ihr Herz hineinnehmen und in rechtem Ernst verwirklichen, sind die besten Menschen, ähnlich dem besten Totenschädel.

Noch einmal zu meinem Hauptpunkt zurückkehrend: Nur Lesen oder Reden über das Thema des Erfolges im Leben und der Selbstverwirklichung genügt nicht. Du mußt sofort in die Praxis umsetzen, was du aus diesem Buch gelernt hast. So wirst du ein großer Yogi oder Jnani (Erkennender). Dies ist mein inbrünstiges Gebet.

Vilwamangal und Chintamani

Die Tänzerin Chintamani gab Vilwamangal, der später als Surdas bekannt wurde, den Rat: »Vilwamangal, du bist verrückt nach meinem garstigen Körper, dem alle Arten von Unreinheiten anhaften. Dies ist der Todestag deines Vaters. Du bist zu mir in der Dunkelheit der Nacht über den Fluß gekommen. Jetzt riecht dein ganzer Körper. Die Sehnsucht nach einem trügerischen weiblichen Körper gab dir Kraft, den Fluß zu überqueren. Der Körper, der in Wirklichkeit ein Leichnam ist, zieht junge Menschen an, die dies noch nicht erkannt haben, weil ein wenig Glanz noch auf der Haut liegt und ein wenig Atem die Wangen belebt. Alles ist Maja – Trug, ist Fleisch, Knochen, Fett. Hättest du deine Gedanken zu Gott hin gelenkt, zur Quelle dieser Schönheit, der Schönheit aller Schönheiten, der Verkörperung nicht vergänglichen Glanzes, wärst du ein großer Heiliger geworden und hättest immerwährenden Frieden und ewige Seligkeit erlangt. Welch Narr bist du!« Diese vorwurfsvolle Ermahnung öffnete Vilwamangal die Augen. Sofort versank die von Avidya geschaffene Täuschung. Er lenkte seine Gedanken auf Sri Krishna und wurde ein großer Heiliger.

Willst auch du ein Heiliger werden? Du hast die gleiche Möglichkeit. Krishna wartet in diesem Augenblick in Bridavan mit ausgebreiteten Armen auf dich, um dich willkommen zu heißen und dich zu umarmen. Verliere nicht diese herrliche Gelegenheit. Habe jetzt oder nie das intensive, brennende Verlangen.

ANHANG

Pfad der Geistigkeit

Wenn ein Vater vier Söhne hat, muß er zustimmen, daß sich einer ganz dem geistigen Pfad widmet und ein Leben der Entsagung (Nivritti-Marga) führt. Zuerst kann er wie ein Student eine Zeitlang von zu Hause fortgehen. Er kann fünf oder sechs Jahre geistige Übungen ausführen, ohne das Gewand eines Mönches anzuziehen. Nivritti-Marga bedeutet nicht, daß man ein orangefarbenes Kleid trägt oder sich den Kopf kahl rasiert. Ein solcher Sohn wird seine Familie auf dem Pfad der Geistigkeit führen, nachdem er Fortschritte gemacht hat. Er wird bei ihnen bleiben und Freude, Frieden, Kraft ausstrahlen und sie aus dem Kreislauf des Lebens herausheben.

Heute aber will der Vater, daß alle seine Söhne einen weltlichen Beruf ergreifen und stellt ihnen viele Hindernisse entgegen, damit sie nicht den geistigen Weg wählen, sondern heiraten. Das ist der Grund, warum ein weltlich gesinnter Vater immer armselig ist, selbst wenn seine Söhne gute Stellungen haben. Ein geistig veranlagter Sohn ist wertvoll für die Familie. Er läutert und erhebt seine Verwandtschaft bis zu 21 Generationen vor und nach ihm.

Zwanzig geistige Übungen

1. Stehe täglich früh auf. Übe Japa und Meditation.
2. Nimm leichte Nahrung zu dir. Überlade nicht deinen Magen.
3. Setze dich in Yogahaltung (Padma- oder Siddha-Asana) zur Meditation.
4. Richte dir ein verschließbares Meditationszimmer ein.
5. Gib ein Zehntel deines Einkommens als Almosen.
6. Studiere systematisch ein Kapitel der Bhagavad Gita.
7. Bewahre deine vitale Lebenskraft. Schlafe allein.
8. Gib Rauchen, betäubende Getränke und anregende Nahrung auf.
9. Faste an Feiertagen oder lebe dann nur von Milch und Früchten.
10. Übe Schweigen zwei Stunden am Tage und während der Mahlzeiten.
11. Sprich unter allen Umständen die Wahrheit. Rede wenig und freundlich.
12. Verringere deine Bedürfnisse und führe ein frohes, zufriedenes Leben.
13. Verletze niemals die Gefühle anderer. Sei freundlich zu allen.
14. Denke an deine Fehler (Selbstanalyse).
15. Hänge nicht von Untergebenen ab. Sei voller Selbstvertrauen.
16. Denke an Gott, sobald du aufwachst und wenn du schlafen gehst.
17. Trage immer einen Rosenkranz zur Meditation um den Hals oder in der Tasche.
18. Dein Grundsatz sei: Einfach leben und Hohes denken.

19. Diene den Sadhus, den Sannyasins und den Armen und Kranken.
20. Schreibe täglich ein geistiges Tagebuch. Übe dich in Regelmäßigkeit.

Geistiges Tagebuch

Wöchentliche Zusammenstellung

Das geistige Tagebuch (siehe folgende Doppelseite) soll die Gedanken auf den rechten Weg zu Gott führen. Wenn du es täglich schreibst, wirst du Trost, Frieden und schnellen Erfolg erlangen.

The Divine Life Society

Diese »Gemeinschaft des Göttlichen Lebens« wurde von Seiner Heiligkeit Sri Swami Sivanandaji Maharaj 1936 zur möglichst weiten Verbreitung der kostbarsten und besten Elemente der großen Kultur und des lebendigen Idealismus im Inneren Indiens begründet. Swami Sivanandaji suchte ohne Unterlaß mit Hilfe dieser Gesellschaft und des Ashrams eine weltweite Verbreitung des lebenswichtigen ethischen und geistigen Idealismus Indiens zu erreichen und die Weisheit des Yoga, Vedanta, Dharma wie das ideale Leben göttlicher Tugenden, rechten Verhaltens, selbstlosen Dienstes, universaler Bruderschaft und die Einheit des Lebens als ein Ganzheitliches zu verkünden und überallhin zu verbreiten.

Der Hauptsitz dieser Gesellschaft liegt in Sivanandanagar, Rishikesh, an den Ufern des Ganges zu Füßen des Himalaya.

Monat: ____________________ Woche: ________________

Tag:	1	2	3	4	5	6	7	Zus.
1. Wann bist du aufgestanden?								
2. Wie lange hast du geschlafen?								
3. Wievielmal hast du Japa geübt?								
4. Wie lange hast du Verehrung, Kirtan geübt?								
5. Wie viele Pranayamas hast du ausgeführt?								
6. Wie lange hast du Asanas gehalten?								
7. Wie lange hast du in einer Stellung meditiert?								
8. Wie viele Verse der Gita hast du gelesen oder auswendig gelernt?								
9. Wie lange hast du Umgang mit Heiligen (Satsanga) gehalten?								
10. Wie lange Schweigen bewahrt?								
11. Wie lange selbstlosen Dienst geleistet?								
12. Wieviel Barmherzigkeit hast du geübt?								
13. Wie viele Mantras niedergeschrieben?								
14. Wie lange körperliche Übungen ausgeführt?								
15. Wie oft hast du gelogen? Wie hast du dich selbst bestraft?								

Tag:	1	2	3	4	5	6	7	Zus.
16. Wie oft und wie lange hast du dich geärgert und dich selbst bestraft?								
17. Wie lange warst du in sinnloser Gesellschaft?								
18. Wie oft beim Studium religiöser Bücher?								
19. Wie hast du schlechte Gewohnheiten beherrscht und wie dich selbst bestraft?								
20. Wie lange hast du dich auf die Gottheit konzentriert?								
21. Wie viele Tage hast du Fasten und Nachtwachen geübt?								
22. Hast du regelmäßig meditiert?								
23. Welche Tugenden suchst du zu entwickeln?								
24. Welche bösen Eigenschaften suchst du auszurotten?								
25. Welche Sinne stören dich am meisten?								
26. Wann bist du ins Bett gegangen?								

Name: ______________________________

Adresse: ______________________________

Unterschrift: ______________________________

Hier wohnen Sannyasins, deren Leben vollkommen dem Dienst der Menschen gewidmet ist, damit sie den Yoga der Synthese lernen und in die Tat umsetzen. Es sind aktive und dynamische Zentren der Geistigkeit. Die Gemeinschaft will die gesamte Menschheit zum wahren und höchsten Ziel des Lebens erwekken, sie über die verschiedenen Mittel und Methoden aufklären, die zu diesem Ziel führen und sie mit Sehnsucht und Drängen nach diesem Ziel erfüllen.

Die »Divine Life Society« führt ihr Anliegen einer weltweiten Wiederbelebung der Geistigkeit durch Veröffentlichung von Büchern, Magazinen und Broschüren aus, die auf wissenschaftliche Weise sich mit allen Aspekten des Yoga und der Vedanta, der Religion, Philosophie und alten Medizin beschäftigen. Sie hält religiöse Tagungen und Gespräche und erbaut Schulungszentren für Yogaübungen und den Neuaufbau der Kultur. Von Zeit zu Zeit unternimmt sie Schritte, die notwendig sind, um eine schnellere moralische und geistige Regeneration der Welt zu ermöglichen.

Dieser Ashram ist ein Ort, an dem die alte Tradition und die aus ehrwürdig alter Zeit überlieferten kulturellen Bräuche bewahrt werden. Er wurde erbaut, um als Modell vielseitiger selbstloser Tätigkeiten zu dienen, als Ideal für die Verwirklichung einer vollkommenen Entfaltung der menschlichen Persönlichkeit und als Vorbild für die wesenhafte Vereinigung aller Seiten der menschlichen Natur. Der Ashram bildet auch einen idealen Ort, an den sich der gebildete Weltbürger zurückziehen, an dem er sein Wesen physisch, mental, moralisch und geistig erneuern kann. Der Gemeinschaft ist ein allopathisches Krankenhaus angeschlossen (General Hospital). Es werden dort Kranke aufgenommen und wertvolle Dienste durch kostenlose medizinische und chirurgische Hilfe geleistet. Hinzu kommen noch Abteilungen für Diathermie und Röntgendurchleuchtung.

Die bekannten ayurvedischen pharmazeutischen Werke stellen originale und hochqualifizierte ayurvedische Medizinen her, die sich in Indien und im Ausland einen Namen gemacht haben. Eine gutausgestattete Augenklinik leistet den Patienten aus der Nachbarschaft große Dienste. Patienten, die in diesen beiden Krankenhäusern liegen, bekommen kostenlos Essen und Arzneimittel. Die Gemeinschaftsküche (Annakshetra) ist Armen und Bedürftigen wie jedem Pilger geöffnet, der Hilfe sucht. Ein gutausgestattetes Fotostudio modernster Art hat wertvolle Filme über die verschiedenen Yogaübungen und Yogavorgänge hergestellt. Ein besonders schöner Tempel und eine Gebetshalle bieten Raum für fromme Übungen und Gebete in einer idealen Umgebung. Es wird täglich ein Gottesdienst für das Wohl der Menschheit abgehalten. Ein Yoga-Museum vermag in Kürze auf einen Blick hin das Wesentliche von Yoga und Vedanta aufzuzeigen. Die Gesellschaft führt eine »Yoga-Vedanta Forest Academy«, die Schüler von allen Teilen Indiens wie auch aus anderen Ländern, aus Europa, Amerika, Afrika, Indonesien, Malaysia unterrichtet. Diese Akademie vermittelt besondere Kenntnisse über die verschiedenen Yogatechniken und bereitet die Schüler für die höhere Meditation des geistigen Pfades vor. Die Schüler werden auch in einem selbstlosen Dienst an der Menschheit geschult, der auf dem Geist universaler Liebe und Bruderschaft beruht.

Die Erhaltung vollkommener Gesundheit wird für wesentlich angesehen, um den geistigen Pfad (Sadhana) zu betreten. Deshalb werden regelmäßig Stunden für körperliche Yogaschulung abgehalten. Für den geistigen Pfad werden im Ashram regelmäßig Kurse und Vorlesungen durchgeführt. Ebenso werden persönliche Unterweisungen für den praktischen Sadhana gegeben. Der Ashram wird neben den ständig dort Wohnenden auch von zahlreichen Indern und auswärtigen Besuchern zu

Studium und Übung in Yoga und Philosophie aufgesucht. Sie erhalten unentgeltlich Kost und Unterkunft.

Das Hauptanliegen der Gesellschaft ist hiernach: Verbreitung von Unterweisungen in Erziehung, Philosophie und geistiger Erkenntnis ohne Rücksicht auf Kaste oder Glauben. Alle Religionen sollen umfaßt und den Armen durch Kost und Medizinen Erleichterung gegeben werden. Die »Yoga-Vedanta Forest Academy« Presse, die von dieser wohltätigen Institution unterhalten wird, veröffentlicht Bücher und Zeitschriften, um geistiges und kulturelles Wissen nutzbar zu machen. Spezielle Themen über das Vermeiden wie Heilen von Krankheiten und die Erhaltung der Gesundheit wurden und werden veröffentlicht. Ebenso Zeitschriften wie: »The Divine Life« (monatlich), »Branch Gazette« (monatlich), und »Yoga-Vedanta« (monatlich in Hindi). Jeder, der Ahimsa, Satya und Brahmacharya (nach bester Möglichkeit) üben will, und einen kleinen Beitrag leistet, kann Mitglied dieser Gesellschaft werden. Die Mitglieder haben freien Zugang zu der Literatur, die von der Gesellschaft veröffentlicht wird, und auch zu dem »Sadhana Set«, in dem ein vorbereitender Unterricht in Sadhana gegeben wird.

Die Abteilung für Korrespondenz erhellt Zweifel und Schwierigkeiten der Schüler auf ihrem geistigen Pfad. Persönliche Antworten, die von dieser Institution aus schriftlich gegeben werden, vermitteln den Strauchelnden und Verzagenden aufklärende Führung, Hoffnung und Mut. Die einmalige Möglichkeit, geistige Entwicklung aufrechtzuerhalten liegt in der ununterbrochenen Innenschau. Die »Divine Life Society« beschränkt ihre Hilfe nicht auf Mitglieder irgendeiner besonderen Gesellschaft oder Glaubensrichtung. Das Ziel, die Wahrheit zu verbreiten, die allen Religionen zugrunde liegt, wird nicht aus den Augen verloren. So wurde das Weltparlament der Religionen im April 1953 abgehalten und 1957 ein Gedenkband für alle

Religionen herausgegeben. Dieser wurde allen öffentlichen und Universitäts-Bibliotheken in Indien wie im Ausland frei zur Verfügung gestellt. Broschüren über Islam, Christentum und Buddhismus etc. werden von Zeit zu Zeit veröffentlicht. Unter Führung des Hauptsatzes der »Divine Life Society« werden Yogaschulen in verschiedenen Teilen der Welt, wie in Kopenhagen, Hamburg, London, Melbourne, Montreal, Illinois (USA), Durban (Südafrika), Kuala Lumpur (Malaysia) geführt.

Die grundlegenden Ziele und Zweige der »Divine Life Society« sind insgesamt nicht sektiererisch, sondern in der Welt auszuführen und vollkommen tolerant. Die Gesellschaft bietet einen friedvollen Hafen, in dem es genügend Gelegenheit und tatsächliche Hilfe gibt, um dem modernen Menschen, dessen Persönlichkeit beunruhigt, von Konflikten verwirrt und in Gedanken verletzt ist, wieder Frieden zu geben. Das Ziel ist ein Leben im allumfassenden Göttlichen.

(Siehe: Gebhard Frei, Im Ashram Sivanandas. Enth. im Sammelband Höhlen, Klöster, Ashrams. O. W. Barth-Verlag, Weilheim Obb. 1962).